AM Y TYWYDD

Am y Tywydd
Dywediadau, Rhigymau a Choelion

Twm Elias

Argraffiad cyntaf: 2008

© testun: Twm Elias/y cyhoeddiad Gwasg Carreg Gwalch

Cedwir pob hawl. Ni chaniateir atgynhyrchu unrhyw ran/rannau o'r gyfrol hon mewn unrhyw ddull na modd heb drefniant ymlaen llaw gyda'r cyhoeddwyr.

Rhif rhyngwladol: 978-1-84527-191-6

Mae'r cyhoeddwr yn cydnabod cefnogaeth ariannol
Cyngor Llyfrau Cymru

Llun clawr: Helen Flook
Cynllun clawr: Sian Parri

Lluniau tu mewn: Helen Flook

Cyhoeddwyd gan Wasg Carreg Gwalch,
12 Iard yr Orsaf, Llanrwst, Conwy, LL26 0EH.
Ffôn: 01492 642031 Ffacs: 01492 641502
e-bost: llyfrau@carreg-gwalch.com
lle ar y we: www.carreg-gwalch.com

Argraffwyd a chyhoeddwyd yng Nghymru.

Cyflwynedig

*I'r teulu am eu hamynedd
ac i Nel (yr ast)*

' ... mae llên gwerin y tywydd yn hynod o gyfoethog ac amrywiol. Y rheswm am hynny mae'n debyg yw bod cymaint o bobl yn y gorffennol, yn enwedig amaethwyr a morwyr, wedi bod mor ddibynnol ar y tywydd am eu bywoliaeth a hyd yn oed eu bywydau ar adegau. Yn sicr does dim yn gwneud ichi ddal sylw ar rywbeth yn fwy na bod eich bywyd yn dibynnu arno! Ffrwyth ymchwil o'r math hwn yw'r cannoedd o arwyddion tywydd traddodiadol yr ydym wedi eu hetifeddu.'

(Twm Elias, yn yr erthygl gyntaf yn y gyfres 'Am y Tywydd...', yn *Llafar Gwlad 1, 1983)*

Cynnwys

Diolchiadau 13

Rhagarweiniad 14

Ffynonellau a Byrfoddau 18

Pennod 1 Arwyddion yr Amseroedd 21

1.1	**Yr Awr o'r Dydd a Dyddiau'r Wythnos**	21
1.1.1	Yr awr o'r dydd	
1.1.2	Y Diwrnod	
1.1.3	Dyddiau darogan	
1.1.4	Hyd y dydd	
1.1.5	Dyddiau'r wythnos	
1.2	**Dywediadau'r Misoedd**	26
1.2.1	Ionawr	
1.2.2	Chwefror	
1.2.3	Mawrth	
1.2.4	Ebrill	
1.2.5	Mai	
1.2.6	Mehefin	
1.2.7	Gorffennaf	
1.2.8	Awst	
1.2.9	Medi	
1.2.10	Hydref	
1.2.11	Tachwedd	
1.2.12	Rhagfyr	
1.3	**Arwyddion y Tymhorau**	67
1.3.1	Y Gwanwyn	
1.3.2	Yr Haf	
1.3.3	Yr Hydref	
1.3.4	Y Gaeaf	
1.4	**Y Flwyddyn a Chyfnodau Hirach**	74
1.4.1	Y Flwyddyn gron	
1.4.2	Cyfnodau hirach	

1.5	Dylanwadau eraill	78
1.5.1	Llosgfynyddoedd a chyrff o'r gofod	
1.5.2	Newid hinsawdd	

Pennod 2	Arwyddion o Fyd Natur	81
2.1	Planhigion	82
2.2	Adar	94
2.3	Anifeiliaid	113
2.4	Pryfed a chreaduriaid di-asgwrn-cefn eraill	124
2.5	Pysgod	136
2.6	Ymlusgiaid	139
2.7	Pobl	140
2.7.1	Corfforol	
2.7.1.1	Glaw	
2.7.1.2	Gwynt	
2.7.1.3	Oerni	
2.7.1.4	Pwysedd yr awyr	
2.7.1.5	Y tymor	
2.7.2	Y tŷ a'r gweithle	
2.7.2.1	Bwyd	
2.7.2.2	Drafftiau	
2.7.2.3	Dŵr tap	
2.7.2.4	Ffynhonnau	
2.7.2.5	Lleithder	
2.7.2.6	Mwg a'r lle tân	
2.7.2.7	Interffirans ar radio a theledu	
2.7.3	Amrywiol	

Pennod 3	Y Gofod, y Ddaear a'r Awyr	150
3.1	Goleuni'r gogledd	150
3.2	Lloerennau	150
3.3	Planedau	150
3.4	Sêr	151
3.5	Sêr cynffon neu gomedau	151
3.6	Sêr gwib	152
3.7	Yr Haul	152
3.71	Cyffredinol	

3.7.2	Y machlud a'r wawr	
3.7.3	Rhwng y gist a'r pared	
3.7.4	Adlewyrchion	
3.7.5	Maint yr haul	
3.7.6	Y Tymhorau	
3.8	**Y Lleuad**	159
3.8.1	Cyflwr y lleuad	
3.8.2	Amser / dyddiad codi'r lleuad newydd	
3.8.3	Cyrn y lleuad	
3.8.4	Enfys am y lleuad	
3.8.5	Y lleuad yn boddi	
3.8.6	Lliw y lleuad	
3.8.7	Coelion lloeraidd a lloerig	
3.9	**Llanw a thrai**	167
3.10	**Y Môr**	169
3.10.1	Cyflwr y môr	
3.10.2	Lliw y môr	
3.11	**Llynnoedd**	170
3.12	**Afonydd**	171
3.13	**Mynyddoedd**	172
3.13.1	Cysgod y mynydd	
3.13.2	Ffin dywydd	
3.14	**Yr Awyr**	173
3.14.1	Lliw'r awyr	
3.14.2	Enfys	
3.14.3	Gweld llefydd pell yn agos neu yn glir	
3.15	**Pwysedd a lleithder yr awyr**	181
3.15.1	Y baromedr	
3.15.2	Siôn a Siân	
3.15.3	Pitsh sain yn amrywio	
Pennod 4	**Darllen y Cymylau**	185
4.1	**Beth yw cwmwl?**	185
4.2	**Mathau o gymylau**	185
4.3	**Arwyddion cyffredinol am gymylau**	188

4.4	**Cymylau isel**	188
4.4.1	Cymylau gwlanog (*Cumulus*)	
4.4.2	Niwl (*Stratus*)	
4.4.2.1	Niwl ffryntiau	
4.4.2.2	Niwl y tymhorau	
4.4.2.3	Niwl tes	
4.4.2.4	Niwl neu darth afonydd	
4.4.2.5	Niwl neu darth yn codi o't tir / coed	
4.4.2.6	Niwl yn codi neu ostwng	
4.4.3	Capiau ar y mynyddoed (*Stratus*)	
4.4.4	Haenau isel (*Stratocumulus*)	
4.5	**Cymylau uchder canolig**	202
4.5.1	Haenau toredig (*Altocumulus*)	
4.5.2	Yr awyr yn ceulo (*Altostratus*)	
4.5.3	Cymylau glaw (*Nimbostratus*)	
4.6	**Cymylan uchel**	204
4.6.1	Traeth awyr (*Cirrocumulus*)	
4.6.2	Blew geifr (*Cirrus*)	
4.6.3	Cylch pell am yr haul / lleuad (*Cirrostratus*)	
4.7	**Cymylau terfysg** (*Cumulonimbus*)	207
4.7.1	Esgobion a Byddigion	
4.7.2	Cymylau a gwyntoedd yn mynd yn groes i'w gilydd	
4.8	**Cymylau artiffisial**	208
4.8.1	Llwybrau awyren	
4.8.2	Mwg neu stêm o drên neu gorn ffatri	
4.9	**Y cymylau a'r awyr pan ddaw ffryntiau glaw**	209
4.9.1	Beth yw ffryntiau glaw?	
4.9.2	Ffryntiau yn mynd heibio	
4.9.2.1	Trefn ymddangosiad cymylau ffrynt	
4.9.2.2	Ffenest i gyfeiriad y gwynt	
4.9.2.3	Rhwng dwy ffrynt – defaid duon dan do a physt dan yr haul	
4.9.2.4	Llinell wen, sêm wen neu hem wen dros y môr	
4.9.2.5	Y ffrynt oer	
4.9.2.6	Wedi i'r ffrynt fynd heibio – clytiau gleision a chywion haul	

Pennod 5	**Y Gwynt**	220
5.1	**Cyffredinol**	221
5.1.1	Dywediadau, gwirebau a geirfa	
5.1.2	Newid tywydd	
5.1.3	Y dydd a'r tymor	
5.2	**Cyfeiriad y gwynt**	228
5.2.1	Enwi'r gwyntoedd	
5.2.1.1	Gwynt y dwyrain	
5.2.1.2	Os cyll y glaw…	
5.2.1.3	Gwynt y de-ddwyrain	
5.2.1.4	Gwynt y de	
5.2.1.5	Gwynt y de-orllewin	
5.2.1.6	Gwynt y gorllewin	
5.2.1.7	Gwynt y gogledd-orllewin	
5.2.1.8	Gwynt y gogledd / gogledd-ddwyrain	
5.2.2	Cyfeiriad – i fyny, i lawr neu allan	
5.2.3	Newid cyfeiriad	
5.3	**Arwyddion cyfeiriad y gwynt**	238
5.3.1	Sŵn corn neu saethu yn y chwarel	
5.3.2	Sŵn y trên	
5.3.3	Tanio milwrol	
5.3.4	Sŵn gwynt neu chwiban yn y gloddfa	
5.3.5	Clychau	
5.3.6	Injan oel	
5.3.7	Sŵn plant a phobl	
5.3.8	Sŵn y briffordd	
5.3.9	Mastiau teledu a pheilonau	
5.3.10	Rhaeadrau a lli'r afon	
5.3.11	Sŵn y môr	
5.3.12	Awyrennau	
5.3.13	Llestri godro	
5.3.14	Arogl yn cario	
5.3.15	Mwg yn codi	
5.3.16	Baner yn chwifio	
5.3.17	Melinau gwynt	

Pennod 6	**Glaw a hindda, eira, oerfel a thes**	248
6.1	**Glaw**	248
6.1.1	Llên y glaw	
6.1.2	Geirfa a dywediadau	
6.1.3	Ofergoelion – tynnu glaw / storm	
6.1.4	Straeon glawllyd	
6.2	**Gwlith**	261
6.3	**Barrug a Rhew**	262
6.3.1	Barrug	
6.3.2	Rhew	
6.3.3	Geirfa barrug a rhew	
6.4	**Eira a chenllysg**	265
6.4.1	Eira mân	
6.4.2	Eira'n aros yn hir / esgyrn eira	
6.4.3	Eira cynnar neu hwyr	
6.4.4	O ba gyfeiriad?	
6.4.5	Amrywiol	
6.4.6	Geirfa a dywediadau eira, cenllysg ac oerfel	
6.4.7	Straeon rhewllyd	
6.5	**Hindda, tywydd braf a thes**	274
6.5.1	Dywediadau a geirfa	
6.5.2	Coelion a straeon gwresog	
6.6	**Mellt a tharanau**	278
6.6.1	Geirfa a dywediadau	
6.6.2	Arwyddion terfysg	
Diweddglo		282
Mynegai		283

Diolchiadau

Byddai'r rhestr o bobl yr wyf yn ddyledus iddynt am wybodaeth ac anogaeth i ddilyn trywydd pwnc y tywydd yn llenwi tudalennau lawer. Diolch ichi oll a maddeuwch imi am beidio eich enwi yn unigol. Er hynny mae rhai yn haeddu sylw arbennig: John Owen Huws am roi llwyfan a chyfeiriad imi yng ngholofnau *Llafar Gwlad*; Dafydd Guto, Llanrug a Steffan ab Owain, Archifdy Gwynedd am fy nghyfeirio at sawl ffynhonnell werthfawr a Robin Gwyndaf am adael imi gael golwg ar gasgliad Amgueddfa Werin Cymru.

Mae arnaf ddyled enfawr hefyd i rai y cefais sawl trafodaeth fuddiol â nhw dros nifer helaeth o flynyddoedd wrth geisio deall cefndir ac ystyron rhai dywediadau – W.C. Williams, Llwyn Derw, Pandy Tudur; R. J. Evans, Hafod Fawr, Llanrwst ond yn arbennig iawn Owen (Now) Olsen, Nefyn, gwladwr hynaws a sylwgar y treuliais oriau yn ei gwmni yn trin a thrafod arwyddion tywydd tir a môr.

Diolch i Helen Flook am y gwaith arlunio; Eirian (Gwasg Carreg Gwalch) am dwtio'r diagram o gymylau a ffryntiau ac i'm chwaer fawr (cefais fy siarsio ganddi i beidio â'i henwi!) am gywiro iaith a chystrawen. Yn olaf diolch i Myrddin ap Dafydd a gweddill y tîm yn y wasg am eu gwaith taclus a phroffesiynol: Mererid a Lynwen yn cysodi; Robin a Phil yn argraffu a Geraint ac Eilir yn plygu, torri a phacio.

Twm Elias

Rhagarweiniad

Y Cefndir

Pan ddaeth John Owen Huws ar y ffôn un gyda'r nos ddechrau'r haf 1983 i drafod y cylchgrawn llên gwerin newydd yr oedd ef a Cynan Jones, Nanmor yn bwriadu ei gyhoeddi, ac i ofyn am ysgrif iddo, fu dim rhaid imi feddwl yn hir iawn. 'Wel, 'dwi 'di bod yn hel arwyddion tywydd ers sbelan,' meddwn, 'Wneith rwbath felly iti?'

'**Grêt!**' bloeddiodd yntau, a dyna gychwyn y gyfres 'Am y Tywydd...' a gyhoeddwyd yn *Llafar Gwlad* yn ddi-dor am 78 o rifynnau!

Roeddwn wedi dechrau sylweddoli o ddifri pa mor werthfawr yw yr arwyddion tywydd traddodiadol yn fuan ar ôl imi ddechrau gweithio ym Mhlas Tan y Bwlch yn 1979. Roedd y tywydd yn bwysig iawn i'm gwaith i yno am y byddwn yn arwain teithiau yn yr awyr agored ar gyrsiau addysgol. Y drefn gennym bryd hynny i gael gwybod am y tywydd oedd i rywun ffonio Canolfan yr Awyrlu yn Y Fali bob bore i gael y rhagolygon manwl am y dydd ar gyfer gogledd, canolbarth neu dde Eryri cyn inni gychwyn allan.

Weithiau roedd meteorolegwyr yr Awyrlu yn iawn ond weithiau roedden nhw ymhell ohoni. Dyna pryd y dechreuais innau sylweddoli fod fy ngreddf a'm gwybodaeth gynhenid o'r tywydd cystal â'r Awyrlu unrhyw ddydd. Wedi'r cyfan onid oeddwn wedi fy magu ar fferm fynyddig lle byddem yn dal sylw gofalus ar gyfeiriad y gwynt adeg y cynhaeaf ac yn medru nabod cymylau glaw yn dynesu o Iwerddon? Hyd yn oed yn ysgol gynradd Clynnog byddwn yn gwrando ar eglurder y sŵn saethu yng Ngwaith Mawr Trefor ac yn gwneud yn siŵr nad oedd yr Eifl yn gwisgo'i chap cyn penderfynu aros ar ôl 'rysgol i chwarae neu wneud drygau.

Do, fe gefais flas ar y casglu a dod i ryfeddu at y cyfoeth o ddywediadau lleol oedd ar gael a pha mor grediniol oedd y rhai a'u harddelent bod gwerth ynddynt. Roedd hynny'n wir er gwaetha'r ffaith bod cywirdeb rhai mathau o arwyddion yn gallu bod yn bur amheus ar adegau i ddweud y lleiaf – rhai yn eithriadol o dda a defnyddiol ac eraill mor anghyson nes eu bod yn dda i fawr ddim! Ond roedd hynny yn ddifyr imi ynddo'i hun hefyd: pam fod y rhai diwerth yn dal i gael eu harddel mor frwd?

Dyna pryd y dysgais fod coel ac arfer o'r pwys mwyaf mewn rhai mathau o ddywediadau am y tywydd.

Roedd hynny ar ei amlycaf ym mysg y coelion oedd yn darogan tywydd y tymhorau. Prin iawn yw'r rhai sydd yn gallu dal eu tir pan y'u profir yn erbyn ystadegau tywydd y tair canrif diwethaf. Yn eu hachos nhw gwelwn fod llawer iawn ohonynt yn gysylltiedig â defodau tymhorol anhygoel o hen oedd, yn aml, â fawr ddim i'w wneud â'r tywydd mewn gwirionedd.

Cefais afael ar rai ffynonellau eithriadol o werthfawr o arwyddion tymor a thywydd: traethodau yn Nhrafodion Eisteddfodau Llanelli (1895) a Ffestiniog (1898) a gweithiau casglwyr brwd megis Myrddin Fardd yn Eifionydd; Evan Jones, Ty'n Pant ym Muellt a Dewi Machreth ym Meirionnydd. Roedd yr olaf yn ddefnyddiol iawn imi am fy mod yn teithio meysydd a mynyddoedd yr hen sir hynaws honno yn bur aml hefo plant ac oedolion ar gyrsiau'r Plas. Roeddwn yn hynod ddiolchgar i Ted Breeze Jones a ddeuai i gynnal cyrsiau adaryddol Cymraeg yn y Plas am gopi o'r ysgrif.

Unwaith y cydiodd y golofn yn *Llafar Gwlad* doedd dim troi'n ôl a dechreuodd y deunyddiau lifo i mewn. Cafwyd ymateb rhyfeddol a chalondid oedd fod pobl mor barod i rannu cyfoeth eu gwybodaeth leol â mi. Cefais gopïau di-ri o gasgliadau o arwyddion tywydd oedd wedi eu cyflwyno ar gyfer cystadleuthau mewn cyfarfodydd bach neu eisteddfodau lleol dros y blynyddoedd a llawer drwy gywain o lyfrau hanes lleol, papurau newydd a phapurau bro yn ogystal. Ond y gyfoethocaf o lawer oedd y ffynhonnell lafar, oedd yn gyforiog o ddeunyddiau nas cofnodwyd cynt, a llu enfawr o amrywiaethau lleol ar rai dywediadau adnabyddus.

Rwyf yn ddiolchgar iawn hefyd i aelodau'r dosbarthiadau WEA ac Adran Efrydiau Allanol Prifysgol Bangor y cefais y fraint o'u cynnal yn y 1980au a dechrau'r 1990au yng Nghapel Garmon, Cynwyd, Chwilog, Dyffryn Ardudwy, Edern, Garndolbenmaen, Glyndyfrdwy, Llaniestyn, Llanrug, Mynytho, Nefyn, Tudweiliog, ac i raglenni radio megis 'Ar Gof a Chadw', 'Codi'r Ffôn', 'Rhaglen Hywel Gwynfryn', 'Rhowch Gynnig Arni' a 'Seiat Byd Natur' yn y dyddiau pan geid mwy o raglenni o sylwedd ar wasanaeth radio'r BBC. Rwyf yn hynod ddiolchgar hefyd i Robin Gwyndaf am gael golwg ar gasgliad Amgueddfa Werin Cymru o arwyddion tywydd, wedi eu dosbarthu a'u cofnodi'n daclus ar gardiau, lond bocsus sgidiau ohonynt.

Rhwng y cyfan cyflwynir oddeutu 2,600 o arwyddion a dywediadau am y tywydd a'r tymhorau yma. Ond nid yw hynny ond megis crafu'r wyneb. Mae llawer iawn o ddeunyddiau ac amrywiaethau arnynt eto i'w casglu. Felly, os oes ambell i ddywediad neu ffurf leol sydd yn gyfarwydd iawn i chi wedi llithro drwy'r rhwyd, wel gadewch imi wybod!

Be ydy' pwrpas yr astudiaeth hon?
Yn syml, cyflwyno arwyddion a choelion tywydd fel y'u cefais a'u dosbarthu mewn modd sy'n ein galluogi i'w gwerthfawrogi fel rhan hynod o bwysig a chyfoethog o'n llenyddiaeth werin.

Ni fwriadwyd i hon fod yn astudiaeth drylwyr ac academaidd o lenyddiaeth a llên gwerin y tywydd – ni fûm bob tro yn ddigon manwl wrth gofnodi fy ffynonellau i hynny yn un peth, ac ni chefais gyfle digonol i dyrchu drwy'r llu o lawysgrifau mewn llyfrgelloedd ac archifdai na chwarel gyfoethog y cyfrolau hanes lleol niferus chwaith. Fy mhrif ddiddordeb oedd y deunyddiau llafar ac yn aml, wrth gofnodi, fy mlaenoriaeth oedd cael y dywediadau ar bapur yn y modd symlaf a mwyaf cyfleus ar y pryd, yn enwedig pan oeddent yn codi yng nghanol sgwrs ac yn aml yng nghanol prysurdeb arall.

Un peth arall: nid llawlyfr meteorolegol mohono. Ychydig iawn o ddadansoddi gwyddonol gewch chi yma a llai fyth o ymdrin â sut mae systemau tywydd yn gweithio. Mae yna hen ddigon o lyfrau a gwefannau pwrpasol ar gyfer hynny.

Canolbwyntio wnaf ar y dywediadau traddodiadol 'at iws gwlad' gan ddilyn yr egwyddor yn y rhigwm a gofnodwyd gan Evan Jones, Ty'n Pant, Buellt yn *Doethineb Llafar* (1925):

Mae moroedd a mynyddau
A mil o hen gymylau
Yn dangos y tywydd yn llawer gwell
Na llonaid cell o lyfrau.

Defnyddioldeb yr arwyddion
Fe sylwch fod yna amrywiaeth mawr yn nefnyddioldeb ymarferol y mathau o arwyddion tywydd a gyflwynir. Ni wna rhai fwy na disgrifio cyflwr y tywydd ar y pryd; eraill sydd braidd yn annibynadwy am eu bod weithiau'n gywir ac weithiau ddim; eraill

(yn enwedig y rhai sy'n ceisio darogan i'r tymor hir) yn seiliedig ar gyfundrefn o goelion hynafol nad oedd a wnelo hi fawr ddim â'r tywydd mewn gwirionedd ac eraill sydd yn wir ddefnyddiol.

O'r arwyddion defnyddiol daw rhai o fyd natur, ond daw'r mwyafrif ohonynt o ddarllen yn uniongyrchol batrwm datblygiad y cymylau a chyfeiriad y gwynt. Mewn gwirionedd onid dyna wna y lloerennau tywydd modern? Y gwahaniaeth pennaf yw eu bod nhw yn darllen patrwm y cymylau a chyfeiriad y gwynt drwy edrych i lawr arnynt o'r gofod tra bo'r dull traddodiadol yn edrych arnynt o'r ddaear i fyny.

Yn sicr, mae rhagolygon y Swyddfa Dywydd wedi gwella yn arw dros yr ugain mlynedd diwethaf, yn enwedig gyda datblygiad systemau cyfrifiadurol i ddadansoddi data'r tywydd. Ac am fod y rhagolygon hynny i'w cael mor gyfleus oddi ar deledu, radio neu wefan does ryfedd yn y byd bod pobl wedi mynd i ddibynnu arnynt hwy bellach yn hytrach na cheisio darllen y tywydd eu hunain.

Eto fyth mae lle pwysig o hyd i'r arwyddion traddodiadol oherwydd, er cymaint y mae arwyddion y Swyddfa Dywydd wedi gwella o ran eu rhagolygon cyffredinol, maent yn dal yn ddiffygiol yn eu manylder am yr hyn all ddigwydd yn lleol. Felly, os ydych yn meddwl am roi'r dillad ar y lein neu fynd i gerdded ar y mynydd y peth callaf i'w wneud yw ystyried y rhagolygon cyffredinol oddi ar y teledu ac yna manylu arnynt drwy ddarllen eich arwyddion lleol. Os yw'n bygwth cawodydd ar y teledu, o leia fe fedrwch eu gweld yn dod, neu beidio, wrth edrych ar yr awyr.

Buan iawn y dysgwch pa arwyddion sy'n gywir a pherthnasol i'ch ardal chi a pha rai sydd ddim. Ar gyfer hynny, os ydych am arbrofi a dysgu'r grefft o ddarllen y tywydd eich hun efallai y bydd y cyngor canlynol yn fuddiol; daw o'r cyflwyniad agoriadol i'r gyfres 'Am y Tywydd...' yn *Llafar Gwlad* 1, (1983):

'Y peth cynta i'w wneud os ydych am ddarogan y tywydd yn llwyddiannus yw anwybyddu'n llwyr y gau broffwydi ar y teledu a'r radio. Yn hytrach ymddiriedwch yn eich greddf ac yn y cyfoeth enfawr o sylwebaeth sydd wedi ei grynhoi drwy'r oesoedd yn y llu o arwyddion tywydd ym mhob ardal. Dewch i 'nabod yr arwyddion sy'n effeithiol yn eich ardal chi a byddwch yn barod i ddysgu drwy brofiad. Golyga hynny ddiodde' ambell gawod annisgwyl neu foddfa o chwys wrth gario ambarel mawr o gwmpas ar ddiwrnod poeth. Fel hyn fe ddewch, o reidrwydd, yn giamstar ar y grefft.'

Rhybudd
Mewn rhai achosion fe welwch fod yna gymysgedd rhyfeddol yn ffurfiau rhai dywediadau. Weithiau bydd rhai a gofnodwyd mewn gwahanol ardaloedd, a hyd yn oed o fewn yr un ardal yn croesddweud ei gilydd yn llwyr, e.e. *'Tywyll fôr a golau fynydd...'* (gweler 3.14.1). Gall hyn godi mewn sawl ffordd: bod gwahaniaethau go iawn rhwng un ardal a'r llall; bod ystyr y dywediad yn wahanol, neu ei fod wedi ei gamddehongli'n llwyr nes bod sawl fersiwn gyfeiliornus ar gael bellach. Ac unwaith y mae fersiwn gyfeilionrus yn ymddangos mewn print, anodd iawn yw ei difa wedyn!

Fe adawaf i chi, drwy brofiad a synnwyr cyffredin, ddidoli'r fersiynau sydd yn gywir ac yn ymarferol ddefnyddiol i'ch ardal a'ch amgylchiadau chi.

Ffynonellau a Byrfoddau
Wrth gyflwyno'r dywediadau ceisiais nodi yr ardaloedd lle'u defnyddid er mwyn rhoi rhyw amcan o'u dosbarthiad daearyddol heblaw am y rhai sydd mor adnabyddus ac eang eu dosbarthiad fel na wneuthum fwy na'u nodi fel 'cyffredin'. Rhestrir isod y prif ffynonellau ysgrifenedig a'r byrfoddau a ddefnyddir wrth gyfeirio atynt. Ymddengys y rhain mewn llythrennau italig yng nghorff y gyfrol. Os mai oddi ar lafar y'u cofnodwyd, nodwyd o ba ardaloedd y'u cefais – nid mewn llythrennau italig.

AC	*Almanac Caergybi*
ADENW	*Agricultural & Domestic Economy of North Wales*, Walter Davies (1810)
AG	*Adar ein Gwlad*, J Ashton (1906)
AM	*Almanac y Miloedd*
ALAG	*Ar Lafar, Ar Goedd*, D Jenkins (2007)
ArDG	*Ar Dafod Gwerin – penillion bob dydd*, Tegwyn Jones (2004)
AW	*Almanac y Werin*
AWC	Casgliad Amgueddfa Werin Cymru, Sain Ffagan
BMALG	*Blodau'r Maes a'r Ardd ar Lafar Gwlad, Cyfres Llafar Gwlad 31*, Gwenllian Awbery (1995)
CA	Cyfres Llên Gwerin Morgannwg, gan Cadrawd yn *Cyfaill yr Aelwyd* (1881-1894)
CBAm	*Cydymaith Byd Amaeth*, Y Parch Huw Jones, Cyf. 1-4 (1999-2001)

CCO	Casgliad Clem Owen, Dolgellau (heb ei gyhoeddi)
CCym	Coelion Cymru, Evan Isaac (1938)
CE Arthog	Casgliad eisteddfodol, Arthog (1983), (Amgueddfa Werin Cymru)
CE Boduan	Casgliad eisteddfodol Tom Evans, Boduan (heb ei gyhoeddi)
CFu	Cymru Fu (1862)
CGCLl	Cof Gorau Cof Llyfr – casgliad o ddywediadau Ceredigion, Erwyd Howells (2001)
CHJ	Casgliad y Parch Huw Jones, Rhuddlan (heb ei gyhoeddi)
CMO Llangefni	Casgliad Miss M Owen, yn Llafar Gwlad 52 (1996)
CMyWM	Casgliad Merched y Wawr, Machynlleth (heb ei gyhoeddi, 1990au)
CNW	Casgliad Nansi Williams, Uwchmynydd (1940au), (heb ei gyhoeddi)
CRJE	Casgliad RJ Evans, Hafod Fawr, Llanrwst, yn Llafar Gwlad 55 a heb ei gyhoeddi
CSyM	Casgliad Sefydliad y Merched, Arthog, yn Llafar Gwlad 34 (1991-92)
ChCF	Chwedlau'r Cymry am Flodau, Alison Bielski (1973)
DCym	Diarhebion y Cymry, Y Parch TO Jones (1912)
DCG	Dywediadau Cefn Gwlad, Owen John Jones (1977)
DEdEv	Dyddiaduron Ed Evans, Penfro (1859) yn Fferm a Thyddyn 30
DG	Casgliad o Arwyddion Tywydd Ardudwy (heb ei gyhoeddi), Dafydd Guto, (1973)
DGM	Diwylliant Gwerin Morgannwg, Allan James (2002)
DLl	Doethineb Llafar, Evan Jones, Ty'n Pant (1925)
DMach	'A Miscellany of Welsh Weather Lore', Dewi Machreth (1950au)
DWIH	Detholiad o Waith Ifan Henryd (Llanuwchllyn), Nerys Jones a Nia Rowlands (2005)
EbN	Ebra Nhw, Sian Williams (1981)
ECB	Enwau Cymraeg ar Blanhigion, Dafydd Davies ac Arthur Jones (1995)
FClint	The Welsh Vocabulary of the Bangor District, OH Fynes-Clinton (1913)
FFSW	Folklore and Folk Stories of Wales, Marye Trevelyan (1909)
EJ	Papurau Evan Jones, Ty'n Pant, Llanwrtyd, Amgueddfa Werin Cymru
FWI	Fyl'na Weden i, Cyfres Llafar Gwlad 46, Huw Evans a Marian Davies (2000)
FWMW	Folklore of West & Mid Wales, J Ceredig Davies (1911)
FfTh	Fferm a Thyddyn (1988 –)
GA	Geiriadur yr Academi: The Welsh Academy Welsh-English Dictionary, Bruce Griffiths a Dafydd Glyn Jones (1995)
GlossDD	A Glossary of the Demetean Dialect, W Meredith Morris (1910)
GN	Geirfa Natur, Wynn P Wheldon (1945)
GPC	Geiriadur Prifysgol Cymru
GwEM	Gwerin Eiriau Maldwyn, Gol. Bruce Griffiths (1981)
GwESG	Gwerin Eiriau Sir Gaernarfon, Myrddin Fardd (1907)
Gwydd	Y Gwyddoniadur, Cyf. III (1896)
HB	Hen Benillion, TH Parry-Williams (1940)
HCS	Hanes Capel Seion, DJ Evans (1935)
HM	Hafau fy Mhlentyndod, Kate Davies (1970)
HPDef	Hanes Plwyf Defynnog, D Craionog Lewis (1911)
HPLl	Hanes Plwyf Llandyssul, Y Parch WJ Davies (1896)
HPLlPh	Hanes Plwyfi Llangeler a Phenyboyr, DE Jones (1899)
Hwiangerddi	Llyfr Hwiangerddi y Dref Wen, J Gilbert Evans a Jenny Williams (1981)
IaithSF	Iaith Sir Fôn, Bedwyr Lewis Jones (1983)

Iolo MSS	Llawysgrifau Iolo Morgannwg (1888)
L	Lewisiana, D Geraint Lewis (2005)
LlA 103	Arwyddion Tywydd Ardudwy, casgliad Morfudd Jones yn *Llais Ardudwy* 103
LlafG	*Llafar Gwlad* 1 – 78 (1983 – 2002)
LlGSG	*Llên Gwerin Sir Gaernarfon*, Myrddin Fardd (1908)
LlLlE	*Llyfr Lloffion Edern* (1975), Archifdy Gwynedd (heb ei gyhoeddi)
MAW	*Myfyrian Archaeology of Wales* (1870)
MMO	*Miss M Owen, Llangefni*, Llafar Gwlad, 52 (1996)
MoM	*Manion o'r Mynydd*, colofn gan Carneddog yn *Yr Herald Cymraeg*
MVJ	Papurau Mary Vaughan Jones, Waunfawr (heb eu cyhoeddi)
PM	*Potsiars Môn*, Emlyn Richards (2001)
PrW	*Proverbs of Wales*, TR Roberts (1909)
RSN	*Red Sky at Night, Shepherd's Delight?* Paul Marriott (1981
SA	*Storom Awst*, Dic Jones (1978)
SCCynll	*Straeon Cwm Cynllwyd*, Simon Jones (1989)
SGAE	*Straeon Gwerin Ardal Eryri*, John Owen Huws (2008)
SS	Arwyddion Tywydd, yn *Sgubo'r Storws*, Dic Jones (1986)
TrMorg	*Tribannau Morgannwg*, Tegwyn Jones (1976)
TrafEFf 1898	Casgliad o Lên Gwerin Meirion, W Davies, Tal-y-bont yn *Trafodion Eisteddfod Genedlaethol Blaenau Ffestiniog 1898*
TrafELl 1895	Casgliad o Lên Gwerin Sir Gaerfyrddin, Y Parch DG Williams, Ferndale yn *Trafodion Eisteddfod Genedlaethol Llanelli 1895*
TMM	Telynegion y Misoedd, yn: *Telynegion Maes a Môr*, Eifion Wyn (1908)
WD	*Agriculture and Domestic Economy of North Wales*, Walter Davies (1810)
WF	*Welsh Folklore*, Elias Owen (1896)
YEE	*Yn ei Elfen*, Bedwyr Lewis Jones (1992)
YEnlli	*Ynys Enlli*, HD Williams (1979)
YFlNg	*Y Flwyddyn yng Nghymru* (1943)
YG	*Y Gambo*, 128 (1995)
YHC	*Yr Herald Cymraeg*
YsgE	Casgliad Plant Ysgol Eifionydd yn *Llafar Gwlad* 29, (1990)
YsgLl	Casgliad Pant Ysgol Llanllyfni, yn *Llafar Gwlad* 66, (1999)
Ysg Pontrobert	Casgliad Plant Ysgol Pontrobert, Maldwyn, yn *Llafar Gwlad* 51 (1996)

Noder: Ceir gwybodaeth ychwanegol am y tywydd yn y wefan www.llenNatur.com yn y cronfeydd 'Llên yr hin' a 'Dyddiadur'.

Pennod 1

Arwyddion yr Amseroedd

Ceir amryw o ddywediadau yn cyfeirio at yr anwadalwch neu'r newidiadau y gellir eu disgwyl yn ystod y diwrnod neu'r wythnos ac ystyrir hefyd fod rhai adegau o'r flwyddyn yn fwy cyfnewidiol na'i gilydd, yn enwedig yn y gwanwyn a'r hydref. Mater arall yw'r coelion bod rhai dyddiau penodol, boed y rheiny yn ystod yr wythnos neu'r flwyddyn, yn gallu dylanwadu ar y tywydd. Gwelwn nad yw y rhain, er mor niferus a phoblogaidd ydynt, yn medru dal eu tir mewn profion ystadegol. Rhaid casglu, felly, mai ofergoelion yw llawer ohonynt, sydd mewn rhai achosion, â'u gwreiddiau yn tarddu o hen ddefodau ac arferion tymhorol y cyfnod cyn-Gristnogol, gweler 1.1.3 ag 1.2 isod.

1.1 Yr Awr, y Dydd a'r Wythnos

1.1.1 Yr Awr o'r Dydd:

DIARHEBION:

Dawn y dydd ydyw y bore (*Gwydd III*, tud 493) Dihareb i'ch annog i godi'n gynnar yn hytrach nag arwydd tywydd!

Nid yn y bore y mae canmol diwrnod teg Cyngor i beidio â chymryd unrhyw beth yn ganiataol.

YR ORIAU:
Cyfeirir yn aml at anwadalwch tywydd y dydd – gall newid o fewn ychydig oriau o hindda i law neu o law i hindda:

Haul y bore byth ni bydd
Yn parhau drwy gydol dydd (*DLl*)

Haul y bore cynnar – haul dros dro (Llanrwst, yn *LlafG 55*)

Bore du o wanwyn, p'nawn teg (Porthmadog, *LlGSG*)

Niwl y bore'n dringad y bryn, glaw cyn nos (Cribyn ger Llanbed)

Bore niwlog ddechrau'r cynhaeaf a ddilynid yn gyffredin â phrydnawn gwresog (*LlGSG*). Cyfeiriad at y cynhaeaf ŷd ym Medi.

Mae'n oeri ddeupen y diwrnod erbyn diwedd Hydref (Pistyll)

Eira'r bora yw'r eira oera (Ffestiniog)

Y dydd wedi codi'n rhy fore – glaw (Porthcawl). Os yw'n rhy heulog y peth cynta yn y bore

Mae hi wedi heulo'n rhy gynnar / fore (Dolgellau, Y Bala)

Glaw mân y bore, glaw manach y prynhawn (Porthcawl)

Pen ci bore o wanwyn – uchel gynffon buwch cyn nos (Llanbed, Ceredigion) h.y. cymylau pennau cŵn yn arwydd o derfysg.

Glaw cyn saith, teg cyn deg (DG)

Glaw cyn saith, hindda cyn un ar ddeg (Ardudwy, DG)

Glaw cyn saith, sych cyn hanner dydd (Porthcawl, AWC)

Glaw cyn saith y bora
Braf ddiwrnod a ddilyna (Cricieth, AWC)

Bwrw hwyr, bwrw oriau,
Glaw cyn deg a haul cyn dau. (Dic Jones, yn SS)

Y tywydd 'yn agor' ddywedir yng Ngheredigion pan fo'r tywydd yn gwella, neu 'yn codi' yn nhafodiaith y gogledd:
Dwg agor yn rhy fore
Law ar y gwynt erbyn te. (Dic Jones, yn SS)

Moel Siabod wedi bwrw'i chap cyn deg y bore yn yr haf – daw'n law cyn nos (Llangernyw / Llansannan)

Gwynt ganol dydd, sychu beunydd (DLl, DG)

Yr haul a'r gwynt yn croesi ei gilydd ddechrau'r pnawn – amser pwysig (DMach). Mae'r haul yn symud o'r dwyrain i'r gorllewin ac os yw cyfeiriad y gwynt yn newid yn groes i hynny (h.y. newid o'r gorllewin i'r de fel arfer) gall arwyddo newid yn y tywydd.

'Paid hau swêj yng ngwres y dydd' (Fflint). Dylid hau gyda'r nos

Sŵn y môr yn crafu ar y bar ym Mhorthmadog ac ewyn gwyn ar lan y môr – mae'n siŵr o fwrw cyn tri (YsgE)

'Mi ddeil tan tua'r tri 'ma', yn ddywediad cyffredin, ac yn rhyfedd iawn at yr amser hwnnw y deuai'r glaw (Huw Selwyn Owen, Ysbyty Ifan yn *LlafG 28*)

Ar ddiwrnod o gawodau os yw'r glaw wedi gorffen erbyn tri fe ddeil y tywydd am weddill y dydd, ond os yw'r glaw yn parhau, yna fe ddeil yn hir (DMach)

Heulwen bump yn llosgi'n grimp (Pentre-uchaf, 1985). Yn yr haf, ar ôl iddi fwrw drwy'r dydd, pe sychai tua phump, gallai'r haul fod yn ddigon cryf hefo digon o oriau dydd ar ôl iddi fedru sychu (e.e. yr ardd) yn llwyr.

Barrug cyn nos, glaw cyn dydd (DG)

Rhew cyn nos, glaw cyn y bore (DMach)

Gwlith cyn nos, glaw cyn y bore (DMach)

Llwydrew cyn nos, ar y rhos,
Glaw cyn dydd, ar y mynydd (DLl)

1.1.2   Y Diwrnod

Mor ddi-ddal â diwrnod o Ebrill (cyffredin). Gall hefyd fod yn gymhareb i ddisgrifio rhywun anwadal.

Ceir tri math o dywydd mewn diwrnod o wanwyn (cyffredin), neu: *...mewn diwrnod o Ebrill* (cyffredin). Gall tywydd yr adeg hon o'r flwyddyn fod yn gyfnewidiol iawn.

Llwynog o ddiwrnod (cyffredin). Diwrnod twyllodrus – un ai yn dechrau'n heulog ac yn troi'n stormus neu yn ddiwrnod braf yng nghanol cyfnod o dywydd garw.

Mam storm ydyw diwrnod braf yn y gaeaf (Arfon)

1.1.3   Dyddiau Darogan

Credid bod rhai dyddiau o'r flwyddyn yn bwysig am eu bod yn rhagfynegi'r tywydd am y cyfnod i ddod, a allasai fod am bythefnos, mis, 40 niwrnod, y tymor (sef y 3 mis nesa) neu hyd yn oed am y flwyddyn. Edrycher am enghreifftiau o dan **Dywediadau'r Misoedd:** 1.2 isod, e.e. Dydd Calan (Ionawr 1af); Calendr Enlli (Ionawr 6ed – 18fed); Dygwyl Pawl (Ionawr 25ain); Gŵyl Fair (Chwefror 13eg); yr Hen Fai (Mai 13eg); Troad y Rhod (Mehefin 21ain); Gŵyl Ifan (Mehefin 24ain); Dygwyl Gewydd y Glaw (Gorffennaf 1af); Dygwyl Bedr (Gorffennaf 11fed); Swithin (Gorffennaf 15fed); Calan Awst (Awst 1af); Cyhydnos yr Hydref

(Medi 21ain); Gŵyl Fihangel (Hydref 10fed); Ffeiriau Calan Gaeaf / Pentymor (Tachwedd 13eg); y dydd byrraf (Rhagfyr 21ain) a dyddiau Gwyliau'r Dolig (Rhagfyr 26ain – Ionawr 6ed).

Un enghraifft o hyn yw'r arferiad yn ardal Abergeirw, Meirionnydd o ddal sylw manwl ar dywydd pedwar diwrnod arbennig yn ystod y flwyddyn, sef y ddau droad y rhod sy'n cyfateb i'r dydd hiraf a'r dydd byrraf (Mehefin a Rhagfyr yr 21ain) a'r ddwy gyhydnos, pryd y bydd oriau goleuni'r dydd a thywyllwch y nos yn 12 awr cyfartal (Mawrth a Hydref yr 21ain / 22ain). Ystyrid y byddai'r tywydd geid ar bob un o'r dyddiau hyn yn rhagfynegiad o'r tywydd y gallesid ei ddisgwyl am y pythefnos a ddilynai. (Evan Ll. Jones, Abergeirw)

1.1.4 Hyd y Dydd

Y dyddiau duon bach – enw ar ddyddiau byrion diwedd y flwyddyn

Suddo bedd yw gwaith dydd byr (Cyffylliog, Rhuthun, *AWC*)

Ceir dywediadau bachog a rhigymau i ddisgrifio sut mae'r dydd yn ymestyn ar ôl y dydd byrraf:
O'r dydd byrraf bydd y dydd yn 'mystyn gam ceiliog bob un o'r 5 noson at y Dolig (Gwyn Jones, Madryn)

Bydd y flwyddyn wedi 'mestyn gam ceiliog erbyn y Calan (Mari James, Llangeitho, Radio Cymru 1985)

Dywedir am hyd y dydd yn ymestyn ar ôl y dydd byrraf (Rhagfyr 21ain):
Awr fawr Calan [yr Hen Galan, Ionawr 12fed a olygir yma]
Dwy Ŵyl Eilian
Tair Gŵyl Fair
A gwir yw'r gair (cyffredin, *LlafG*, 43).

Ma'r dydd yn 'mistyn –
Gam ceilig (ceiliog)
Dydd Nadolig,
Awr gifan
Hen ddy' Calan,
Dwy awr hir
Dwgwl Fair;
Dros ben cifri
Dwgwl Ddewi (*GlossDD*, tud 162)

Erbyn diwedd y flwyddyn bydd y dyddiau yn byrhau neu yn *tynnu atynt*.

Enw ar ddyddiau byrion diwedd y flwyddyn yw: ***y dyddiau duon bach*** (Llŷn)

1.1.5 Dyddiau'r Wythnos

Ar un adeg credid mai dydd Llun oedd dydd sychaf yr wythnos ac mai dyna pam mai y Llun oedd y diwrnod golchi dillad traddodiadol. Er hynny ni chefais ddywediadau yn cyfeirio at hynny. Ceir dywediadau am ddyddiau Iau, Gwener, Sadwrn a'r Sul ond am ryw reswm ni cheir dim am ddyddiau Llun, Mawrth na Mercher. Yn yr un modd, ni cheir sôn am y dyddiau hyn chwaith yn llên y tywydd yn Lloegr, gweddill gwledydd gogledd Ewrop na gogledd America (*LlafG 60*).

Bwrw dydd Iau, bwrw dridiau (Ardudwy, *DG*) neu ***'Bwrw difia...'*** (Bryncroes). 'Difia' yn ffurf ar ddydd Iau.

Glaw ddifia, glaw dridia (*DMach*)

Glaw difia, glaw am dridia
Glaw Gwener, 'dat yr hanner
Glaw Sadwrn, 'dat yr asgwrn (Llaniestyn)

Braf dydd Iau, braf ddydd Sadwrn (Tanygrisiau, *AWC*)

Dydd Gwener fel y'i gwelir (*DMach*). Fel y'i gwelir yn y bore, felly y bydd drwy'r dydd.

Glaw Gwener, glaw hanner (Porthmadog), h.y. am hanner diwrnod.

Glaw Gwener, glaw Sul (Howard Huws yn *LlafG 37*), neu: Os pery glaw Gwener mae siawns iddo bara am ddyddiau.

Dydd Gwener gwlyb, dydd Sul gwlyb. (Tanygrisiau, *AWC*)

Fuodd 'na erioed ddydd Gwener heb ddim haul (Garndolbenmaen)

Fydd 'na'r un dydd Gwener na ddangosith yr haul ei wyneb rywdro yn ystod y dydd (Aber-erch)

Prin iawn fod dydd Gwener heb haul (*CGCLl*)

Lleuad newydd ar ddydd Gwener – arwydd o dywydd gwlyb dros y mis dilynol (*FWI*)

Be wnaiff hi y peth cynta fora Sadwrn — dyna wnaiff hi drwy'r dydd (yn enwedig os glawith, fe lawith drwy'r dydd) (Arthur Jones, Plas Tan y Bwlch, 1987)

Lleuad yn newid ar y Sadwrn:
Un lleuad wlyb yn ddigon mewn oes (M Thomas, Cribyn, Llanbedr Pont Steffan, 1983)

Lleuad oer, gwlyb bob amser — wedi ei brofi lawer gwaith (Ceridwen Jones, Talsarnau, 1981)

Credid, os ceid lleuad newydd ar y Sadwm neu'r Sul, fod hynny'n arwydd o dywydd drwg — cymaint felly nes gelwid lleuad y Sul yn gyffredin (e.e. Nefyn, Moelfre), a'r Sadwrn yn ogystal gan rai (e.e. Bryncroes) yn *'lleuad cas gan longwr'*.

Lleuad newydd ar nos Sadwrn — pythefnos stormus (Llanfair Mathafarn Eithaf, *AWC*)

Mae un lleuad Sul yn ddigon bob saith mlynedd (*DLl*)

Eira'r Sul yw'r eira oera (Llanfwrog, Rhuthun, *AWC*)

Sul teg — wythnos lawog (Megan Mai, Abersoch, yn *YHC* (1956))

1.2 Dywediadau'r Misoedd

MATHAU'R ARWYDDION MISOL

Y flwyddyn sydd yn dechreu
Fis Ionawr — gwair i'r ŷch,
Mis Chwefror, Mawrth ac Ebrill
I ddal y brithyll brych;
Mis Mai, Mehefin hefyd,
Gorffennaf gydag Awst,
Mis Medi, Hydref, Tachwedd,
A Rhagfyr — cig ar drawst. (*LlGSG*)

Ceir sawl dosbarth o ddywediadau yn gysylltiedig â misoedd y flwyddyn. Yn gyntaf, ceir gwirebau, diarhebion a disgrifiadau gweddol amlwg o nodweddion y misoedd. Gall y rhain gyfeirio at hinsawdd arferol yr adeg honno o'r flwyddyn, e.e. 'Chwefror — mis bach ond mawr ei anghysuron'; cymariaethau, e.e. 'mor ddi-ddal â diwrnod o Ebrill'; hyd y dydd, e.e. y 'dyddiau duon bach', sydd yn ddisgrifiad addas iawn o ddyddiau byrion Rhagfyr; byd natur, e.e. 'Ebrill – mis y blodau' ac amaethyddiaeth, e.e. 'Mae angen cawodydd Ebrill i wneud iddi dyfu'.

Yna ceir dosbarth mawr o ddywediadau tymhorol sy'n darogan y tywydd rai wythnosau, neu weithiau fisoedd, i'r dyfodol. Fel arfer bydd y dywediadau hyn yn ymatebiad i ryw fath anarferol o dywydd neu ryw arwydd o fyd natur a welir yn ystod y mis, e.e.: 'Braf yn Ionawr – dial ym Mai' neu 'Os cân yr adar cyn Chwefror – byddant yn crïo cyn Clanmai'.

Byddid hefyd yn dal sylw ar y math o dywydd a geid ar ddyddiadau penodol megis dyddiau Ffair neu ŵyl rhyw Sant neu'i gilydd. Er enghraifft: 'Eira cyn Ffair Borth – yn erthylu'r gaeaf' ac 'Os yw'n braf ar Hen Ŵyl Fair, cwyd yn fore i brynu gwair.' Mae'r mathau hyn o ddywediadau yn gyffredin iawn yng Nghymru, gweddill Ewrop a thu hwnt.

Yna ceir cyfres o ddywediadau i nodi'r tymor, sydd â'u gwreiddiau mewn cyfnod pan fyddai'r calendr amaethyddol yn cael ei reoli gan gyfres o ddyddiadau ffeiriau a rhai eglwysig, e.e. yn Aberteifi byddai ffermwyr yn anelu i orffen hau ceirch erbyn Ffair Caron (Mawrth 15fed); yn Llŷn heuid haidd erbyn Ffair Pentymor, neu 'yng nghesail Mai' (Mai 13eg) a byddai pobl yn plannu tatws adeg gwyliau'r Pasg a'u codi yn ystod gwyliau'r Diolchgarwch.

Ond, o edrych ar arwyddion tywydd gwledydd eraill, ceir yr argraff y bu i lawer o'r dyddiadau sefydlog hyn, yn enwedig rhai o wyliau'r seintiau, leihau yn eu pwysigrwydd yng Nghymru anghydffurfiol drwy'r 19g o gymharu ag Iwerddon neu Ewrop Gatholig a Lloegr Eglwysig. Efallai nad oedd yr anghydffurfwyr yn gweld dim o'i le mewn gollwng eu hymlyniad i wyliau'r Eglwys a throi yn hytrach at arwyddion o fyd natur. Ond wedi dweud hynny fe barhaodd rhai dyddiadau sefydlog yn boblogaidd hyd yn ddiweddar iawn.

Roedd mabwysiadu arwyddion o fyd natur (gweler Pennod 2) i ddweud wrth y ffarmwr pryd i gyflawni rhyw orchwyl neu'i gilydd yn gam mawr ymlaen. Gwerth yr arwyddion natur hyn oedd eu bod yn adlewyrchu gwir gyflwr y tymhorau yn llawer cywirach na'r dyddiadau gŵyl disymud.

Byddai dilyn arwyddion natur yn caniatáu i'r amaethwr farnu pa un ai cynnar ynteu hwyr fyddai'r tymor, gan ei alluogi i addasu amseriad ei waith o ganlyniad, pe bai angen. Er enghraifft, byddai ymddangosiad blodau'r milfyw (hesgen fechan yn y borfa) yn arwydd ei bod yn iawn i droi'r gwartheg allan am gyfnod o'r dydd yn y gwanwyn; yn Uwchaled arhosid nes byddai blagur dail y fedwen gymaint â chlust llygoden cyn hau ceirch a byddai blodau'r ddraenen wen yn arwydd ei bod yn amser i hau haidd ayyb.

CYWIRDEB Y DAROGAN
Cafodd y dywediadau tymhorol hyn gryn sylw gan feteorolegwyr ers tro byd i weld pa mor gywir ai peidio oeddent yn ystadegol. Erbyn hyn, yn sicr, casglwyd corff sylweddol iawn o gofnodion tywydd hanesyddol, un ai ar ffurf cofnodion safonol o orsafoedd tywydd cydnabyddedig – rhai yn mynd yn ôl cyn belled â chanol y 19g – neu gofnodion o ddyddiaduron dros y ddwy neu dair canrif ddiwethaf. Digon o ddata, mewn gwirionedd i roi profion eitha sicr ar y mwyafrif o'r dywediadau traddodiadol, a hynny nid yn unig yng ngwledydd Prydain ond drwy rannau helaeth o'r byd.

Fel y gellid disgwyl, cafwyd canlyniadau cymysg iawn pan gymharwyd effeithiolrwydd yr arwyddion tywydd tymhorol traddodiadol yma â rhai mewn gwahanol ardaloedd hinsoddegol drwy'r byd. Er enghraifft, yn Yr India a gwledydd eraill lle ceir tymhorau sych a gwlyb amlwg iawn cafwyd cyfatebiaeth eitha da rhwng rhai arwyddion megis cyfeiriad y gwynt ar adeg arbennig o'r gwanwyn a nerth y monsŵn rai misoedd yn ddiweddarach [*Llafar Gwlad*, 75]. Ond yma yng Nghymru, a gwledydd eraill lle mae'r glawiad yn weddol gyson drwy'r flwyddyn, dengys yr ystadegau, gydag ambell eithriad, mai gwael iawn yw mwyafrif yr arwyddion tymhorol i ddarogan yn gywir dywydd y dyfodol – a hynny hyd yn oed ond am gyn lleied â rhyw wythnos neu ddwy yn y dyfodol heb sôn am ymhen misoedd i ddod!

Hud a lledrith
Os felly tybed beth sy'n cyfrif am boblogrwydd oesol y mathau hyn o ddywediadau? I ateb hynny mae'n rhaid olrhain eu gwreiddiau yn ddwfn i'r cyfnod cynhanesyddol pan fyddai hud a lledrith yn dylanwadu'n drwm ar bopeth. Onid yw'n drawiadol fel y mae llawer o'r dyddiau yr ydym yn dal i'w hystyried yn bwysig i ddarogan y tywydd am y tymor i ddod yn cyfateb mor agos i'r prif ddyddiau defodol cyn-Gristnogol? Ac onibai am newidiadau yn nyddiadau'r calendr o bryd i'w gilydd, fel a ddigwyddodd yn

1752 pan gollwyd 11 diwrnod o'r calendr (gweler 1.2.1 isod a *Tro Drwy'r Tymhorau*, Twm Elias, 2007), byddai'r gyfatebiaeth yn agosach fyth.

Beth am y clwstwr o ddyddiadau darogan tywydd a geir oddeutu canol haf, sy'n cynnwys Troad y Rhod (Mehefin 21ain), Gŵyl Ifan (Mehefin 24ain), Gŵyl Gewydd y Glaw (Gorffennaf 2il) a Gŵyl Sant Swithin (Gorffennaf 15fed)? Dywedir y bydd y tywydd ar y dyddiau hyn yn parhau am 40 niwrnod. Mae'n fwy na chyd-ddigwyddiad bod y dyddiau arbennig hyn mor agos i'r dydd hiraf pryd y cynhelid defodau ac yr aberthid yn deyrnged i'r hen dduw'r haul Celtaidd – Lleu. Diben hynny oedd atgyfnerthu'r haul am y byddai ar ei wendid ar ôl y dydd hiraf, gan ddeisyfu parhad ei ffafr hyd ddiwedd y cynhaeaf ŷd o leiaf.

Ar yr adeg hon yng nghanol haf, fel ar adegau rhai o'r prif wyliau paganaidd eraill drwy'r flwyddyn, e.e. y dydd byrraf, Calan Mai a Chalan Gaeaf, byddai cynnal defodau i geisio darganfod eich tynged ac i geisio ffafr y duwiau ar gyfer mentrau y dyfodol yn rhan hanfodol o'r drefn. Ac o ystyried pwysigrwydd y cnydau i fywoliaeth pobl y tir ers talwm, oni fyddai ceisio darogan a hyd yn oed ddylanwadu ar y tywydd yn bwysig?

Ai dyma felly yw gwreiddyn llawer o goelion ac arferion gwerin tymhorol sydd wedi parhau hyd yn oed i'n dyddiau ni, ac sydd yn sail i'r cyfoeth o ddywediadau tywydd tymhorol a gofnodwyd yn y gyfrol hon? Er enghraifft, mae rhai yn dal hyd heddiw i nodi tywydd 12 dydd gwyliau'r Nadolig ac yn eu hystyried yn rhagfynegiad o dywydd 12 mis y flwyddyn newydd; erys y goel bod y tywydd oddeutu'r dydd hiraf a'r Swithin yn mynd i bara am 40 niwrnod, ac onid yw'r dywediad poblogaidd: 'eira cyn Glangaeaf yn erthylu'r gaeaf' a'i debyg yn enghraifft arall?

Un nodwedd arall a welwn yn amlwg yn rhai dywediadau tymhorol, yn enwedig rhai sy'n gysylltiedig â gwyliau'r Seintiau, yw bod y darogan yn dueddol o fod yn negyddol iawn os ydy tywydd y dydd dan sylw yn dyner neu yn braf. Hynny yw, mae tywydd da y presennol yn debyg o dynnu dial yn y dyfodol. Onid ydy hynny yn ein hatgoffa o'r neges biwritanaidd – na ddylsech gael mwynhad yn y byd hwn, ar boen gorfod diodde amdano yn y byd nesa!!

1.2.1 Ionawr

'*Mis Ionawr, blaenawd y blaid*
Mae Duw'n gwneuthur meudwyaid'
[o gywydd 'Yr Eira', Ieuan ap Rhys ap Llywelyn – un o feirdd yr uchelwyr. Dywed y bardd fod Ionawr, sydd ar ddechrau rhestr y misoedd, mor oer ac eiraog nes caethiwo pobl i'w tai fel meudwyon.]

Wyt Ionawr yn oer,
A'th farrug yn wyn;
A pha beth a wnaethost
I ddŵr y llyn?
Mae iâr fach yr hesg
Yn cadw'n ei thŷ,
Heb le i fordwyo
Na throchi ei phlu.' (Eifion Wyn, yn *TMM*)

Ha! Daethost Ionawr arnom ni,
A'r cwmwl du gerllaw,
A'r rhew a'r eira gyda thi
Yn dal yr heulwen draw. (Ael Haiarn Hir, yn: *YFINg*)

GWIREBAU:

Ionawr, y '*Mis du wedi'r Dolig*'. Gelwir Tachwedd, Rhagfyr a Ionawr '*y dyddiau duon bach*'.

Cyfeirir at Ionawr fel: y *mis marw* a *mis prinder* (*CNW*) a *mis prinder bwyd* (Rhoshirwaun)

Ionawr a dery i lawr (*Iolo MSS*)

Ionawr glas, mynwent fras (cyffredin), neu *Daear las, mynwent fras* (Rhoshirwaun). Sail y dywediad hwn yw bod tywydd tyner yn Ionawr (a thros y gaeaf yn gyffredinol) yn golygu y bydd pobl yn fwy tueddol o ddal anwydau a'r ffliw, fydd yn arwain at fwy nag arfer o farwolaethau.

Mae adar (brain) *yn cydmaru ar y 6ed o Ionawr ac yn priodi ar y 18fed* (Rhoshirwaun)

Wnaiff dillad ddim sychu tan ar ôl y Calan (Mrs Mair Roberts, Llannefydd). Tebyg mai'r Hen Galan (Ionawr 12fed) y cyfeirir ati, pryd y bydd hyd y dydd yn dechrau ymestyn o ddifri.

Gweler ddywediadau am y dydd yn ymestyn ddechrau'r flwyddyn yn 1.1.4.

ALMANAC ENLLI A DYDDIAU COEL – I DDAROGAN Y TYWYDD AM Y FLWYDDYN:

Rhan o ddefod darogan tywydd y flwyddyn newydd yw *Almanac Enlli*. Nodir yn fanwl y tywydd geir bob dydd o'r 6ed i'r 17eg o Ionawr, sef deuddeg dydd Hen Wyliau'r Nadolig (sydd, dan yr hen galendr Iwlaidd, 12 niwrnod yn ddiweddarach na'r calendr Gregoraidd modern a'i disodlodd yn 1752). Ystyrir y bydd tywydd pob un o'r 12 niwrnod yn arwyddo tywydd y 12 mis sydd i ddod. Er enghraifft, bydd tywydd y 6ed yn rhagfynegiad o dywydd Ionawr; tywydd y 7fed yn rhagfynegiad o dywydd Chwefror; yr 8fed – Mawrth; y 9fed – Ebrill ayyb.

Bydd y tywydd ar wahanol adegau o'r dydd hefyd yn bwysig, e.e. os yw'n fore braf ac yn bnawn gwlyb, yna bydd hanner cynta'r mis cyfatebol yn braf a'i ail hanner yn lawog.

Cofnodir *Almanac Enlli* gan rai o drigolion Pen Llŷn hyd heddiw a dilynir arfer tebyg mewn rhannau eraill o Gymru yn ogystal o dan enwau eraill, e.e. yng ngogledd Ceredigion, yr enw ar y cyfnod hwn o ddarogan – yn cychwyn ar y 6ed hyd yr 17eg yw *Dyddiau Coel*. (*CGCLl*). Nodir y tywydd yn nechrau, canol a diwedd y dydd hefyd (*HCS*)

Yn ne Ceredigion yr enw yw *Coel Ddyddiau* ac maent yn cychwyn ar yr Hen Galan, Ionawr l2fed, gan ymestyn tan y 24ain: '...yn syth ar ôl Calan Hen roedd deuddeng niwrnod y "Coel Ddyddiau" – fe chwythai'r gwynt bob mis o'r flwyddyn fel y gwnâi yn ystod pob un o'r Coel Ddyddiau.' (*ALAG*).

Gweler hefyd *Darogan Gwyliau'r Dolig*: Rhagfyr 26ain – Ionawr 6ed, (dan 1.2.12, Rhagfyr isod).

Yn ogystal, ystyrir bod rhai dyddiau penodol yn Ionawr yn arwyddo tywydd y flwyddyn gyfan, neu rannau ohoni, e.e.:

Tywydd Dydd Calan — argoel o dywydd y flwyddyn i ddod

Sant Finsent (Ionawr 22ain) *heulog, cynhaeaf toreithiog'* (*TrafEEf 1898*)

Tywydd Dygwyl Pawl (Ionawr 25ain) – *felly bydd y flwyddyn*

Os gwena'r haul ar ddydd Gŵyl Bôl [Dydd Sant Paul, Ionawr 25ain]

Fe red y flwyddyn ar ei ôl (*EJ*)

Ond ceir y darogan doniolaf (a'r cywiraf o bell ffordd!) am dywydd y flwyddyn i ddod, ar ffurf hen bennill sydd yn addas iawn ar gyfer gwyliau'r Nadolig a'r Calan:

Mi fydd y flwyddyn nesa
Weithiau'n law, weithiau'n hindda,
Weithiau'n rhew, weithiau'n eira,
Weithiau'n aeaf, weithiau'n ha.

DAROGAN TYMHOROL:

Haul Ionawr ni mad welir
Mawrth a Chwefror a'i dielir (CE Boduan)

Ni chyfyd y tes yn Ionawr; ond Chwefror a Mawrth a'i hymlid ymaith (LlGSG)

Diwerth gwanwyn yn Ionawr (Rhoshirwaun, Bethel)

Haf hyd Ionawr, gaeaf hyd Fai (CHJ)

Ionawr cynnes, Mai oer (DMach)

Braf yn Ionawr – dial ym Mai (Clynnog)

Ionawr wnaiff y drwg ond Mai gaiff y bai (DMach)

Os gwyliau fis Ionawr fydd hafaidd a hyfryd
Yr hin fydd aeafaidd hyd wyliau Mai hefyd (LlGSG)

Haf hyd Galan, gaeaf hyd Fai (EJ), neu: *...gwanwyn hyd Ŵyl Ifan* (Arthog, AWC)

Haf tan Galan, Gaeaf tan gain (Meirionnydd). Y gain yw'r pryfed melyn welir ar faw gwartheg o tua diwedd Ebrill / dechrau Mai; gweler 2.4.9.

Os tyf porfa yn nechrau'r flwyddyn
Fe dyf lai ym mis Mehefin (LlGSG)

Gwanwyn yn Ionawr argoela flwyddyn ddrwg (LlGSG)

Mis Ionawr braf a ddifetha yr un mis ar ddeg (Trawsfynydd, Penmachno)

Gwell yw gweled mam ar elor
Na gweld hinion deg yn Ionor (DMach), neu: '*...dodi mam ar elor*' mewn enghreifftiau eraill.

Os y borfa dyf yn Ionor
Gwaeth y tyf drwy'r flwyddyn rhagor (CE Boduan)

Os bydd porfa las yn Ionor
Dylset gloi ar ddrws dy scubor (DLl). Bydd y cynhaeaf ŷd yn brin a phrisiau grawn yn uchel

DYWEDIADAU / CYNGHORION AMAETHYDDOL:

Ionawr – mis prinder bwyd (CE Boduan)

A hauo'i geirch yn Ionor,
A gaiff aur a phres a thrysor;
Ond yr hwn a hauo'n Mai,
Gaiff wneud y tro ar lawer llai'. (LlGSG). Dihareb am y bendithion a ddaw os llwydda rhywun i orffen gwaith yn gynnar. Na phoener yn ormodol am yr oerfel, o fewn rheswm, oherwydd bydd yr had yn saff unwaith y mae yn y pridd. Fel y dywedodd un hen ffarmwr o ardal Chwilog:
'Rewodd neb ym mol ci fam'.

Am Ionawr dywedir:
Tir dan ddwfr – prinder [neu: *...newyn*]
Tir dan eira – bara (LlGSG). Nid proffwydo tywydd y cynhaeaf a geir yma ond nodi effaith y tywydd ar y pridd – oedd yr un mor bwysig, h.y. byddai tywydd tynerach a dŵr yn sefyll ar y caeau yn gwneud y pridd yn oer a gwlyb, yn anos i'w aredig a llai ffafriol i'r egin, tra byddai rhew ac eira ganol gaeaf yn llacio'r pridd ac yn lladd trychfilod niweidiol.

Dywediad tebyg yw:
Eira Ionawr – bara (CHJ), ac yn yr un cywair gelwir eira Ionawr yn: **'Maeth Ionawr'** a **'Calch y dyn tlawd'** (CGCLl)

Myswynog yn mis Ionawr,
Ni rydd gosyn melyn mawr. (LlGSG). Ni ellir disgwyl cynnyrch ar yr adeg anodda o'r flwyddyn o fuwch nad yw'n magu.

1.2.2 Chwefror (neu 'Chwefrol')

Rwyt tithau Chwefror ar dy hynt
Yn taenu'r fantell wen;
Rhaid inni ddiodde' ystormus wynt
A'r oerfel mawr uwchben. (Ael Haiarn Hir)

*Byr yw dydd a dyddiau Chwefror,
Cynt y dêl yr hwyr na'r wawr;
Chwyth y crynddail hyd y cwmwl,
Chwyth y ceinciau hyd y llawr* (Eifion Wyn, yn *TMM*)

GWIREBAU:

Byr yw Chwefror ond hir ei anghysuron (*DMach*, *LlGSG*)

Mis bach, mawr ei anghysuron (Dyffryn Nantlle)

Mis y baich yw y mis bychan (Myrddin ap Dafydd, Heth Chwefror)

Chwefror garw, porchell marw (neu: *Chwefror chwerw*... (*LlGSG*))
Os bydd byw fe dry y derw (Minwel Tibot, 1985) Bydd oerfel Chwefror yn lladd perchyll cynnar ond os byddant byw byddant ddigon cryf i ddadwreiddio'r coed derw!

*Ni saif eira mis Chwefrol,
Mwy nag ŵy ar ben trosol* (*LlGSG*). Dywedir mai o'r hen Chwefror, sef y 13eg, y mae'r dywediad hwn yn cyfri.

*Ni saif eira mis Chwefror,
Mwy na rhynion mewn gogor.* (*LlGSG*)

*Chwefror a chwyth, ni chwyd neidr o'i nyth
Mawrth cadarn a'i tyn hi allan.* (*TrafEFf 1898*)

*Chwefror a chwyth;
Os cwyd neidr o'i nyth
Ni ddychwela yno byth* (*DMach*)

Ceir fersiwn wrthgyferbyniol gyffredin, ond anghywir, i hon, sef: *Chwefror chwyth y neidr o'i nyth.*

Chwefror a chwyth yr aderyn bach oddi ar ei nyth. (*LlGSG*)

Chwefror chwyth, chwytha'r deryn oddi ar ei nyth (*FWMW*)

Chwefror a leinw y cloddiau a Mawrth a'i tyf yn foleidiau (*Iolo MSS*). Gwelwn flodau'r gwanwyn yn Chwefror ond ni fydd yna ddigon o fwyd i'r anifeiliaid tan fis Mawrth.

Ceir oeraidd dymor ar ddiwedd Chwefror. (*LlGSG*). Gweler hefyd 1.4.1

DAROGAN TYMHOROL:
Dywedir bod tywydd braf neu dyner yn Chwefror yn argoeli tywydd anffafriol am weddill y flwyddyn:

Mae pob mis o'r flwyddyn yn melltithio Chweftor teg. (*LlGSG*; Tal-y-bont, Ceredigion)

Chwefror teg yn difetha'r un ar ddeg. (*DMach*).

Dywedir hefyd:
...ffwndra'r un ar ddeg (Nefyn); *...sbwylith yr un ar ddeg* (Cwm Cynllwyd); *...a lwga'r un ar ddeg* (Dolgellau) neu: *...a lygra'r un ar ddeg* (Rhuthun)

Chwefror teg – fydd yr un mis ar ddeg arall ddim gwerth eu rhegi (Porthmadog)

Chwefror teg, un ar ddeg llwm. (Dolgellau)

Haul yn Chwefror – prin am un ar ddeg (Llŷn). Prin am yr un mis ar ddeg arall.

Gwell hinddrwg na hindda yn Chwefror (*CHJ*)

Os yn Chwefror y tyf y pawr [porfa]
Drwy'r flwyddyn wedyn ni thyf fawr. (*LlGSG, DMach, DLl*)

Os taranau yn Chwefror,
Bydd rhyfeddod yn yr haf. (*LlGSG*)

Ni fyn Mawrth waith Chwefror yn tyfu. (*PrW*). Os yw Chwefror yn rhy braf, bydd Mawrth yn oerach.

Nid da i Chwefror wneud gwaith Mawrth (*CRJE*). Ni ddylsai blodau Mawrth agor yn rhy gynnar.

Mae Chwefror yn gwneud pont a Mawrth yn ei thorri. (*LlGSG*) Fel uchod.

Ar y llaw arall:
Os gwnaiff hi Chwefror/Mawrth gwlyb fe ddylsai wneud Gorffennaf/Awst da i'r gwenyn.

Cymaint ganant cyn Gŵyl Fair
A grïant cyn Gŵyl Dewi. (*Cymru* XLV (1913), tud. 163) 'Gallant (adar) gael llawer o dywydd garw rhwng y ddwy ŵyl'

Os cân yr adar yn Chwefror (neu '*...cyn Chwefror*' yn ôl rhai)
Hwy a grïant (neu: '*gwynant*') *cyn C'lanmai.* (*DMach, WF*)

Os ydy'r ffosydd yn sych yn Chwefror rydym am haf sych. ('Byd y Ffarmwr' yn *Papur Menai*, 95 – wedi sylwi na fu ffosydd Cors

Ddrygarn erioed cyn ised na Chwefror 1986, blwyddyn yr haf sych)

GŴYL FAIR:

Fe ddaw Gŵyl Fair, fe ddaw Gŵyl Ddewi,
Fe ddaw'r adar bach i ganu. (*Hwiangerddi*)

Gŵyl Fair wedi pasio
Natur yn blodeuo (Cross Inn, *AWC*)

Roedd yr Hen Ŵyl Fair, Chwefror 13eg, yn bwysig i'r amaethwr, yn nodi ei bod hanner y ffordd drwy dymor y gaeaf, h.y. rhwng Glangaeaf (Tachwedd 13eg) a Glanmai (Mai 13eg). Dyma'r tymor porthi, pryd y cedwid y gwartheg i mewn a'u bwydo dros y gaeaf. Byddai'r ffarmwr yn mynd i'r gadlas ar y diwrnod hwn gan obeithio y byddai o leia:

Hanner y gwair erbyn Gŵyl Fair (*DMach*), neu:
Hanner Chwefror, hanner y cnwd (Cwm Cynllwyd). Hanner y ffordd drwy'r gaeaf fe ddylsai o leia hanner y gwair fod ar ôl.

Hen Ŵyl Fair, [Chwefror 13eg]
Hanner y gwellt a hanner y gwair (*EJ*)

Ond ceir amrywiadau eraill hefyd:
Hanner y gwellt Ŵyl Fair,
Hanner y gwair Ŵyl Ddewi (*EJ*), neu: ...*A Hanner y gwair Ŵyl Garon* [Mawrth 16eg] (*EJ*)

Os byddai'r gwair yn llai na'r hanner dywedid:
Y mae fory'n Ŵyl Fair
Cwyd yn fore i brynu gwair

Ac os oedd digonedd ohono ar y dyddiad hwn dywedid:
Lle bo hen wair — bydd hen aur

Credid y byddai'r tywydd ar ddydd Gŵyl Fair yn dylanwadu ar y tywydd i ddod:

Os bydd hi'n braf ar hen Ŵyl Fair
Cwyd yn fore i brynu gwair;
Ond os bydd hi'n law a drycin,
Aros yn dy wely dipyn. (*DMach*)

Neu, yn ôl fersiwn arall o'r cwpled ola:

Os bydd yn eira ac yn lluwch
Cod yn fore i brynu buwch. (LlA 103)

Os bydd yn ddrycin ar Ŵyl Fair
Siawns na ddeil y cilcyn gwair.
Os bydd yn hindda ar Ŵyl Fair
Cwyd yn fore i brynu gwair. (Dolgellau)

Os bydd yn deg foreu Gŵyl Fair
Gwerth dy glôg i brynu gwair. (LlGSG)

Llawn cystal gan Ianto roi'r wraig yn y ddaear
Na bod Dygwyl Fair yn hyfryd a chlauar. (LlGSG)

Mae tywydd tyner sy'n twyllo'r adar i gydmaru a chanu'n diriogaethol cyn y cyfnod hwn hefyd yn darogan gwae, gan ddial ar yr adar druan:

Os cân yr adar cyn Gŵyl Fair
Byddant yn wylo cyn Gŵyl Ddewi.

Adar a ganant cyn Gŵyl Fair
A grïant cyn Clanmai. (DMach)

Crybwyllir Gŵyl Fair yng nghyswllt un o ddywediadau mis Medi yn ogystal:

Meirioli Gŵyl Fathew [Medi 21ain]
Glawio Gŵyl Fair. (TrafEFf 1898)

Bydd yn sychu tri sychiad sach o Ŵyl Fair ymlaen (D Hughes, Bwlchderwin) h.y. bydd yr haul gyda chymorth y gwynt wedi cryfhau digon erbyn hyn i sychu'r sach yr arferai gweision ffermydd wisgo dros eu hysgwyddau, dair gwaith drosodd.

1.2.3 Mawrth

O! Mawrth afrywiog enbyd oer,
A glasrew ar y llyn,
Ac ambell noswaith ddisglair loer,
Cais aradr ar y glyn. (Ael Haiarn Hir)

Beth a welais ar y lawnt,
Gyda wyneb gwyn edifar?
Tlws yr eira, blodyn Mawrth,
Wedi codi yn rhy gynnar. (Eifion Wyn, yn *TMM*)

GWIREBAU:

Mawrth ddaw â'r dydd
Awst ddaw â'r nos (Llŷn)

Ganol Mawrth a chanol Medi,
Dydd a nos 'r un hyd â'i gily.' (Cefneithin). Cyfeirio at gyhydnosau'r gwanwyn a'r hydref.

Ceir llawer math o dywydd ym Mawrth (TrafEFf 1898, LlGSG)

Ceir llwydrew cyn fynyched ar ôl y Pasg ag a fo niwl yn mis Mawrth (LlGSG)

Bydd aml i grebyn farw'n sydyn fis Mawrth (L1GSG). 'Crebyn' yw rhywun crintachlyd.

Gwynt mis Mawrth a haul y boreu
Wna'r forwyn wen yn forwyn winneu (LlGSG)

Gwynt Mawrth a haul Mai
Wnânt ddillad yn wynion a merched yn winneu (LlGSG)

Gwyntoedd Mawrth, cawodydd Ebrill
Ddygant allan flodeu Mai (LlGSG)

Gwynt mis Mawrth a haul mis Mai
A wna hagr lle na bai (LlGSG)

Mawrth a rydd yr heulwen swil
I'r oen bach a'r daffodil (Tanygrisiau, AWC)

Fe ddaw Gŵyl Fair, fe ddaw Gŵyl Ddewi,
Fe ddaw yr hwyaid bach i ddedwi (Tregaron, AWC)

Ni saif eira fis Mawrth
Fwy na menyn ar dwym dorth (TrEFf 1898, MVJ)

Mal eiry Mawrth ar y maen (*Gwydd*, Cyf III, tud 497) neu: *...ar ben maen* (LlGSG)

Mawrth a ladd, Ebrill a fling
A Mai fwyn i werthu'r crwyn (LlGSG, Rhoshirwaun 1985)

Ceir fersiynau eraill o'r llinell olaf:
Rhwng y ddau adawan nhw ddim (Aberystwyth, 1983)
Rhwng y ddau ni chedwir dim (Erwyd Howells, Ponterwyd, 1995)

Mawrth a ladd, Ebrill yn blingo
Mai a ddywed a fydda'i byw neu beidio (*ArDG*, tud 399, Gwytherin)

Neu:

Rhwng y ddau cawsom fod hebddo (*LlGSG*)

Mawrth a ladd, Ebrill yn llym
Rhwng y ddau ni adewir dim (*CCym*, am ardal Taliesin)

Sych-hin Mawrth a gwlyb-hin Ebrill
Trin dy âr, na ddiffyg ennill (Llanrwst, *LlafG* 55)

Chwefror a leinw y cloddiau
A Mawrth a'u tyf yn foleidiau (*DG*, Ardudwy)

Chwefror a chwyth, ni chyfyd neidr oddi ar ei nyth;
Mawrth cadarn a'i tyn hi allan. (*DG*, Ardudwy)

DAROGAN TYMHOROL:

YR OEN, Y LLEW, A'R BLAIDD
Un o ddywediadau mwyaf adnabyddus mis Mawrth ydy:

Os daw Mawrth i mewn fel oen, fe aiff allan fel llew (neu i'r gwrthwyneb). Cyfeirio wna at dywydd cyfnewidiol Mawrth.

Dywed Gwallter Mechain (*ADENW*) fod yr hen bobl yn disgwyl i'r 'Hen Fawrth ystormus (Mawrth 12fed) ddod i mewn â ffyrnigrwydd llew ac ymadael a gwneud lle i'w Hebrill hoffus â thynerwch oen'.

Os fel llew ddaw Mawrth i'n drysu
Aiff i ffwrdd fel oen dan chwarae (*CRJE*)

Os daw Mawrth i mewn fel oenig
Allan â fel llew mileinig (*CHJ*)

Mawrth yn dyfod i mewn fel llew
Digon o eira, llawer o rew (Cross Inn, *AWC*)

Ond sylw gan gymeriad o Lanuwchllyn yn dilyn Mawrth oedd yn galed a stormus ar ei hyd: *'Fe ddaeth i mewn fel llew, ac mi aeth allan fel cythrel!'* (Megan Davies, Rhowch Gynnig Arni, Radio Cymru, 1982)

Daw Mawrth i mewn fel oen ac allan fel blaidd, neu yn groes i hynny (*CNW*)

Os daw Mawrth i mewn fel oen, fe aiff allan fel llew

Cyfeirio wna at dywydd cyfnewidiol Mawrth.

Os ym Mawrth y tyf y ddôl,
Gwelir llawnder ar ei ôl. (*DLl*). Ceir yr amrywiaethau: *...llawndra* (*CFu, TrafEFf 1898*); *...llewndid* (*Iolo MSS*) a *...llymder* (sy'n groes i'r fersiynau eraill).

Ni fyn Mawrth waith Chwefror yn tyfu (*LlGSG*), neu:
Ni fyn Mawrth i Chwefror dyfu (Mynytho, 1984). Ei ystyr yw, os ceir Chwefror sy'n rhy braf, bydd Mawrth yn oerach.

Fersiwn arall o hon yw: *Mae Chwefror yn gwneud pont a Mawrth yn ei thorri.* (cyffredin)

Ac eto:
Pan ddêl mis Mawrth
Fe delir y pwyth
I'r ugain a'r wyth niwrnod (*LlGSG*). Bydd rhaid inni ddioddef oherwydd Chwefror tyner.

Pan ddaw Dewi ar farch gwyn
Fe ddaw Mair ar fuwch goch (*EJ*). Os bydd Chwefror yn sych, bydd eira ym Mawrth

Mawrth oerllyd a gwyntog ac Ebrill cawodog
I'll dau wnânt rhyngthynt Fai teg a godidog. (*LlGSG*)

O ba gyfeiriad bynnag y bo'r gwynt ar yr 2lain o Fawrth (Cyhydnos y gwanwyn) *yno y bydd ef am y tri mis canlynol* (*DLl*)

Y gwynt a chwyth ar Fawrth 21ain
A chwyth drwy'r haf yn gyfan (*YG*)

Os yw'r gwynt o'r gogledd adeg cyhydnos Mawrth, bydd yn dal yno adeg troi'r rhod mis Mehefin (Corwen)

Niwl ym Mawrth, rhew ym Mai (Llanuwchllyn)

Mawrth niwlog – Mai oer (Llangefni)

Fel bo Mawrth y bydd yr haf (*DLl*)

Tyrchod daear yn codi tociau yn nes at yr afonydd ym Mawrth – haf braf (Eifionydd)

Mawrth gwlyb a wna Awst prudd (*LlGSG*)

MAWRTH SYCH

Am bob diwrnod o dywydd braf ym Mawrth – bydd wythnos o dywydd braf yn yr haf (Llŷn)

Mawrth sych, pasgedig ych (*CHJ*). Bydd digon o fwyd i'r ychen.

Ni fydd Mawrth sych yn cardota ei fara (*CRJE*). Bydd cnydau toreithiog.

Mawrth sych, Ebrill cawodog, a Mai tyner arwyddent haf iachus (*LlGSG*)

Mawrth yn llwch, Ebrill yn lli (Llangwnnadl)

Gwell ffiolaid o lwch Mawrth na phegaid o aur (*LlGSG*)

Y mae llond gwniadur o lwch Mawrth yn werth arianswm (*LlGSG*) neu: *yn werth bwcedaid o aur*

Y mae pegaid o lwch Mawrth yn werth ei bwysau mewn aur, am y try oerwynt Mawrth ar dalar y llaid yn llwch mewn pedair awr ar hugain (*LlGSG*)

Y mae pegaid o lwch Mawrth yn gydwerth â phridwerth neu bris gollyngdod brenin (*LlGSG*)

Cyded bach o lwch Mawrth a dâl cydaid mawr o aur y brenin (*Iolo MSS*)

1.2.4 Ebrill

Mis Ebrill bellach, cais dy og,
Prysura hau dy dir;
Tydi gei glywed llais y gog
Ar frigau'r goedwig îr.
Fe bair effeithiau gwlith y nen
I bob glaswelltyn godi ei ben. (Ael Haiarn Hir)

Gwyn yw wyneb Ebrill,
Gwyn gan lygad dydd;
A pha sawl llwyn briallu
Ym min y ffordd ymgudd? (Eifion Wyn, yn *TMM*)

GWIREBAU:

Ebrill, mis y blodau

Gwyn ein byd os Ebrill mwyn
A wisg y llawr â gwisg y llwyn. (*TrafEFf 1898*), neu: ... *â gwrysg y llwyn* (*Iolo MSS*)

Mor ddi-ddal â diwrnod o Ebrill (cyffredin), neu: ... *â bore o Ebrill* (Llandwrog)

Ebrill, tywydd teg a ddaw
Gydag ambell gawod law (Tanygrisiau, *AWC*)

Ni saif eira fis Ebrill
Mwy na rhynion mewn rhidyll (*DMach*, *LlGSG*)
neu: *Mwy na dŵr ar gefn brithyll* (*TrafEFf 1898*, *DLl*, Ceredigion)
neu: *Mwy na sefith ŵy ar ben ebill* (*FClint*)

Chwe pheth sy'n sychu'n chwipyn neu: *Chwech o bethau a sych yn sydyn...* (HB)
Carreg noeth a genau meddwyn,
Cawod Ebrill, tap heb gwrw,
Pwll yr haf a dagrau'r widw. (*CGCLl*)

Ebrill garw, porchell marw (*DMach*, *MAW*)

Ebrill sych, popeth a nych (*DMach*, *DG*, Dyffryn Conwy)

Yn Ebrill fe gynhesith ar ôl pob cawod (Caeathro)

Ch'nesith hi ddim tan fo'r Cennin Pedr wedi crino. (Mynydd Nefyn). Fel sylw ar Ebrill 1984, pan oedd yn hir yn cynhesu)

Chynhesith hi ddim tan ddaw'r hen Ebrill (Ebrill 11fed) *i mewn.* Clywyd ym Mhwllheli yn 1986, pan oedd yn dymor hwyr.

Gwynt Ebrill a chwyth
Y neidr oddi ar ei nyth (Llanfwrog, Rhuthun, *AWC*). Gweler fersiynau am fis Chwefror a Mawrth yn 1.2.2 a 1.2.3)

Ebrill mwyn gwlych lwyn, sych lwyn (*LlGSG*, *DEdEv*)

Ffals ydyw Ebrill (*LlGSG*)

Ebrill rhywiog ddaw'n feichiog o deg flodau (*LlGSG*)

Ei hamser i ganu yw Ebrill a Mai,
A hanner Mehefin, chwi wyddoch bob rhai. (Hen rigwm yn cyfeirio at dymor y gog)

Mis cyn C'lanmai y cân y cogau (Hen ddywediad)

Terfysg cyn mis Mai yn merthylu'r haf (Pistyll – fel sylw ar derfysg ddiwedd Ebrill, 1983). 'Merthylu' yw erthylu, sy'n golygu y ceir haf gwael iawn.

...Ebrill a fling...' – gweler dan 'Mawrth', 1.2.3 lle cyflwynir sawl amrywiad o'r rhigwm *'Mawrth a ladd, Ebrill a fling'*

Storom ŵyn bach. – enw ar eira ym mis Ebrill (Ceredigion, 2001)

DAROGAN TYMHOROL:

Ebrill oer a lanwa'r sgubor (LlGSG)

Gwlybyn a gwres yn Ebrill a wna i'r ffermwr ganu (LlGSG), neu: *...ganu fel eos* (DEdEv)

Gwlith yn Ebrill a wna i'r amaethwr ganu (DLl)

Ebrill glas Mai bras (DMach)

Blodau Ebrill, aeron gweddill (Tanygrisiau, AWC). Os yw'n dymor da i'r coed flodeuo bydd digonedd o aeron yn yr hydref.

Mae tywydd garw ddechrau Ebrill yn debyg o newid er gwell ar ôl y 13eg o'r mis, sef diwedd yr Hen Fawrth (Howard Huws, yn *LlafG 37*)

DYWEDIADAU / CYNGHORION AMAETHYDDOL:

Tridiau deryn du a dau lygad Ebrill (weithiau *Tri deryn du...*) Tybid mai'r pum diwrnod gorau i hau ceirch yw tridiau olaf Mawrth a deuddydd cyntaf Ebrill. Sail y dywediad yw: 3 deryn du – pan fo'r adar yn paru a dau geiliog yn cystadlu am un iâr 2 lygad Ebrill – daw blodau'r llygad Ebrill allan fesul un yn gyntaf, ond erbyn hyn mae'n cynhesu digon i weld o leia ddau, a mwy, efo'i gilydd.

Ar y llaw arall, dywed Gwallter Mechain (*DENW*) mai at yr Hen Ebrill y cyfeirid: *'April 12th, 13th, 14th, 15th and 16th new style, are called by old people, "tridiau y 'deryn du, a dau lygad Ebrill" ...This was the best time, in the opinion of our ancestors, to sow oats.'*

Mae angen 'cawodydd Ebrill' i wneud i bethau dyfu (Nefyn)

Wedi gorffen hau a chau'r giât ar y cae ŷd roedd yn arferiad dweud pwt o weddi mewn gobaith (Sir Fflint, yn *FfTh*, 39, 2007)

Hau pan fo'r garreg yn sych ar ôl yr 20fed o Ebrill, neu daflu'r had i'r pwll (Cyffylliog, Rhuthun, AWC)

Peidio hau ar Ŵyl Farc (Ebrill 25ain) – 'bu y diwrnod yma yn cael ei gadw'n fanwl fel dydd gŵyl, a hynny am y credid na fyddai llwyddiant ar ddim a heuid nac a blennid ar yr ŵyl hon.' (*EJ*). Tebyg i osgoi gweithio ar y Sul?

Y PASG:

Hirlwm wanwyn wedi'r Pasg
Y sydd yn gas gan borthor (*DMach*)
neu: *A wna y das yn gilcyn* (Y Bala), neu *'...yn gilcen'* (*DMach*). Cilcen yw bychan.

Pan syrthio'r Pasg cyn cyfarch Mair
Bydd enllyn drud ar ŷd a gwair (*LlGSG*) Cyfeiriad at Ŵyl Cyfarchiad Mair Forwyn Fendigaid – Mawrth 25ain.

Blaen newydd, Pasg bach. (ardal Drws-y-Nant, Llanuwchllyn) – pan ddaw'r lleuad newydd gynta ar ôl y Pasg bydd haenen fach o eira ar Aran Benllyn bob tro. Yn ôl y traddodiad llcol ni fethodd hyn ers 150 mlynedd.

1.2.5 Mai

Mis Mai, mor hyfryd yw dy wedd,
Yn llonni daear lawr,
Pob hedyn bach yn codi o'i fedd
I foli ei Grëwr mawr.
A'r ednod gwiw â'u cytsain gerdd
Yn seinio'n bêr drwy'r goedwig werdd. (Ael Haiarn Hir)

Da fu im oedd dyfod Mai (Dafydd ap Gwilym)

Gwn ei ddyfod, fis y mêl,
Gyda'i firi yn yr helyg,
Gyda'i flodau fel y barrug -
Gwyn fy myd bob tro y dêl. (Eifion Wyn, yn *TMM*)

GWIREBAU:

Mai a gwyn y galon (*Iolo MSS*), h.y. ...a gwyd y galon.
Mai a gyfyd y galon (Dinas Mawddwy)

Mawrth a ladd, Ebrill a fling
A Mai fwyn i werthu'r crwyn (*LlGSG*) – gweler nifer o amrywiaethau eraill ar y dywediad hwn dan 1.2.3, Mawrth.

Cas gan Fai i Ebrill dyfu (LlGSG)
Ni fyn Mai dyfiant Ebrill (Corwen)
Ni saif eira fis Mai
Mwy na bowls ar ben tai (Dyffryn Clwyd), h.y. peli chwarae y plant

Bydd fyw march a bawr gwellt Mai (LlGSG). Cofnodir fersiwn cynnar o hwn: 'Bid fyw march a gnith gwellt Mai' yn *Y Gwyddoniadur, III,* (1896) tud. 492.

Glanmai mae cyfri hesbyrniaid (hen ddihareb). Dyma'r ŵyn meheryn blwydd oed a yrrid i lawr gwlad dros y gaeaf.

Daw cawodydd mis Mai fel y llanw a'r trai (LlGSG, Bethel)

Na thyn lai tan ddiwedd Mai – fersiwn Cymraeg o'r dywediad Saesneg adnabyddus: *'Ne'r shed a clout till May is out'.* Ond cyfeirio at y ddraenen wen *(May bush)* yn blodeuo wna'r dywediad Saesneg ac nid at y mis.

Cadwch eich hugan
Nes elo Mai allan (Cross Inn, AWC)

Diwedd Mai, nid diwedd gofid (LlGSG) Gall y tywydd ddal yn anwadal am sbelan eto.

RHINWEDDAU GLAW MAI:

Glaw Mai – tywydd tyfu i'r ffarmwr, tywydd chwyn i'r garddwr (Ar Gof a Chadw, Radio Cymru, 1990)

Glaw Mai i ladd llau – Ceir llawer o goelion am rinweddau glaw Mai, neu law Calan Mai (Hen Glanmai, Mai 11fed) yn fwyaf penodol. Pan droid gwartheg allan ar borfa iach newydd ar ôl bod i mewn yn y beudâi dros y gaeaf roeddent yn gwella eu cyflwr yn gyflym iawn. Byddai paraseitiaid ac afiechydon y croen yn diflannu yn gyflym dan effaith yr haul, y glaw a phorfa newydd. 'Glaw Mai' oedd yn cael y clod am hyn ac o'r herwydd priodolwyd iddo rinweddau arbennig iawn. Byddai pobl yn casglu glaw Mai i olchi'r llygaid; i wneud ffisigau a hyd yn oed i'w roi ym matri a chronfa ddŵr golchi ffenestri'r car (Llanfair-yng-Nghornwy, Môn 1989).

'Cadwai yr hen bobl botelaid o law Mai, yn enwedig os y glawiai ar ddydd Iau Dyrchafael [40 niwrnod ar ôl y Pasg]...i iachau llygaid.' (Mrs MG Williams, Bethel, *AWC*)

DAROGAN TYMHOROL:

Gaeaf hyd Fai, Haf hyd Galan
Haf hyd Galan, Gaeaf hyd Fai (*Gwydd* III, tud. 496)

A dyn ei gôt ynghanol gaea,
Fydd yn falch ohoni erbyn C'lanma (Ioan Brothen, *AWC*)

Ionawr cynnes, Mai oer (*DMach*)

Braf yn Ionawr, dial ym Mai (Clynnog)

Ionawr wnaiff y drwg ond Mai gaiff y bai (*DMach*)

Peidiwch beio Ebrill a Mai,
Ar Ionawr a Chwefror yr oedd y bai (Llangwnnadl)

Gwanwyn braf C'lanmai oer

Ebrill glas, Mai bras (*DMach*)

Cwcw Glanmai – cosyn dimai (*LlGSG*). Os yw'r tymor yn hwyr ni cheir fawr o gaws gan y gwartheg.

Blodau cyn Mai, gorau na bai (*LlGSG*). Sy'n mynegi'r hen syniad bod gwanwyn cynnar yn cael ei ddilyn gan haf gwael.

Llawer o flodau ym mis Mai
Wna'r afalau a'r eirin yn llai (*LlGSG, DLl*)

Haid wenyn os ym Mai y'u ceir
A dalant lwyth wyth ych o wair (*LlGSG, DG*)

Dim glaw Mai, dim mêl Medi (*CHJ*)

Glaw ym Mai sydd fara drwy'r flwyddyn (*LlGSG*, Bethel) Cyfeiriad at bwysigrwydd cael glaw ar yr adeg hon o'r flwyddyn, sef yn y 'tymor tyfu'.

Glaw mis Mai, ysguboriau llawn (Mynytho), neu: . . . *wna gadlas lawn* (*LIA 103*)

Glaw mis Mai, gorau na bai (*LlGSG*) Sy'n tueddu i wrth-ddweud y ddau arwydd blaenorol.

Mai gwlybyrog gantho cair
Lwyth ar dir o ŷd a gwair (*Iolo MSS*)

Fersiwn mwy diweddar o'r uchod yw:
Mai gwlyb, ganddo gair
Lwyth ar lwyth o ŷd a gwair (LlGSG)

Llawer o law ym mis Mai – digonedd o wair adeg cynhaeaf (Maesteg)

Mai gwlyb – Mehefin heulog (Llangefni, *LlafG 52*)

Mai oer a gwlych,
Wna'r sguboriau'n wych (Chwilog)

Mai oer, sgubor lawn (Rhoshirwaun), neu: *...a wna ysgubor gynnes* (*LlGSG*)

Rhych llawn, ysgubor lawn (DWIH). Llawn o ddŵr neu eira ym mis Mai

Eira Mai yn argoeli haf sych (Cwm Eidda)

Mis Mai oer a gwlyb,
Llond y lle o ŷd (Aberystwyth), neu, ar y llaw arall: *...llawnder o wellt a chydig o frig* (Cross Inn, *AWC*)

Mis Mai oer – ysgubor lawn;
Llawn o wellt ac nid o rawn (EJ)

Mis Mai oer a wna'n ddi nag
Ysgubor lawn a mynwent wag (*LlGSG, DMach, DLl*)

Mai oer a gwyntog,
Wna sgubor gyfoethog (Ioan Brothen, Llanfrothen, *AWC*)

Mai oer a fydd yn iach ei dydd
Yn argoel haf heb neb yn glaf (*TrafEFf 1898*), neu: *...heb fawr yn glaf* (Rhydaman)

Awel oer fis Mai
Ni wna'r cnydau ddim llai (*Y Gwladgarwr (1837)*, tud 180; *DMach; LlGSG)*

Mai gauafaidd wna flwyddyn weddol (*LlGSG*)

Os bydd Mai'n oer, pryner anifail;
Os bydd Mai'n dyner, gwell gwerthu. (EJ)

Nid yw Mai oer yn cyfoethogi neb (*LlGSG*) Mae'r dywediad hwn fel petai'n gwrth-ddweud y naw arwydd blaenorol!

Mai gwresog wna feddrod elorog (*CRJE*), neu: *...feddrod dorrog* (Tanygrisiau, AWC)

Tas fawn fawr, tas wair fach (*DMach*). Y dyddiad traddodiadol i ladd mawn ym Meirion yw oddeutu'r 21ain o Fai. Os yw'r tywydd yn sych bydd yn ffafrio'r cynhaeaf mawn, ond ni fydd y gwair yn tyfu cystal ac felly fe geir cynhaeaf gwair llai.

Dim glaw Mai, dim glaw Awst (Bethel)

Terfysg mis Mai yn setlo'r tywydd (Mynydd Nefyn)

Ond, ar y llaw arall:
Terfysg mis Mai yn difetha tywydd yr haf (Mynytho).
Taranau mis Mai, glaw drwy'r haf (Tanygrisiau, *AWC*). Ategwyd hyn gan sylw o Glynnog Fawr bod Mehefin gwlyb 1987 i'w briodoli i'r terfysg gafwyd ddiwedd Mai y flwyddyn honno.

'Fydd 'na ddim trefn ar y topia os na losgith hi yn Llecheiddior ddiwedd Mai' (ardal Mynydd Cennin / Glandwyfach yn Eifionydd). Ei ystyr yw bod rhaid cael sychdra ddiwedd Mai i setlo'r tywydd ar gyfer y cynhaeaf gwair yn ardal Mynydd Cennin, ac arwydd o hynny yw pan fo'r borfa yn dechrau melynu ar dir Llecheiddior, sy'n dir tywodlyd a sych ger Bryncir. (Eifion Hughes, Brychyni)

Glaw y Sulgwyn, ffrwythlon trwy'r flwyddyn
Glaw Gŵyl Ifan (Mehefin 24ain), *andwyo'r cyfan* (*DMach*). Bydd glaw ar Ŵyl Ifan yn debyg o bara 40 niwrnod.

Glaw y Sulgwyn, ffrwythau trwy'r flwyddyn (*DLl*)

YR HEN FAI:

Os yw'n bwrw ar ddiwrnod ola'r Hen Fai (Mehefin 13eg) – *bwrw fydd hi;*
os haul – haul fydd hi;
os eira – eira fydd hi. (Catrin Ellen, Llanllyfni, 1994). Gweler dywediadau tebyg am 'droad y rhod' ym Mehefin a'r 'Swithin' yng Ngorffennaf.

LLEUAD MAI:

Dau leuad llawn fis Mai
Dim cynheuaf, dim cnau (*Ar Gof a Chadw*, BBC, 1988). Credir ym Môn os ceir dau leuad newydd ym mis Mai na fydd cnydau na thywydd da ar gyfer y cynhaeaf.

Dyddiau crinion — nodir gan O.H. Fynes-Clinton yn *The Welsh Vocabulary of the Bangor District* (1913), fod y cyfnod: Mai 3ydd – 9fed yn dueddol o fod yn sych [gw. 1.4.1: Cyfnodau Buchan]

BYD NATUR:

Pan fydd yr eithin felynaf
Bydd yr hafau sychaf (Dyffryn Teifi). Ym Mai y mae blodau'r eithin ffrengig ar eu hanterth.

Llawer o flodau eithin – haf sych (Mynytho)

Os daw'n sewin (gwyniedyn neu *sea trout*) *i fyny'r afonydd yn gynnar, mae'n arwyddo haf sych.* (Ffestiniog) Roeddent cyn gynhared â 17 – 25 Mai yn 2003 a chafwyd Awst crasboeth.

NODI'R TYMOR:
Yn Llŷn arferid anelu at hau haidd erbyn Ffair Bentymor (Mai 13eg), sef *'yng ngesail Mai'*.

Pan y gweli'r ddraenen wen
A gwallt ei phen yn gwynnu
Mae hi'n c'nesu dan ei gwraidd
Cei hau dy haidd bryd hynny (*TrMorg*) Blodeua'r ddraenen wen ddechrau Mai.

Ceir mwy o arwyddion byd natur i nodi'r tymor ym Mhennod 2.

1.2.6 Mehefin

Mis Mehefin hyfryd hin,
A thrugareddau fyrdd,
Ar ôl i'r ddaear gael ei thrin,
Daw pob llysieuyn gwyrdd.
A dyna'r amser, meddan' nhw,
Ymladdwyd brwydr Waterlŵ. (Ael Haiarn Hir)

Melys rodianna
Hyd faes Mehefin,
Pan ddychwel rhegen
Yr ŷd i'w chynefin; (Eifion Wyn, yn *TMM*)

GWIREBAU:

Mis Mehefin, gwych os daw
Peth yn sych a pheth yn law (*Iolo MSS, LlGSG*). Dywedir hyn am y

cyfnod cyn y dydd byrraf, sef Gŵyl Ifan neu droad y rhod, oherwydd credid y dylsai'r tywydd fod wedi sefydlogi a brafio erbyn hynny ar gyfer y cynhaeaf gwair.

Niwl Mehefin – gwlith gwair (Nefyn)

Gwenau Mehefin alltudient pob drycin (TrafEFf 1898, LlGSG)

Glaw mis Mehefin
Am dyfu gwair ac egin (EJ)
Glaw Mehefin cynnydd yr egin (LlGSG)

Glaw Mehefin sydd gynnyrch i'r llafur (Dyffryn Teifi)

Ceir sawl fersiwn o'r canlynol, sy'n datgan na fydd y tywydd, fedr ddal yn oer ym Mehefin, yn amharu ar egin yr ŷd – ond bod lle i ddechrau poeni erbyn diwedd y mis:
Na feia dy egin cyn diwedd Mehefin (LlGSG)
Na farna dy egin cyn hanner Mehefin (Ardudwy)
Na flina ar dy egin hyd ddiwedd Mehefin (DMach)
Paid cyfrif dy egin cyn hanner Mehefin (Dyffryn Teifi)

Mehefin heulog a wna fedel ei 'mochddwyreawg' (*Gwyddon III*, tud. 497). Ymddengys y dywediad hwn mewn nifer o gasgliadau eisteddfodol ayyb, yn amlwg wedi ei ailgylchu o un i'r llall dros y blynyddoedd ac wedi magu sawl fersiwn gywir ac anghywir o'r gwreiddiol, e.e.: '*...ei moch dwyolawg*'. Nid oes gan 'mochddwyreawg' ddim i'w wneud â mochyn; tardda yn hytrach o eiriau canoloesol: moch – cynnar, a dwyreawg – y dwyrain. Golyga gyda'r wawr neu yn gynnar yn y dydd.

DAROGAN TYMHOROL:

Na chwsg Fehefin rhag rhew fis Ionawr (LlGSG)

Os tyf porfa yn nechrau'r flwyddyn
Fe dyf lai ym mis Mehefin (Bethel, AWC)

Os tegwch ddydd cynta Mehefin a gawn,
Bydd felly i weled y lleuad llawn (Llanwddyn, LlafG 22)

Blodau cynnar ym Mehefin neu: *Blodau mwyar...* (DLl)
Bydd cynhaeaf cynnar wedyn (ArDG)

Os llosgith y borfa cyn troad y rhod, ni losgith wedyn (CHJ). Yr awgrym yw bod y tywydd yn debyg o newid oddeutu'r dydd hiraf.

Ŷd yn ehedeg cyn Gŵyl Ifan a fedir yn Awst (CHJ). Arwydd ei bod yn dymor cynnar.

Da haid Mehefin os da ei hoen
Am haid Gorffennaf ni rown ffloen (Llanfechell, Môn). Cyfeirio at haid wenyn, gweler 2.4.11.

Y DYDD HIRAF, TROAD Y RHOD A GŴYL IFAN:
Credid bod tywydd y dydd hiraf (Mehefin 21ain), neu Droad y Rhod, a Gŵyl Ifan (Mehefin 24ain) yn dueddol o barhau am ddeugain niwrnod (fel y dywedir y gwna tywydd dydd Sant Swithin ym mis Gorffennaf). Da felly fyddai cael tywydd braf ar y dydd hiraf.

Y tywydd ar droad y rhod,
Felly am ddeugain dydd i ddod. (Arfon)

Lle mae'r gwynt ar droad y rhod
Yno am chwe mis y myn e fod. (Llan-non)

Rhaid iddi frafio cyn troad y rhod
Neu glaw a geir am y mis i ddod. (Machynlleth)

Glaw Gŵyl Ifan, andwyo'r cyfan (cyffredin). Does dim llawer o ots cael Mai a Mehefin gwlyb ac oer, ond iddi frafio cyn y dydd hiraf neu cyn Gŵyl Ifan. Pe na bai wedi gwella erbyn hynny byddai peryg iddi lawio dros gyfnod y cynhaeaf ac efallai am weddill yr haf.

Os bydd lleuad newydd yn dod gyda throead y rhod gall y tywydd fynd unrhyw ffordd – h.y. cyfnod hir braf neu hir lawog. (Llanbedr Pont Steffan)

Cyfeiriad y gwynt ar droad y rhod:
Os o'r dwyrain, tywydd braf am sbel
Os o'r gorllewin, cyfnod glawog (Dyffryn Clwyd)

Os cân y gog ar ôl troad y rhod – ceir haf gwlyb (CHJ)

Gwynt o'r gorllewin adeg troad y rhod – dim gaeaf caled (Machynlleth)

GWIR YNTEU GAU?
Ar gyfartaledd, dros y ddwy ganrif ddiwethaf, ni chafwyd bod y dywediadau poblogaidd hyn am Droad y Rhod a Gŵyl Ifan yn dal dŵr yn ystadegol – ddim mwy na'r dyddiau darogan eraill sy'n gysylltiedig â'r adeg hon o'r flwyddyn, gweler *Gwyliau Saint y Glaw* yn 1.2.7 isod. Ond ambell flwyddyn fe ddaw'n wir, e.e. haf

2007 pan fwriodd ar droad y rhod a chafwyd glaw bob dydd hyd ddechrau Awst. Gwariwyd llawer ar raean ar gyfer rhodfeydd Eisteddfod Genedlaethol Yr Wyddgrug ond yn wyrthiol fe beidiodd y dilyw ychydig ynghynt a chafodd y Brifwyl dywydd ardderchog.

Priodolwyd haf gwlyb 2007 i'r jetlif oedd wedi ymsefydlu yn yr uchelfannau uwchben Cymru ac a oedd yn tynnu cyfresi diddiwedd o ffryntiau glaw o'r Iwerydd. Bob hyw ychydig flynyddoedd gall y jetlif fod yn gyfrifol am gyfnodau estynedig o dywydd braf neu wlyb, ond mater o lwc ydyw i'r cyfnodau hynny gyfateb â'r cyfnod yn dilyn troad y rhod

1.2.7 Gorffennaf

Mae Mis Gorffennaf wedi dod,
Cais nôl dy bladur dur
A lladd dy wair, fe droes y rhod,
Cei bellach awyr glir;
Distawodd gwynt a'r môr eu sŵn,
A dyma ddechrau Dyddiau'r Cŵn. (Ael Haiarn Hir)

Chwa Gorffennaf ddaw i'm tŷ
Yn y bore melys,
Gyda neithdar maes a môr
Ar ei lleithiog wefus; (Eifion Wyn, yn *TMM*)

GWIREBAU:

Mis Gorffennaf, wybren glir,
Haul ar fryn a dyddiau hir (Tanygrisiau, *AWC*)

Erioed ni welwyd yr iâ
Ar ffynnon mis Gorffenna' (*LlGSG, DLl*)

Tes Gorffennaf, ydau brasaf (*LlGSG*)

Gwenwyn blin i'r march a'r ych, [neu *Gwanwyn blin…*]
Mis Gorffennaf na bo sych (*Iolo MSS, DMach, DG,* Dyffryn Teifi)

Y mae tymestl Gorffennaf
Yn ddrwg ar les cynhauaf;
Cywirwch wair a chludwch
Rhag ofn glaw, nac oedwch. (*LlGSG*)

*Gorffennaf ddaeth, o byddwn daer
Ni hitia switan am y gwair* (Llanwddyn, yn *LlafG* 22)

*A fo ddiog y mis yma,
A ddwg eisiau drymder gaea (EJ)*

Mae baich o wair Gorffennaf yn well na thri yn Awst (Ioan Brothen, Llanfrothen, *AWC*)

GWYLIAU SAINT Y GLAW:

Crybwyllwyd eisoes yn 1.2.6 y goel gyffredin bod y tywydd oddeutu'r dydd hiraf, yn mynd i aros yn gyson am ddeugain niwrnod. Ceir enghreifftiau tebyg yng Ngorffennaf hefyd, yn gysylltiedig â gwahanol Seintiau:

Cewydd y glaw – yng Nghymru, ystyrir Sant Cewydd (Cewydd ap Caw) yn Sant y glaw a bod y tywydd ar ddydd ei ŵyl ef yn rhagfynegiad o'r tywydd am y deugain niwrnod canlynol. Cysegrwyd sawl eglwys iddo yng nganolbarth a de Cymru a dethlir ei ŵyl ar Orffennaf y laf a'r 2il. Yn *LlGSG*, Gorffennaf y 15fed yw Dygwyl Gewydd, sef yr Hen Ŵyl Gewydd, sydd yn cyfateb i Ŵyl Sant Swithin yn Lloegr. Gelwir y dydd hwn hefyd yn *Gŵyl Gewydd y Glaw (Iolo MSS)* ac yn ôl y stori pan fu farw Cewydd dechreuodd fwrw ac ni pheidiodd am 40 niwrnod.

Dygwyl Gewydd – os bydd yn glawio ar y dydd hwn, bydd yn glawio am ddeugain niwrnod (TrafELl 1895).

*Ar yr ail o Orffennaf os glaw fydd yn disgyn
Bydd glaw am fis cyfan yn sicr o ddilyn.* Neu: *...rhyw chydig yn dilyn.* (*LlGSG*).

Os yw'n bwrw yr ail ddydd o Orffennaf mi fydd yn bwrw bob dydd am fis cyfan (Mair Jones, Cwm Cynllwyd, yn *FfTh* 24)

Dygwyl Bedr (Gorffennaf 11fed) – *os glaw, yna bydd yn bwrw am ddeugain niwrnod.* (*CE Boduan*)

Gorffennaf 15fed, y Swithin – bydd tywydd y diwrnod hwn, os glaw neu hindda, yn para am ddeugain niwrnod. (cyffredin) Hwn yw un o'r dywediadau tymhorol mwyaf adnabyddus.

*Glaw ar Ŵyl Sant Swithin
Ddeugain dydd i ddilyn.* (cyffredin)

Glaw ar Ŵyl Sant Switan
Glaw ddeugain niwrnod cyfan (*DMach*).

Os bydd dŵr ar ruddiau Swiddin
Deugain dydd o ddŵr fydd wedyn.
Os bydd gwên ar wyneb Swiddin
Deugain dydd o wres a ganlyn. (Cross Inn, *AWC; CMyWM*)

Cychwynnodd y traddodiad am Ŵyl Swithin, yn ôl y sôn, pan fu farw'r Esgob Swithin yng Nghaer-wynt yn 862AD. Am ei fod yn ŵr diymhongar iawn, mynnodd mai y tu allan i'r eglwys y byddai'n cael ei gladdu, dan y bargod, fel y byddai'r glaw yn diferyd oddi yno ar ei fedd. Ond pan y'i dyrchafwyd yn Sant ychydig dros ganrif yn ddiweddarach penderfynodd awdurdodau'r eglwys nad oedd yn weddus ei adael allan bellach ac y dylsid ei godi a'i ailgladdu oddi mewn i'r eglwys. Pan ddechreuwyd agor y bedd i'r pwrpas hwnnw ar Orffennaf 15fed 971, daeth storm enbyd o fellt a tharanau, cenllysg a glaw a bu rhaid rhoi'r gorau iddi. Parhaodd y glaw am ddeugain niwrnod! Daethpwyd i'r casgliad mai neges oedd y storm i barchu dymuniad gwreiddiol Swithin, ac fellu y bu: gadawyd ei weddillion lle roeddent.

Dengys astudiaethau ystadegol o dywydd y cyfnod hwn dros y ganrif a hanner a aeth heibio nad yw'r cysylltiad honedig rhwng y Swithin a thywydd y 40 niwrnod canlynol yn dal dŵr yn wyddonol o gwbwl [gw.: *Red Sky at Night*, Paul J Marriot (1981)]. Cwestiwn da felly, yw pam y daliodd y dywediad hwn ei dir cyhyd a bod cymaint o enghreifftiau tebyg iddo, nid yn unig yng ngwledydd Prydain ond ledled Ewrop, e.e. yn Ffrainc: Gŵyl St Gervais (19eg Mehefin); yr Alban: Gŵyl St Martin (4ydd Gorffennaf); yr Almaen: Gŵyl y Saith Brawd (10fed Gorffennaf) ayyb. ac nid yw y dywediadau hyn yn ystadegol gywir chwaith. (*LLG*, 64).

Fel y cynigiwyd eisoes yn 1.1, mae'n debyg mai rhith yr hen ddefodau canol haf cyn-Gristnogol sydd wrth wraidd y coelion hyn. Ond pam y deugain niwrnod tybed? Mae'n debyg mai dylanwad y Beibl welwn ni yma – onid yw deugain yn rhif cyfrin? Deugain mlynedd y bu'r Israeliaid yn yr anialwch; deugain niwrnod y bu'r Iesu yn yr anialwch ac y bu Sodom a Gomora yn llosgi. Deugain niwrnod hefyd y parhaodd y Dilyw ac, yn ôl un amcan, ar Orffennaf 15fed y dechreuodd y gorlif enbyd hwnnw! Pery dyddiau'r cŵn am 40 niwrnod yn ogystal.

DYDDIAU'R CŴN:
Cyfnod mwll ac afiach sy'n dechrau ar Orffennaf y 4ydd ac yn para deugain niwrnod tan Awst y l3eg yw dyddiau'r cŵn.

Pedwerydd dydd o Orffennaf
Mae dyddiau'r cŵn yn dechrau;
Yr unfed dydd ar ddeg o Awst
Yw'r olaf un o'r dyddiau. (*EJ*)

Fe'u henwir ar ôl Seren y Ci neu *Sirius*, sy'n gorwedd wrth droed y cytser *Orion*, yr heliwr. Mae Seren y Ci yn codi ac yn machludo gyda'r haul dros y cyfnod hwn ac fe'i hystyrid yn arwydd pwysig iawn gan yr hen Eifftiaid a phobl y dwyrain canol o gychwyn gorlif ffrwythlon yr afonydd. Dyma hefyd y dyddiau yng nghalendr yr hen oes y llosgwyd Sodom a Gomora (*LlGSG*, tud. 258).

Dyddiau'r cŵn heulog ha'
Ddaw i ni a blwyddyn dda. (*EJ*)

Ym Meirionnydd ystyrid y cyfnod hwn yn beryg am gŵn lladd defaid ac am gŵn cynddeiriog a allasai, drwy eu brathiad, ledu afiechyd marwol y gynddaredd (Trawsfynydd). Ym Muellt ystyrid y dyddiau yma yn beryglus iawn i gael briwiau ar y corff, neu i dorri esgyrn am ei bod yn adeg anodd o'r flwyddyn i'w gwella. Credid hefyd na allai neb weld ei anadl yn adeg dyddiau'r cŵn. (*EJ*)

BYD NATUR:

Llwm a thlawd ar gyfer Gauaf
Yw haid o wenyn yng Ngorffennaf (*LlGSG*)

Haid o wenyn yng Ngorffennaf
Had rhedynen ei phris penaf (*LlGSG*)

Da haid Mehefin os da ei hoen;
Am haid Gorffennaf ni rown ffloyn (*LlGSG*). 'Ffloen' yw'r mymryn lleiaf. Ceir esboniad o'r dywediad hwn yn 2.4.11.

Llyffantod yn felyn adeg y cynhaeaf – tywydd braf
Llyffantod yn dywyll adeg y cynhaeaf – tywydd drwg (cyffredin). Gweler 2.6.1

1.2.8 Awst

Ha! Dyma Awst o dan ei lwyth
O drugareddau'r llawr,

A phob eginyn yn rhoi ffrwyth –
Fe ddaeth y dow'sen fawr... (Ael Haiarn Hir)

Onid ysgrepan fach
Gadwai y grawn yn Chwefror?
Casgler corsennau Awst,
Ac onid rhy fach yr ysgubor? (Eifion Wyn, yn *TMM*)

GWIREBAU:

Daw Awst, daw nos (*DLl*). Mae'r dyddiau'n byrhau erbyn hyn.

Mawrth ddaw â'r dydd, Awst ddaw â'r nos (Llŷn)

Awst yw hi, mis cynta'r hydre'
A daw ŷd yn ddiogel adre (Tanygrisiau, *AWC*)

Awst a lenwa y gegin, Medi y seler (*TrafEFf 1898, LlGSG*)

Ni bydd tatws yn eu grym nes cael gwynt Awst (*LlGSG*)

Yr oedd yn gred gan yr hen bobl fod gwair a gesglid yn hwyr yn y tymor yn afiach i'r gwartheg. Am hynny ni byddent yn cynaeafu gwair ar ôl Hen Awst, sef Awst y 12fed. Yn Sir Frycheiniog clywid y dywediad:

Hen Awst – taflu'r bladur ar y trawst' (*EJ*). Mae rhwng y ddau gynhaeaf a chaiff y bladur orffwys am sbel.

Spring Awst – 'dyma enw ein hynafiaid ar y twf amlwg a'r wedd newydd a welir ar wyneb y wlad ym mis Awst...pan mae'r adladd wedi dod yn ail gnwd i brydferthu'r gweirgloddiau, a glaw Gorffennaf wedi disgyn a gwyneb y ddaear wedi ei hailwisgo o'r newydd fel yn y gwanwyn.' (*EJ*)

STORM AWST A LLI AWST:

'Ceir stormydd o wynt a glaw yn gyffredin yn Awst fyddai weithiau'n fflatio'r ŷd ac yn gwneud y cynhaeaf yn wir drafferthus' (*CBAm*).

Fynychaf pan fo'r ŷd yn tonni'n bendrwm
Ac o fewn dim yn barod i'r ystôr,
Fel petai'r haf a'r gaeaf yn tynnu codwm,
Mae sydyn storm o wynt yn dod o'r môr (Dic Jones, yn *SA*)

Ar y llaw arall, ystyrid bod **Storm Awst** (neu **Storom Awst** yng Ngheredigion) yn hanfodol i setlo'r tywydd at y cynhaeaf ŷd ym mis Medi ac y byddai tywydd drwg onis ceid. O ganlyniad i'r stormydd hyn bydd yr afonydd yn llenwi a gorlifo, gan droi'n goch am fod y glaw yn golchi cymaint o bridd iddynt oddi ar y caeau. Gelwid y gorlifoedd yn *Lli Awst* neu *Li Coch Awst* a thybid bod angen *Tri Lli Awst* cyn i'r tywydd setlo:

Os ydi hi'n bwrw'n Awst cheir ddim tywydd braf hyd nes ceir 'tri lli Awst' (DMach)

Disgwyliai'r hen bobl dri llif coch ym mis Awst (CGCLl)

Tri llif yn yr afon,
Yna daw hinon (EJ)

Dyma, mae'n debyg, sy'n sail i'r dywediad:
Nid yw Awst gwlyb byth yn dwyn newyn (LlGSG). Ni cheir trafferth efo'r cynhaeaf ŷd os ceir lli Awst.

DAROGAN TYMHOROL:

Calan Awst – os bydd gwyddau a hwyaid yn gynhyrfus ac yn cario gwellt yn eu pigau ar y dydd hwn fe geir stormydd dinistriol ddiwedd haf a bydd yr hydref yn dra gwyntog (FFSW)

Dechrau Awst niwlog, diwedd tesog (TrafEFf, 1898, LlGSG)

Ffair Sant Lorens (Awst 10fed) *heb gymylau,*
Llond gwlad o ffrwythau (TrafEFf 1898)

Gwlith trwm yn Awst – tes i ddod. (FFSW)

Niwl Awst – gaeaf caled efo eira a rhew (FFSW)

Os yw Dygwyl Bartholomew (Awst 24ain) *yn braf – ceir Hydref toreithiog* (FFSW)

Bydd *Bartholomew* (neu *Bartli*) *yn sychu dagrau Swithin* (Arthur Jones, garddwr Plas Tan y Bwlch). Daw'r 40 niwrnod o law a addewir os glawith ar ddydd St. Swithin (Gorffennaf 15fed) bellach i ben, a siawns na cheir tywydd braf o hyn allan.

Mis Awst os bydd yn hindda
Ni wna niwed i'r cynhaua
Ac ar ôl cynhauaf ŷd
Meddwn lafur wydna'r byd (LlGSG)

Awst os ceir yn anian sych
A wna i Gymro ganu'n wych (*TrafEFf 1898, LlGSG*), neu:
...A wna i Gymro gomin gwych (*DG*)

Ar ddydd Ffair St Mary's Hill (Awst 26ain) *ym Morgannwg, bydd y tywydd yn newid yn gyfan gwbwl.* (*FFSW*). Ystyrid hwn yn ddiwrnod glawog fel arfer, a'r gobaith oedd y buasai'n gwella o hyn ymlaen.

1.2.9 Medi

Mis Medi, bellach tor dy ŷd,
Cais am dy gryman mawr.
Mae'r maes yn wyn ac yn llawn bryd.
Nac oeda, tor e' i lawr. (Ael Haiarn Hir)

Croeso Medi, fis fy serch
Pan fo'r mwyar ar y llwyni,
Pan fo'r cnau'n melynu'r cyll,
Pan fo'n hwyr gan ddyddiau'n nosi. (Eifion Wyn, yn *TMM*)

Mis y cnau, mis cynhaeaf – mis gwair rhos,
Mis y grawn melynaf
Mis gwiw cyn gormes gaeaf
Mis lliw'r aur, mis ola'r haf. (Tilsli)

GWIREBAU:

Awst a lenwa y gegin, Medi y seler (*TrafEFf 1898, LlGSG*)

Dyma amser cynhaeafa
Pob rhyw ffrwyth tra bo hindda (Llanymddyfri)

Tyner wynt Medi i'r ffrwythau aeddfedu (Tanygrisiau, *AWC*)

Sgrympiau Gŵyl Grog – gelwir y glaw trwm geir yr adeg hon o'r flwyddyn yn sgrympiau. Cysylltir sgrympiau Gŵyl Grog (Medi l4eg) â'r cynhaeaf ŷd, a sgrympiau codi tatws â'r cynhaeaf tatws oddeutu'r Diolchgarwch.

Drycin y Cyhydedd (*LlGSG*) – disgwylid storm o sgrympiau oddeutu'r cyhydnos (Medi 21ain), sef y cyfnod pan fo golau'r dydd cyhyd ag oriau'r tywyllwch. Yn ein hoes ni, drycin y cyhydnos ddywedir.

Haf bach Mihangel – pan geir tywydd braf ddiwedd Medi /

ddechrau Hydref fe'i cysylltir â Gŵyl Fihangel (Medi 29ain) [gweler hefyd Hen Ŵyl Fihangel, Hydref 10fed]. Ceir sawl enw lleol ar y cyfnod braf hwn – rai ohonynt ym mis Hydref (gweler 'Haf Bach', 1.2.10 isod).

Tes Mihangel – yn ddrwg i'r llaethdy (Llansanffraid-ym-Mechain). Ni fydd y menyn a helltir ar gyfer y gaeaf yn cadw cystal os yw'r tywydd yn rhy gynnes.

Tarth mis Medi – mwg tywydd braf (Pwllheli, *AWC*)

DAROGAN TYMHOROL:

Os na wlawia ar y dydd cyntaf o Fedi, bydd yn debyg o fod yn sych tra parhao'r cynhaeaf. (*LlGSG*)

Hanner Medi yn sych a wna Seler lawn o gwrw da (*DLl*, *DMach*), neu: *Lyngell lawn...* (*Iolo MSS*, *LlGSG*) Mewn rhai fersiynau dywedir: *Seler lawn o ffrwythau da* (Harlech, Cross Inn, *AWC*)

Cyhydnos yr Hydref (Medi 21ain): 'Daliai'r hen bobl sylw manwl iawn o ba gyfeiriad y chwythai'r gwynt ar yr adeg yma o'r flwyddyn, am y credent mai o'r un pwynt y byddai am dri mis.' (*DLl*)

Meirioli Gŵyl Fathew (Medi 21ain), *glawio Gŵyl Fair* (*TrafEFf 1898, DLl*)

Glaw Gŵyl Fihangel, gaeaf tawel (*TrafEFf 1898, DLl*)

Taranau Gŵyl Fihangel – ceid gwynt a thymhestloedd ar ei hôl (*EJ*)

Y LLEUAD FEDI / NAW NOS OLAU:

Gelwir y lleuad lawn gyntaf ar ôl y cyhydnos (Medi 21ain) yn *lleuad fedi, lleuad y cynhaeaf, lleuad cynnull* neu *leuad y naw nos olau*. Gelwir y cyfnod hefyd yn *naw nos olau*. Roedd y lleuad hon yn bwysig ar gyfer y cynhaeaf am y byddai'n codi fel y byddai'r haul yn machlud. Caniatâi hynny i'r amaethwr ddigon o olau i ddal ymlaen i gario'r ŷd yn ddi-dor drwy'r gyda'r nos ac i oriau mân y bore. Cychwynnai golau llachar y lleuad fedi o ddifri bedair noson cyn noson y lleuad llawn a byddai'n parhau am y pedair noson ddilynol – sy'n gyfanswm o naw noson. Mewn rhai ardaloedd yng Ngheredigion 'chwe nos olau' a ddywedir.

DYHIROG:

Nid hir yr erys dyhirog heb ymddangos (LlGSG). Y Dyhirog oedd yr enw ar y lleuad newydd ym Medi: 'yr hon olygai dywydd garw yn ystod y mis'.

TYWYDD Y CYNHAEAF:

Niwl y cynhaeaf, gwasarn glaw (CHJ), h.y. yn wely i'r glaw.

Niwl Medi yn was da i'r glaw (CNW)

Bore niwlog ar ddechrau'r cynhaeaf a ddilynir yn gyffredin gan bnawn gwresog (CHJ)

1.2.10 Hydref

[NODER: gall rhai arwyddion gyfeirio at dymor yr hydref yn ogystal â'r mis, gweler Arwyddion y Tymhorau, 1.3]

Yr Hydref, gwynt a glaw o'r bron,
Ystormus ydwyt ti.
A mynych gwelir brigwyn don,
A'r morwyr yn rhoi cri: ... (Ael Haiarn Hir)

'Cadwaf fy ngŵyl,' medd bywyd,
'Galwaf fy ngwyrdd yn ôl;
Casglaf fy mlodau adref
O'r mynydd, yr ardd, a'r ddôl.' (Eifion Wyn, yn TMM)

GWIREBAU:

Hydref hydraedd hyddod,
Melyn blaen bedw, gweddw hafod. 'Hydraedd hyddod' yw brefiadau'r ceirw gwylltion yn y tymor ymlid; 'melyn blaen bedw' yw newid lliw y dail ac mae 'gweddw hafod' yn ein hatgoffa y bydd yr anifeiliaid yn dod i lawr o'r mynydd ddiwedd y mis i dir cysgodol yr hendre dros y gaeaf.

Mae'n oeri y ddau ben i'n diwrnod erbyn diwedd Hydref (Pistyll), neu: *...oeri ddeupen y dydd* (Llithfaen)

Daw Hydref ymlaen yn ei frown
A byrrach golau-ddydd a gawn (CHJ)

A gynullo Mai, Hydref a wasgar (CHJ)

HAF BACH:

Gelwir cyfnod o dywydd braf ddiwedd Medi neu ym mis Hydref yn 'Haf bach....'. Cysylltir Haf bach Mihangel (gweler 1.2.9 uchod) â Medi 29ain fel arfer, ond defnyddir yr enw hwn hyd ganol Hydref yn ogystal, oherwydd bod yr Hen Ŵyl Fihangel ar y 10fed o Hydref.
   Ceir nifer dda o amrywiaethau lleol ar yr enw 'Haf bach...' e.e.:
Haf bach (Bangor)
Haf bach Ffair Llanbedr (Hydref 3ydd yn Llanbedrycennin, Dyffryn Conwy)
Haf bach Mari Pant (enw gan wneuthurwyr matiau moresg y Berffro)
Haf bach codi tatws (Llanddoged, Dyffryn Conwy)
Haf bach Blaen Bache (fferm ym mlaen eitha Glyn Ceiriog, fyddai ychydig yn fwy diweddar yn cael yr ŷd na'r ffermydd yn is i lawr, ond weithiau'n cael tywydd da i'w cynhaeaf)
Ha bach yr Wyddfa (Bethel) – am y byddai'n dywydd da i fynd i ben yr Wyddfa (*YEE*)
Ha bach Isaac y Banc (Ceredigion) – am yr arferai Isaac gario mwyn o'r gweithfeydd plwm gadawai ei gynhaeaf tan y cyfnod hwn (*YEE*)

DAROGAN TYMHOROL:

Eira ar Eryri cyn Ffair Borth (Hydref 24ain) *yn erthylu'r gaeaf* (Môn). Credir na cheir eira am weddill y gaeaf. Gall hynny fod yn wir ambell aeaf os ceir llif awyr llaith gorllewinol fydd yn drech na'r pwysedd uchel cyfandirol gaeafol sydd fel arfer yn dod ag oerfel yn ei sgil.

Eira cyn Ffair Llan (Llanllechid, Hydref 29ain) *yn byrhau'r gaeaf* (Bethesda)

Eira ar fynydd y Drosgl cyn Ffair Llanllechid yn erthylu'r gaeaf (Bangor, *AWC*)

Eira (ar y mynyddoedd) *cyn Glangaea* (Hydref 31ain) *yn erthylu'r gaeaf* (Môn, Arfon, Dyffryn Conwy, Ceredigion)

Lle mae'r gwynt ar noson Calan Gaeaf – yno y bydd o am y rhan fwyaf o'r gaeaf (Aberystwyth)

Lle chwyth y gwynt ar noson olaf Hydref
Yno erys am chwarter y gaeaf (Llanrwst, yn *LlafG 55*)

1.2.11 Tachwedd

Mis Tachwedd a'r ystormydd blin,
Llifddyfroedd dros y ddôl.
Ac anwadalwch mawr yr hin
Yn mynych wneud ei ôl. (Ael Haiarn Hir)

Rhiain ei serch yw'r gelynnen werdd,
Ac adar y ddrycin ei adar cerdd: (Eifion Wyn, yn *TMM*)

GWIREBAU:

Tarddiad enw'r mis yw *'Tawch-wedd'* – sy'n dweud y cyfan amdano.

Calan Gaeaf garw, hin annhebyg i gyntefin (*LlGSG*) neu: *...annhebyg i gynefin* (*DMach*). Dywedir bod hon yn ddihareb a gofnodwyd yn wreiddiol yn Llyfr Coch Hergest.

Dyddiau duon bach – enw ar fis Tachwedd yn ardal Uwchmynydd ym Mhen Llŷn

Tachwedd dechrau galar (*Iolo MSS, LlGSG*)

Tachwedd a'i darth a'i niwl o hyd
Sydd yn gwneud i ni anniddan fyd. (*TrafEFf 1898, DLl*)
neu: *Tachwedd a'i laid...* (*DMach*)

Tachwedd ddwg y gwynt a'r glaw,
Chwyth y crinddail yma a thraw (Tanygrisiau, *AWC*)

O ganol Tachwedd hyd ganol Chwefror cyndyn iawn o sychu fydd dillad ar y lein heb awel go gref (Llannefydd)

DAROGAN TYMHOROL:

Gwynt Dygwyl y Meirw – cofnodid o ba gyfeiriad y chwythai'r gwynt ar y dydd hwn (Tachwedd 1af) a'i gymharu â'r cyfeiriad y deuai ohono ymhen 3 mis. Os deuai o'r un cyfeiriad bryd hynny, yno y byddai o am dri mis arall (Llŷn).

Lle bynnag fydd y gwynt ar y nos cyn Calan Gaeaf (Tachwedd 12fed) – *daw o'r cyfeiriad hwnnw yn aml am y tri mis nesaf* (Erwyd Howells, *AWC*). Yr hen nos Glangaeaf yw hon.

Cyfeiriad y gwynt ar y nos cyn Glangaeaf – 'Yn ôl John a James, y ddau hen frawd a drigai yn Nant-y-moch ers talwm, roedd bugeiliaid ardal Ponterwyd yn hel at ei gilydd ar un o'r mynyddoedd lleol ar y noson cyn Calangaeaf i weld o ba gyfeiriad y byddai y gwynt yn chwythu. Byddai cyfeiriad y gwynt ar y noson honno yn dynodi ei gyfeiriad am weddill y gaeaf. Yr oedd y traddodiad hwn yr un mor gryf yn ardal Tregaron hefyd, er mai ar noson Glangaeaf, yn hytrach na'r noson cyn Glangaeaf y sylwid ar gyfeiriad y gwynt yno.' (Gwilym Dyfri Jones, Tregaron, *AWC*)

Lle chwyth y gwynt ar noswyl y meirw (nos Glangaeaf)
Yno y bydd am chwarter y gaeaf (*LlGSG*, Mynytho)

I le bynnag y troea'r gwynt ar Dachwedd 13eg, i'r cyfeiriad hwnnw y chwythai am weddill y gaeaf (Dolwyddelan, *AWC*)

Gwynt adeg Ffair Aberteifi (Tachwedd 10fed) – *o'r cyfeiriad hwnnw y daw am y rhan fwyaf o'r gaeaf* (Mynachlog-ddu)

Niwl Gŵyl Fartin (Tachwedd 11fed)
Tywydd tyner i ganlyn (*DMach*)

Niwl C'langaeaf, gwas yr eira (*CGCLl*)

Eira rhwng y ddau Galan Gaea, yn erthylu'r gaea (Arthog, *AWC*), sef rhwng y dyddiadau newydd (Tachwedd 1af) a'r hen (Tachwedd 13eg)

Os t'ranith ryw dro rhwng y 1af a'r 15fed o Dachwedd – fe erthylith y gaeaf (Garndolbenmaen)

Eira Tachwedd yn merthylu'r gaeaf (Mynytho) Ni fydd rhew nac eira mawr.

Eira cyn Ffair Bentymor (Tachwedd 12fed – 14eg) *yn merthylu'r gaeaf* (Pistyll)

Ar y llaw arall, yn croes-ddweud yr uchod, cafwyd:
Eira cyn Glangaea (yr Hen Glangaea, Tachwedd 13eg) – *ceir eira bob mis tan fis Mai.* (Mrs Annie Vaughan Lloyd, Dolwyddelan, 1995 – dywed i hyn fod yn wir yn 1994)

Os oes digon o rew i gynnal chwaden cyn diwedd Tachwedd, fydd dim llawer o rew ac eira wedyn (Mrs Blayney, Pontrobert, Meifod, 1995) neu: ...*ceir gaeaf budr* (*FFSW*)

1.2.12 Rhagfyr

Rhagfyr, rhew ac eira oer,
Cais am dy 'stafell glyd;

*Ni wnaiff effeithiau haul a lloer
Ond peswch mawr a'r cryd.* (Ael Haiarn Hir)

*Casgl y nifwl, chwâl y nifwl
Ei lywethau uwch y dref;
Nid oes sŵn ym mrig y morwydd –
Nid oes belydr yn y nef.* (Eifion Wyn, yn *TMM*)

GWIREBAU:

*Mis Rhagfyr – byrddydd, hirnos,
Brân ar egin, brwyn ar ros;
Tawel gwenyn ac eos.* (*LlGSG, DLl, GN*)

*Rhagfyr annifyr ei nod,
A'n dyrna bob diwrnod* (*EJ*)

Rhagfyr gocheler ei fâr (hen ddywediad). Bâr yw dicter neu gynddaredd.

Ow'r rhwygfa a wna Rhagfyr (Lewis T Evans, Cyffylliog, *AWC*)

*Rhagfyr oer a ddaw i'n rhynnu,
At y tân mae pawb yn tynnu* (Tanygrisiau, *AWC*)

Dydd Sul du bach – enw ar y dydd Sul byrraf yn Rhagfyr (*LlGSG*)

*Taranau mis du
Angladd o bob tŷ* (*DLl*)

fersiwn arall o'r uchod yw:
*Twrw'r mis du
Gwell angladd o bob tŷ* (*CGCLl*)

Taranau yn Rhagfyr arwyddant dywydd teg (*LlGSG*). Nid yw hwn mor ddiobaith â'r ddau ddywediad blaenorol!

Cawn wlaw ac oer farrug – daw Plygain Nadolig (Bethel)

O'r dydd byrraf (Rhagfyr 21ain) *bydd hyd y dydd wedi 'mystyn gam ceiliog erbyn y Calan.* (Mari James, Llangeitho)

DAROGAN TYMHOROL:

Ystyrid y byddai'r tywydd yn newid ar ôl troad y rhod (y dydd byrraf) (cyffredin)

Os ceir rhew i ddal dyn cyn Nadolig, ni cheir rhew i ddal iâr ar ôl Nadolig (*DLl*)

Os deil y rhew bwysau dyn cyn y Nadolig, ni ddeil bwysau llygoden ar ôl hynny (LlGSG)

Os rhewith hi ddigon i ddal hwyaden cyn y Nadolig, rewith hi ddim digon i ddal gwylan ar ôl y Nadolig (Arthog, Meirionnydd, AWC)

Os rhewith ddigon i ddal clagwydd cyn y Dolig, rewith hi ddim digon i ddal robin goch wedyn (Cwmtirmynach, Meirionnydd, AWC)

Lle bo'r gwynt am hanner dydd ddiwrnod troad y rhod (y dydd byrraf), *yno bydd o am 6 wythnos* (Garndolbenmaen)

Os bydd yn wyntog ddydd Gŵyl Domos(Rhagfyr 21ain), *fe fydd yn wyntog am y tri mis canlynol* (EJ)

Gwynt y dydd byrraf – yno y bydd o'n gwneud ei gartref tan y dydd hiraf (Dyffryn Ceiriog)

Haf hyd Nadolig, gaeaf hyd Ŵyl Ifan (Meirionnydd)

Nadolig gwyrdd, Pasg gwyn (LlGSG)

Dolig glas, Mai cas (Rhosllannerchrugog)

Os bydd yn braf ar ddydd Nadolig, bydd eira ym Mai (Nanmor, AWC)

Nadolig tirion, blwyddyn o fendithion (DMach)

Rhagfyr tawel, mwyn a thirion
Blwyddyn dda yn llawn bendithion (CRJE)

Dydd Nadolig gwyntog
Haf hirfelyn tesog (CMO Llangefni)

Dydd Nadolig gwyntog – llawnder o ffrwythau yr haf dilynol (Nanmor, AWC)

DAROGAN GWYLIAU'R DOLIG:

Credid bod 12 dydd gwyliau'r Dolig (Rhagfyr 26ain – Ionawr 6ed) yn gyfnod pan y gellid rhagweld y dyfodol (gweler 1.1.3 a 1.2). Roedd hynny'n cynnwys y tywydd ac eid ati i gofnodi cyflwr y dydd ar bob un o'r 12 niwrnod. Dywed Myrddin Fardd (LlGSG) am hyn:

'*Bernid bod y deuddeng niwrnod ar ôl y Nadolig yn fynegiadol o'r tywydd am ddeuddeng mis y flwyddyn, fel y byddai'r naill, felly y llall.*'

Felly byddai tywydd y 26ain o Ragfyr yn rhagfynegiad o dywydd Ionawr; tywydd y 27ain – Chwefror; yr 28ain – Mawrth ayyb.

Dyddiadur Enlli – 'Cedwir y tywydd bob dydd o'r deuddeg diwrnod wedi'r Nadolig, o fore hyd yr hwyr. Dynoda hyn y tywydd bob dydd o'r deuddeg mis o'r flwyddyn. Mae y dyddiadur hwn wedi bod yn gaffaeliad mawr inni ar Enlli ar hyd y blynyddoedd' (*CNW*)

Byddai ffermwyr yn nodi'r tywydd ar ddyddiau cyntaf Gwyliau'r Dolig – byddai hynny'n dangos y tywydd i ddod ddechrau'r flwyddyn newydd. (Chwilog)

Cofnododd Marye Trevelyan (*FFSW*), fod plant yn Sir Forgannwg, ar Ragfyr 25ain a'r 26ain yn rhoi **12 hanner nionyn yn rhes** – bob un wedi ei enwi ar ôl misoedd y flwyddyn. Rhoddid pentwr o halen ar bob un ac os byddai'r halen wedi toddi erbyn diwedd y gwyliau byddai y mis hwnnw yn wlyb, os sych – mis sych.

1.3 Arwyddion y Tymhorau

Ceir rhai arwyddion sydd yn yr un cywair â dywediadau'r misoedd ond sydd y cyfeirio at y tymor, neu weithgareddau tymhorol, heb enwi'r mis na dyddiadau arbennig fel ffeiriau neu wyliau yn benodol. Yn ogystal gall yr arwyddion hyn gynnwys llawer o gyfeiriadau at fyd natur, fydd yn cael eu cyflwyno'n llawnach ym Mhennod 2.

1.3.1 Y Gwanwyn

Caued pawb ei ddrws yn sydyn
Mae'n eira'n barod ar y Berwyn,
Hilyn gwyn i hulio'r Gwanwyn
Ddaw i lawr a rhew i'w ganlyn.
(*HB*). Ceir fersiwn yn cyfeirio at y Moelwyn yn ogystal.

Darfu'r gaeaf, darfu'r oerfel,
Darfu'r glaw a'r gwyntoedd uchel;
Daeth y gwanwyn glas eginog,
Dail i'r llwyn a dôl feillionog (*HB*)

Beth yw gofal y galon – mwy i mi,
Â'r ŵyn yn heini, a'r drain yn wynion. (Dic Jones, Gwanwyn, yn *SA*)

Chwefror a chwyth
Y deryn bach
Oddi ar ei nyth;
A Mawrth a ladd,
Ac Ebrill fling:
Llwm yw y tlawd
Rhwng y tri hyn. (Cwm Tawe, *AWC*). Gweler hefyd: 1.2.1 – 1.2.3.

GWIREBAU:

Yr Hirlwm – pan fo dylanwad pwysedd uchel cyfandirol a gwyntoedd deifiol o'r dwyrain yn peri i'r borfa grino ac i'r gwanwyn fod yn hwyr iawn yn cyrraedd. Digwydd ym Mawrth ac Ebrill fel arfer ac fe'i gelwir gan rai yn *'wanwyn diddyfod.'* (*FClint*).

Y trist wynt yn bwyta'r stôr
Hyd y dim rhwng dau dymor (Alun Cilie, Yr Hirlwm)

Hir wanwyn wedi'r Pasg a wna y das yn gilcyn (Y Bala)
neu: *...sy'n dymor cas gan gowmon* (Llangwm)
   ...sydd yn gas gan borthwr (Chwilog). Pan fo'r gwanwyn yn hwyr yn cyrraedd bydd gwair y das yn prinhau cyn i'r borfa gael cyfle i dyfu.

Methodd y gaeaf sawl gwaith ond ni fethodd y gwanwyn erioed. (hen ddihareb)

Ceir tri math o dywydd mewn diwrnod o wanwyn (Pencaerau, Llŷn). Gall yr adeg hon o'r flwyddyn fod yn gyfnewidiol iawn mewn byr amser, e.e. ar Fawrth 25ain 1983 roedd yn oer a glawog yn y bore, yn heulog a chynnes yn y p'nawn ac fe gododd storm o wynt gyda'r nos.

Bore du o wanwyn, p'nawn teg (Porthmadog)

Nid gobaith ond gwanwyn (D *Llafar*)

Un wennol ni wna wanwyn (hen ddywediad)

Pasg cynnar, hir wanwyn (Mynytho)

Hir ddydd o wanwyn a sych dri sychiad sach (*LlGSG*) h.y. os ceir awel ar ddiwrnod braf o wanwyn gall sychu sach dair gwaith drosodd – ac nid y peth hawsaf i'w sychu yw sach.

Gwanwyn a gawn, llogell yn llawn (*LlGSG, DLl*),

Haul y gwanwyn, gwaeth na gwenwyn (Ardudwy), neu: *Gwynt y gwanwyn, ...* (*LlGSG*)

Rhybudd sydd yma am anwadalwch y gwanwyn – peidiwch â chymryd eich twyllo a diosg eich dillad gaeaf yn rhy fuan.

Niwl y gwanwyn, gwas y gwynt (Ardudwy) neu: *... gwas y llafrwyn; ...gwas yr irfrwyn* (*Gwyddon, III, tud. 506*); *...gwasarn irfrwyn* (*LlGSG*); *...gwasarn gwynt* (*LlGSG*).

Gwrtaith mynyddoedd yw eira'r gwanwyn (*DLl*), h.y. ystyrid cyfnod o eira a rhew yn dda i'r pridd – am ei fod yn ei lacio ac yn lladd trychfilod plagus.

Haul gwanwyn, haul llwynog (*YsgLl*), h.y. yn dwyllodrus am y gall newid yn gyflym.

Y TYMOR YN CYNHESU:
Edrychir ymlaen at weld y tymor yn cynhesu, ond ni cheir cynhesu go iawn nes bo'r amodau yn iawn:

Gwanwyn diweddar – gwanwyn cryf (Pwllheli)

Ch'nesith hi ddim tra bo Eryri'n dal yn wyn (Capel Garmon) h.y. rhaid i'r eira fynd yn gyfan gwbl.

Ch'nesith hi ddim tra bo esgyrn eira ar Eryri (Dyffryn Conwy)

Ch'nesith hi ddim nes bo'r Cennin Pedr wedi crino (Pwllheli, Nefyn)

Yn Ebrill fe gynhesith ar ôl pob cawod (Caeathro)

DAROGAN TYMHOROL:

Gwanwyn braf, Clanmai oer (Dyffryn Nantlle)

Gwanwyn oer, ysgubor lawn (*LlGSG*)

Gwanwyn cynnar, haf garw (*LlGSG*, Betws-y-coed)

Os tyf porfa yn nechrau'r flwyddyn
Fe dyf lai ym mis Mehefin (*LlGSG*)

Pan fydd yr eithin felynaf y ceir yr haf sychaf (Dyffryn Teifi)

Gwanwyn gwlyb, cynhaeaf diweddar (*Gwyddon III, tud 495*)
Gwanwyn llaith, c'neua maith (Cross Inn, *AWC*)

Gwlybaniaeth yn yr og, chwyn yn y cryman (*LlGSG*) h.y. llawer o law adeg hau a olyga lawer o chwyn adeg y medi.

A arddo ar eira, a lyfna ar wlaw
A fêd yn hir heb lond ei law (*LlGSG*) neu: *...Ni chaiff hwnnw ddim ond baw* (*LlGSG*), h.y. gwell dewis tywydd sych i hau.
[Ceir yr un neges yn y dywediad hwn â'r fersiynau niferus o: *Gwell ffioliad o lwch Mawrth na phegaid o aur.* (gw.: 1.2.3)]

Gwanwyn blin i'r march a'r ych
Mis Gorffennaf na fo sych (*TrafEFf 1898*, DyffrynTeifi)

Pasg gwyn, cynhaeaf coch (*DMach*). Mae eira hwyr (adeg y Pasg) yn darogan haf sych.

Gwanwyn hwyr – haf poeth (Dolwyddelan). Sylw oedd hwn ar brinder dant y llew yn blodeuo ym Mai 1999 pan gafwyd diwedd Gorffennaf a dechrau Awst poeth. Hefyd, yn 2006, roedd y cennin Pedr, dant y llew, blodau drain duon a blodau eithin yn hwyr a chafwyd Gorffennaf / Awst anarferol o boeth.

Os gwnaiff yr adar ailymuno'n heidiau yn y gwanwyn ar ôl gwasgaru unwaith – yna bydd y gaeaf yn dychwelyd a pharhau tan Fai (*WF*)

'Peryg mai hwn ydy'r haf' a *'Gobeithio nad ydy'r haf ddim 'di dŵad yn rhy gynnar'* a dywediadau tebyg yn cyfleu amheuon am wanwyn braf a chynnes. Dyma enghraifft arall o'r syniad bod gwanwyn braf yn mynd i ddifetha tywydd yr haf. Daeth hyn yn wir yn 2007 pan gafwyd yr Ebrill cynhesaf a sychaf er pan gychwynnwyd cofnodion swyddogol yn y 18g. Yna fe'i dilynwyd gan y Gorffennaf gwlypaf er pan gychwynnwyd cofnodion swyddogol.

Llosgi eithin yn y gwanwyn – mae'n siŵr o effeithio ar y cymylau, a daw glaw (Arthog, *AWC*)

1.3.2 Yr Haf

Fe doddo yr eira, dadmera yr iâ
A dychwel llawenydd yng ngobaith yr ha'. (Llan-non, *AWC*)

GWIREBAU:

Blodau'r ysgawen yn arwydd fod yr haf wedi cyrraedd, a'i ffrwythau yn arwydd ei fod wedi gorffen. (Ysbyty Ifan)

Oglau'r blodau ar yr awel – braf
Dim oglau blodau – glaw (cyffredin)

Ni adawodd haf sych newyn erioed ar ei ôl (LlGSG, DLl)

Marw i fyw mae'r haf o hyd (R. Williams Parry, *Awdl yr Haf*)

Cadw lawnder yr haf at lymder y gaeaf (hen ddihareb). Cyngor buddiol iawn.

A lafur tra pery'r haf
A gân drwy gydol gaeaf (CHJ)

DAROGAN TYMHOROL:

Haf sych, gaeaf caled (DMach)
Haf oer, gaeaf cynnes (LlGSG)
Haf coch, gaeaf du (EJ)

Os bydd raid rhoi côt fawr ar gefn yr haf,
Fe fydd raid i'r gaeaf fynd yn droednoeth (DLl)

Gwell hanner had na hanner haf (LlGSG)

Brain yn nythu'n uchel – haf braf (DMach)

Haf hyd Nadolig, gaeaf hyd Ŵyl Ifan (DMach)

Hav tan galan, a gaia hyd wyl Ieuan (WD)

Haf hyd Galan, gaeaf hyd Fai (*Gwyddon III*, tud 496)

Haf tan Galan, gaeaf tan gain (DMach) neu: *...gaeaf tan glain*. Cyfeiriad geir yma at y gain goch, sef y pry melyngoch ar faw gwartheg sy'n hedfan o ddechrau'r haf.

Haf hyd Ionawr, gaeaf hyd Fai (Y Bala)

Haf di-granc (Aberdaron). Dywediad yn golygu haf poeth poeth e.e. hen bysgotwr o Enlli yn darogan mai 'haf di-granc' geid, ac erbyn dechrau Mehefin roedd y tymheredd yn yr 80au °F a'r crancod yn prinhau.

1.3.3 Yr Hydref

GWIREBAU:

Amser casglu ydyw'r hydref
Pob rhyw ffrwythau tuag adref (DLl)

Trymaf gnydau, gwlyb gynhaeaf (Meirionnydd, Môn, AWC)

Gwyntoedd Hydref. Disgwylir stormydd a glaw trwm (sgrympiau) oddeutu'r cyhydnos.

Haf bach – yn aml yng nghyfnod Medi a Hydref ceir cyfnod braf a elwir yn haf bach..., gweler 1.2.9 a 1.2.10.

DAROGAN TYMHOROL:

Hydref hir a glas,
Blwyddyn newydd oerllyd gas (cyffredin)

Hydref teg a wna aeaf gwyntog (AM 1870),

Hydref teg (Llanfachreth, AWC), neu *Eira yn yr Hydref* (Cyffylliog) *yn erthylu'r gaeaf*

Hydref gwlyb – gaeaf caled (Nefyn). Hydref gwlyb yn arwydd o dywydd sych yn nes ymlaen, fydd yn golygu gaeaf caled.

Niwl yn yr hydref, eira yn y gaeaf (Harlech, AWC)

Mellt a thranau yn yr hydref yn erthylu'r gaeaf (cyffredin). Golyga 'erthylu'r gaeaf' fod y gaeaf wedi dod cyn ei amser ac felly y bydd yn gorffen yn fuan. Gallwn ddisgwyl bod dechrau'r flwyddyn newydd yn dyner, gwlyb a lleidiog yn sgil gwyntoedd gorllewinol. Daeth hyn yn wir yn 1987 pan gafwyd taranau yn yr Hydref yn cael eu dilyn gan aeaf eithriadol o dyner a gwlyb. (B Edwards, Pentre Llidiardau, Y Bala, 1988).

Taranau hydref, gaeaf gwlyb (CHJ)

Adar yn heidio yn nechrau'r hydref – gaeaf cynnar neu galed (WF)

Dail yn hirymarhous ar y coed yn yr hydref – arwydd o wanwyn hwyr (Pentir). Roedd dail yn dal ar y coed ar Ragfyr 3ydd, 2005 er gwaetha gwyntoedd Hydref ac oerfel Tachwedd. Roedd y gaeaf canlynol yn dyner, Ebrill yn heulog a sych, a'r haf yn wlyb iawn.

Llawer o gnau – llawer o fabis yr haf canlynol (Nefyn)

1.3.4 Gaeaf

Robin goch ddaeth at yr hiniog,
A'i ddwy aden yn anwydog;
A dywedai mor ysmala,
Mae hi'n oer fe ddaw yn eira. (HB)

Gwirebau:

Gaeaf glas, mynwent fras (LlGSG, FMWW, Ponterwyd, cyffredin)

Mae gaeaf glas yn fwy tebygol o ddod â heintiau (FClint)

Gaeaf gwlyb, mynwent lawn (LlGSG)

Y dyddiau duon bach (LlGSG) – y dyddiau byrion ddiwedd y flwyddyn

Darogan Tymhorol:

Tir dan ddwfr – prinder,
Tir dan eira – bara (Chwilog 1985). Enghraifft arall o'r hen goel y gall tywydd y gaeaf ddylanwadu ar yr haf.

Eira cynnar yn erthylu'r gaeaf (cyffredin yn y gogledd). Os daw eira yn gynnar yn y tymor (gw. enghreifftiau eraill yn 1.2.10 uchod), credir na cheid tywydd oer iawn am weddill y gaeaf ond yn hytrach dywydd gwlyb lleidiog. Ond, un flwyddyn, er gwaetha eira cynnar, fe ddaeth yn eira drachefn ddechrau'r flwyddyn. Ysgogodd hyn y sylw gan amaethwr o ardal Y Bala: 'Mae hi wedi erthylu'r gaea' unwaith ond mae'r diawl yn ailgymryd ddechrau'r flwyddyn' (h.y. fel dafad sy' weithiau wedi methu cymryd hwrdd yn llwyddiannus yn Nhachwedd yn ailgymryd ddechrau'r flwyddyn).

Yr erthyl yn rhy gryf Sylw gan rai yw na fuasai eira ysgafn ar y topiau yn cyfrif, ond pe deuai eira trwm dywedid: 'Mae'r erthyl hwn yn rhy gry', fe fywith.' A cheid eira drwy'r gaeaf wedyn. (Gwenan Davies, Llanuwchllyn)

Gaeaf tyner, yn y gwanwyn rhynner (Porthmadog) Ambell aeaf ni ddaw eira tan Chwefror / Mawrth

Gaeaf tyner – haf gwlyb (Ystalafera, AWC)

Os na fydd eisiau un gôt yn y gaeaf, fe fydd eisiau dwy yn y gwanwyn (DLl)

Gaeaf glas, gwanwyn gwyrdd (EbN), neu: *...cynhaeaf bras* (LlGSG), neu: *...mynwent fras* (LlGSG)

Gaeaf gwyn, gwanwyn cynnar (LlA 103), neu: *...ysgubor dyn* (Arthog, AWC)

Haf sych, gaeaf caled (DMach) Os yw cyflwr y gaeaf yn dylanwadu ar yr haf credir bod y gwrthwyneb hefyd yn wir.

Gaeaf caled – haf sych (Ystalafera, *AWC*)

Haf hyd Galan Gaeaf, gaeaf hyd Fai (*EbN*)
Haf hyd Nadolig, gaeaf hyd Ŵyl Ifan (*DMach*)
Haf tan Galan, gaeaf tan gain.
Neu: *...tan glain* (*DMach*, *LlGSG*)

Dengys y gaeaf o beth y gwnaed yr haf (*DLl*)

Trawste yn y gaeaf, llifogydd yn yr haf (Dyffryn Teifi). Trawste yw terfysg.

Os ceir gwyntoedd mawr ar ddechrau'r gaeaf – ni cheir llawer o eira (Dyffryn Clwyd, *AWC*)

A dyn ei gôt ynghanol gaea,
Fydd falch ohoni erbyn C'lanma (Ioan Brothen, *AWC*)

BYD NATUR:

Llawer o wyddau gwylltion yn cyrraedd yn yr hydref – gaeaf caled (cyffredin). Dywedir hyn hefyd am yr elyrch gwylltion (elyrch y gogledd) sy'n cyrraedd Morfa Glaslyn yn yr hydref. Gweler 2.2.4.

1.4   Y Flwyddyn a Chyfnodau Hirach

1.4.1   Y Flwyddyn gron:

Mi fydd y flwyddyn nesa
Weithiau'n haf, weithiau'n hindda,
Weithiau'n rhew, weithiau'n eira,
Weithiau'n aeaf, weithiau'n ha.

Na ddywed ddrwg am y flwyddyn
Hyd nes dyfod at ei therfyn.

Blwyddyn o eira, blwyddyn o lawndra (*DMach*, *LlGSG*). Os ceir oerni'r gaeaf i ladd pryfetach a llacio'r pridd gellir disgwyl llawnder o gnydau yn yr haf. (Y Bala)

Blwyddyn wleb a wna ysgubor lawn (*LLGSG*)

Blwyddyn egfaenog, blwyddyn ariannog (*LlGSG*) 'Egfaen' yw aeron y drain gwynion.

Blwyddyn gneuog, blwyddyn leuog (*LlGSG*). Os yw'n wanwyn da i ffrwythloni'r blodau bydd yr amodau'n dda i rai mathau o bryfed hefyd.

Pan gura'r bryn y pant
Bydd newyn ar y plant (Cross Inn, AWC). Ambell haf gwlyb bydd digon o borfa i'r anifeiliaid ar y bryniau tra bo'r ŷd yn pydru ar y dolydd, fydd yn golygu prinder bara.

CYFNODAU BUCHAN:
Yn 1867 dangosodd y meteorolegydd Alexander Buchan (1829 – 1907), a wnaeth astudiaeth ystadegol o batrwm tywydd ardal Caeredin dros tua 50 mlynedd yn y 19g fod yna, ar gyfartaledd, rai cyfnodau oerach neu gynhesach na'r disgwyl yn ystod y flwyddyn. Galwyd y rhain yn 'Gyfnodau Buchan' a chawsant gryn sylw yn y 1920au pan oedd y Llywodraeth yn ystyried pa ddyddiadau y dylsid eu pennu yn wyliau cyhoeddus.

Nodwyd naw 'Cyfnod Buchan'; chwech ohonynt yn oerach na'r arfer drwy'r flwyddyn:
Chwefror 7 – 14, Ebrill 11 – 14, Mai 9 – 14, Mehefin 29 – Gorffennaf 4, Awst 6 – 11 a Thachwedd 6 – 13 a thri chyfnod cynhesach na'r arfer: Gorffennaf 12 – 15, Awst 12 – 15 a Rhagfyr 3 – 14.

Chwarae teg i Buchan, nododd nad oedd amseriad y cyfnodau hyn yn gyson; roeddent weithiau'n gynt neu'n hwyrach ac yn aml ddim yn digwydd o gwbwl. Ac yn wir, pan ailedrychwyd ar y cyfnodau hyn yn ddiweddarach gwelwyd mai dim ond am rai blynyddoedd yn unig yr oeddent yn ddilys a hynny ond yn ardal Caeredin. Nid oeddent yn dal eu tir yn ystadegol dros yr un cyfnod mewn ardaloedd eraill o wledydd Prydain, ac ar ben hynny, pan edrychwyd ar gyfnodau hirach na'r hanner canrif oedd gan Buchan dan sylw, fe dueddai'r patrwm i ddiflannu hyd yn oed yn ardal Caeredin.

Mae'n debyg mai ffawd ystadegol oedd wedi digwydd taflu cyfres o flynyddoedd at ei gilydd i roi'r argraff o gyfnodau lled reolaidd. Gelwir tueddiadau o'r fath yn rhithiau ystadegol a gallant ddigwydd mewn sawl maes, nid yn unig y tywydd; yr enghraifft amlycaf efallai yw ym myd hap chwarae pan fydd y betiwr yn credu ei fod ar rediad llwyddiannus. Tybed sawl rhediad arall yn y tywydd sydd wedi creu ambell rith o'r fath ac sydd wedi rhoi anadl einioes i ryw goel dywydd gyfeiliornus?

Deuthum ar draws amryw o enghreifftiau ymysg ein dywediadau tywydd Cymraeg o gyfnodau tebyg i rai Buchan:

Ceir oeraidd dymor ar ddiwedd Chwefror (LlGSG)

Gaeaf y ddraenen ddu – sef gaeaf bach ynghanol gwanwyn. Er i'r ddraenen flodeuo yn ei hamser naturiol ddiwedd Mawrth / ddechrau Ebrill, gellir disgwyl tywydd oer tu hwnt ar ôl hynny am ryw wythnos neu bythefnos (Môn, *AWC*)

Gwynt pythefnos cyntaf Ebrill yw'r gwynt caletaf (Llŷn ac Eifionydd, *AWC*)

Storm Glanmai – 'Yn gyffredin iawn, ceir rhai diwrnodiau o dywydd gwyntog, garw tua dechrau Mai, neu yn ddiweddarach tua'r Hen Glanmai. Y mae'r storm hon yn dod mor sicr ar yr amser a nodwyd fel y disgwyliai'r hen bobl amdani yn ei thymor. Yr oedd yn hen ddywediad ganddynt na fethodd storm Glanmai erioed.' (*DLl*).

Dyddiau crinion – cofnodwyd y dywediad hwn yn ardal Bangor (*FClint*) ac mae'n nodi fod y cyfnod Mai 3ydd – 9fed yn dueddol o fod yn sych.

Mae dydd Gwener cyntaf Gorffennaf bob amser yn wlyb (*MMO* Llangefni)

1.4.2 Cyfnodau Hirach:

Rydym yn gyfarwydd â newidiadau amgylcheddol byrdymor sydd, i wahanol raddfeydd, yn medru effeithio ar y tywydd, e.e. dydd a nos, llanw a thrai, effaith misol y lleuad a bod yna gyfnodau estynedig o rai wythnosau o dywydd arbennig yn digwydd o bryd i'w gilydd, e.e. pan ddylanwadir ar dywydd Prydain gan bwysedd uchel sefydlog dros gyfandir Ewrop yn y gaeaf neu dros yr Ynysoedd Dedwydd. Hefyd, gall gwyntoedd cryfion y jetlif yn yr uchelfannau ddod â glaw parhaus inni am rai wythnosau ar y tro, fel ym Mehefin – Awst 2007.

Pan edrychwn ar gofnodion tywydd sy'n ymestyn dros ddegawdau neu ganrifoedd daw'n amlwg nad yw'r hinsawdd yn aros yn gyson. Bydd cyfresi o flynyddoedd oerach, cynhesach, gwlypach neu sychach na'i gilydd yn dod i'r amlwg yn ysbeidiol, e.e. daw hafau braf y 1930au a'r 1950au i'r meddwl yn ogystal â gaeafau oerion Oes Fictoria. Oerni gaeafau'r 19g roddodd inni'r delweddau eiraog sy'n dal mor boblogaidd hyd heddiw ar gardiau Dolig sy'n portreadu'r cyfnod. Os edrychwn yn ôl dros y milflwyddiant diwethaf gwelwn fod yr 11g – 12g yn gyfnod cymharol gynnes a gydnabyddir fel y Cyfnod Cynnes Canoloesol pryd y sefydlwyd amaethdai yn weddol uchel yn y mynydd-dir. Ond yn ddiweddarach ciliodd amaethu i lawr y llethrau yn ystod y cyfnod oer a welwyd rhwng y 14g a'r 19g a elwir yr 'Oes y Rhew Fechan'. O fewn y cyfnod hwnnw roedd gaeafau diwedd y 17g yn eithriadol o oer a chynhelid ffeiriau yn rheolaidd ar rew afon Tafwys.

Ceir un o'r cyfeiriadau cynharaf at gyfresi o dymhorau o lawnder ac o newyn yn y Beibl (*Genesis, Penod 41*) lle cawn y stori am Moses yn dehongli breuddwyd Pharo am y 7 buwch denau yn traflyncu'r 7 buwch dew fel rhybudd y dilynid 7 blwyddyn o lawnder gan 7 blwyddyn o newyn. Efallai mai dameg sydd yma i gyfleu'r foeswers na ddylid gwastraffu pan fo llawnder rhag ofn y daw tro ar fyd. Mae 'Cadw dy afraid at dy raid' ac 'Yng ngenau'r sach y mae dechrau cynilo' yn ddwy hen ddihareb sy'n cyfleu yr un ystyr.

Gallasai stori Moses fod yn seiliedig ar ddigwyddiad hanesyddol go iawn, pwy a ŵyr? Ar y llaw arall rhaid cydnabod fod yna newidiadau rheolaidd yn yr haul ei hun yn ogystal â chylchredau daearol naturiol fyddai'n medru rhoi cyfresi gweddol reolaidd inni o flynyddoedd ffafriol ac anffafriol.

Cylchredau naturiol

Erbyn hyn gwyddom fod sawl cylchred amgylcheddol naturiol hir dymor yn ogystal â rhai gweddol fyr dymor yn gallu effeithio ar hinsawdd y ddaear. Er enghraifft, ceir rhai cylchredau eithriadol o hir, fel cylchred Milankovitch sy'n rhoi inni batrwm cyfnodol rheolaidd o rewlifoedd yn ymestyn dros gannoedd o filiynau o flynyddoedd; cylchred Bond sy'n rhoi cyfnodau oer / cynnes dros rai miloedd o flynyddoedd; Dansgard-Oeschger dros rai canrifoedd a nifer o gylchredau byrrach o flynyddoedd oerach / cynhesach neu wlypach / sychach rhwng dwy flynedd a chan mlynedd.

Priodolir y newidiadau hyn i amryw o wahanol ffactorau, e.e. y newidiadau rheolaidd hir dymor yng nghylchdro'r ddaear o gwmpas yr haul ac yng ngogwydd troelliad y ddaear ar ei hechel. Yn y tymor byrrach gwelwn fod cylchredau yn codi o newidiadau yn yr haul ei hun, e.e. mae'r gylchred 11 mlynedd o gynnydd a lleihad yn nifer y brychau ar wyneb yr haul yn effeithio ar lefelau egni'r haul sydd, yn ei dro, yn effeithio ar batrymau hinsoddegol y ddaear.

Deillia cylchredau eraill o brosesau cyfnodol daearol sy'n codi o'r berthynas rhwng llif awyr y stratosffêr a cherrynt y cefnforoedd.

EL NIÑO

Rhoddwyd yr enw El Niño (y baban Iesu) ar y cerrynt cynnes tymhorol sy'n ymddangos ar arfordiroedd Periw ac Ecwador oddeutu'r Nadolig bob blwyddyn ac sy'n dod â bendithion glaw i diroedd sych. Ond erbyn hyn ehangwyd ystyr yr enw El Niño i gynnwys y tywydd trychinebus sy'n codi ohono bob rhyw 6 – 7 mlynedd ar gyfartaledd yn yr ardaloedd trofannol ac isdrofannol drwy'r byd. Yr hyn sy'n achosi digwyddiadau El Niño yw newid ysbeidiol yng nghyfeiriad cerrynt y Môr Tawel trofannol. Digwydd hynny wedi i ddyfroedd cynnes ar wyneb y môr gronni i'r fath raddau nes bo'r gylchred forol ac atmosfferig yn torri i lawr bob ychydig flynyddoedd ac yna yn ailymsefydlu.

Ym mlynyddoedd El Niño bydd corwyntoedd nerthol yn taro arfordiroedd de Asia a'r Caribî yn amlach; ceir llifogydd dinistriol yng nghanolbarth a de America a sychder enbyd sy'n arwain at danau gwylltion yn Awstralia a Chaliffornia. Gall eithafion o'r fath achosi miloedd o farwolaethau a chreu llanast economaidd difrifol yn yr ardaloedd yr effeithir arnynt. Yn rhannau gogleddol y byd nid yw'r effeithiau mor eithafol, ond gallant beri gaeafau llawer tynerach a gwlypach nag arfer. Tybir erbyn hyn bod newidiadau ysbeidiol tebyg i El Niño yn digwydd ym môr yr Iwerydd hefyd, ond ar raddfa lawer iawn llai.

1.5 Dylanwadau eraill

1.5.1 Llosgfynyddoedd a chyrff o'r gofod

Gall ffrwydradau grymus llosgfynyddoedd gael effeithiau trawiadol ar hinsawdd y byd, effaith fedr barhau am flynyddoedd mewn rhai achosion. Digwydd hynny pan fo'r nwyon a'r llwch a deflir i'r atmosffer yn ddigon i leihau cyfanswm egni'r haul sy'n cyrraedd wyneb y ddaear gan ostwng tymheredd y byd ac effeithio ar batrymau cylchrediad y tywydd. Gall hyn arwain at fethiant cnydau gan achosi newyn drwy rannau helaeth o'r byd.

Dyma rai enghreifftiau o echdoriadau folcanig a ddylanwadodd ar hinsawdd y byd yn yr ychydig mwy na'r ddwy ganrif ddiwethaf:

Laki, Gwlad yr Iâ, 1783 – cyfres o ffrwydradau nerthol arweiniodd at farwolaeth 25% o boblogaeth Gwlad yr Iâ o newyn ac oerfel. Bu hafau a gaeafau llawer oerach nag arfer yn Ewrop a gogledd America.

Tambora, Indonesia, Ebrill 1815 – gostyngwyd tymheredd y byd ac arweiniodd yn 1816 at 'y flwyddyn heb haf' pryd y cafwyd barrug ym Mehefm a newyn enbyd mewn rhannau o Ewrop o ganlyniad i fethiant y cnydau. Crwydrodd mynyddoedd rhew i'r Iwerydd; ymgripiodd rhewlifoedd i lawr cymoedd yr Alpau a daeth machludoedd coch llachar y cyfnod yn enwog yn lluniau'r arlunydd W Turner. Parhaodd yr effeithiau am tua 3 – 4 blynedd a gwelir hynny mewn cylchoedd culach ym mhren y coed a dyfai ar y pryd.

Karakatoa, Indonesia, 1883 – cafwyd machludoedd llachar a tharth atmosfferig yn Ewrop.

Pinatubo, Indonesia, 1991 – yn gyfrifol am ostwng tymheredd y byd o 1°C am y 3 – 4 blynedd ddilynol.

Mewn egwyddor gall gwrthdrawiad rhwng comedau neu sêr gwib mawrion a'r ddaear gael yr un effaith. Er enghraifft credir bod y llwch a daflwyd i'r atmosffer gan y maen mawr o'r gofod a laddodd y deinosoriaid 65 miliwn o flynyddoedd yn ôl wedi andwyo tywydd a hinsawdd y blaned am flynyddoedd maith wedyn. Ond nid oes tystiolaeth bod gwrthdrawiadau tebyg, ond llai wrth lwc, wedi cael effaith mawr ar y tywydd yn y cyfnod hanesyddol diweddar, e.e. ni chafwyd fawr mwy na chyfres o fachludoedd lliwgar yn dilyn gwrthdrawiad Tunguska, Siberia yn 1906.

1.5.2 Newid hinsawdd

Tybed pa effeithiau a gaiff cynhesu byd-eang ar dywydd a hinsawdd y dyfodol? Mae'r modelau cyfrifiadurol yn darogan y cawn ni yma yng Nghymru fach aeafau tynerach, hafau gwlypach a llawer mwy o ansefydlogrwydd ac eithafion yn y tywydd. Gallwn ddisgwyl y bydd stormydd, llifogydd a hafau crasboeth yn digwydd yn llawer amlach ac y caiff hynny effaith sylweddol arnom yn economaidd ac yn gymdeithasol.

Rhagwelir y bydd hyd yn oed golwg y wlad yn newid o ganlyniad i newidiadau ecolegol ac wrth i gnydau newydd a gwinllannoedd gael eu sefydlu a'u meithrin. Tybir y bydd plâu o blanhigion ymledol megis rhedyn, rhododendron a chlymog Japan yn cynyddu ac y bydd nifer fawr o wahanol bryfed ayyb yn ymsefydlu ac ymledu.

Gellir ystyried y bydd y newidiadau hyn a ragwelir dros y degawdau a hyd yn oed y canrifoedd i ddod yn wahanol i'r hyn a welwyd yn y gorffennol am iddynt gael eu hachosi gan lygredd atmosfferig dynol. Difyr fydd gweld a fydd ein harwyddion tywydd traddodiadol yn dal yn ddilys erbyn diwedd yr 21g a pha arwyddion newydd fydd gennym erbyn hynny.

Pennod 2

Arwyddion o Fyd Natur

Mae mynwes natur inni'n llawn
O hin-arwyddion cywir iawn;
Rhai yn y maes, rhai yn y tŷ
Ac eraill yn y wybren fry.

Os nad yw'r arwyddion darogan tymhorol a gyflwynwyd ym Mhennod 1 yn rhyw ddibynnol iawn cawn weld yn y bennod hon pa werth sydd i arwyddion byd natur. Yn sicr maent yn gymysgedd o rai sydd yn effeithiol iawn ac eraill, mewn gwirionedd, sy'n dda i fawr ddim!

Gellir rhannu arwyddion byd natur yn dri dosbarth:

a) Arwyddion sy'n disgrifio'r tywydd fel y mae – yn dweud dim mwy na'r hyn yr ydym yn ei wybod yn barod, e.e.:
   Gwymon yn wlyb – mae'n glawio
   Gwymon yn sych – mae'n braf

b) Arwyddion defnyddiol iawn – yn seiliedig ar ymddygiad adar a chreaduriaid sy'n ymateb yn gynt i'r tywydd na ni:
   Heidiau o adar yr eira yn cyrraedd yn y gaeaf – storm o eira ar ei ffordd
   Defaid yn dod i lawr o'r mynydd cyn storm

c) Arwyddion nad ydynt yn dal dŵr:
   Buwch yn gorwedd ar ei hochr dde yn y cae – arwydd glaw
   Mul yn brefu yn arwydd glaw

Mae rhywfaint o wir felly yn y fersiwn isod o'r pennill am ddarogan tywydd a gofnodwyd gan Evan Jones, Ty'n Pant (gweler: Rhagarweiniad):

Mae moroedd a mynyddau
A rhai creaduriaid weithiau
Yn dangos y tywydd yn llawer gwell
Na llonaid cell o lyfrau (LlGSG)

Ceir amryw o arwyddion yn ymwneud â chreaduriaid yn y penillion canlynol:

Coel Glaw

Y ci yn bwyta glaswellt
A'i fol yn rhontio'n fawr;
Y wennol yn ehedeg
Yn agos at y llawr;
Y mochyn yn y buarth
A'i roch trwy'r dydd yn dal
A'r llyffant du turdenog
Yn crawcian yn y wal.

Y morgrug mân asgellog
I'w gweld yn britho'r llawr
A niwl y llyn yn myned
I ben y mynydd mawr;
Y gath yn rhyw ymestyn
Ar bared pren gerllaw,
Pan welwch ditw*'n cripio   * y gath yw hon, nid yr aderyn
Yn fuan y daw'n wlaw.

Y twrch yn codi priddwal
Rhyw dyrau tewion mawr;
Y wenci yn dod allan
Ar doriad heddiw'r wawr;
Y defaid yn ymbrancio
A chwarae yma a thraw;
Wel, dyna ichi arwyddion
Sydd sicr iawn o wlaw. (gan Owain Edward)

2.1   Planhigion

2.1.1   Cyffredinol

*Glaw sydd dda i gnau ac eirin
A thywydd sych i blwms a rhedyn* (Robin Gwyndaf, Uwchaled)

Os bydd 'oglau blodau yn gryf (yn yr haf) – *mae'n dywydd braf* (cyffredin).
Bydd y blodau'n agor i ddenu pryfed. Er hynny gall fod yn arwydd o dywydd trymaidd cyn terfysg, gw: gwyddfid, brenhines y weirglodd. Bydd aroglau gwair hefyd yn fwy amlwg ar dywydd terfysglyd.

Blodau yn cau – glaw (cyffredin)

Blodau cynnar ym Mehefin
Bydd cynhaeaf cynnar wedyn (ArDG)

Os bydd blodau o flaen dail
Ni fydd ffrwythau yn y ffair (*TrafEFf 1898, AWC*).
Neu: *...fe fydd eirin yn y ffair* (Cross Inn)
Esboniad posib o'r croes-ddweud rhwng y ddau ddywediad hyn yw: os yw'r coed ffrwythau'n blodeuo'n gynnar iawn efallai na chânt eu ffrwythloni'n llwyddiannus, neu bod siawns i farrug hwyr ddifetha'r egin. Ond os ydynt yn blodeuo yn eu tymor arferol ac yn osgoi barrug fe fydd cnydau da o afalau ac eirin.

Llawer o aeron coch – gaeaf caled (cyffredin). Dywedir hyn am goed celyn / coed criafol / draenen wen. Arwydd o lwyddiant ffrwythloni'r blodau yn y gwanwyn yw hyn. Ni all ddarogan y tywydd i ddod.

Cnydau trwm, gaeaf llwm (Llanfrothen)

Pan y cura'r pant y bryn,
Ni bydd newyn ar un dim;
Pan y cura'r bryn y pant,
Fe fydd newyn ar y plant. (Carneddog, yn *MoM*). Wedi haf braf pan geir llwyddiant i'r cnydau ni fydd pobl nac anifeiliaid yn llwgu, ond wedi haf gwlyb, er y bydd digon o borfa ar y bryniau bydd prinder ŷd a llysiau.

2.1.2 Banadl

Llawer o flodau banadl (Mai a Mehefin) – *cynhaeaf ŷd toreithiog* (Ceredigion)

2.1.3 Bedwen

Pan fo dail y fedwen cymaint â chlust llygoden, mae'n amser hau ceirch yn y gwanwyn. (Ucheldir Hiraethog). Arwydd defnyddiol o fyd natur am gyflwr y tymor.

2.1.4 Blodau neidr / Blodau tranau

Llawer o flodau neidr – haf sych (Gwynedd). Yr enw yn nodi mai ym Mai a Mehefin y ceir llawer o nadroedd a'r enw *blodau tranau* yn nodi bod terfysg yn gyffredin yn y tymor hwn hefyd.

2.1.5 Brenhines y weirglodd

Sawr brenhines y weirglodd yn gryf o'r gors gyda'r nos – tywydd trymaidd, posib y ceir glaw (Chwilog)

2.1.6 Brwyn

Niwl y gwanwyn, gwas y llafrwyn, neu: *..., gwas yr hirfrwyn,* neu *..., gwas yr irfrwyn* (*Gwyddon. III, tud. 106*)

2.1.7 Bysedd y cŵn

Llawer o flodau bysedd y cŵn – haf sych (Chwilog)

2.1.8 Casnod

Richard Lloyd, Chwilog yn cofio cael ei yrru i ffynnon ar fferm Corcoch adeg y cynhaeaf gwair i chwilio am y casnod, sef slafan werdd yn y dŵr. Y gred oedd:
Casnod ar yr wyneb wedi hel yn lwmp – pawb am eu pladuriau
Casnod yn y gwaelod – daw'n dywydd mawr

2.1.9 Ceirchen

Mrs Gwyneth Evans, Dolgellau, yn berchen ar fath o geirchen. Ei nain wedi ei chael gan garcharor adeg rhyfel 1914-18 ac wedi ei gwnïo ar bapur. Mae'r *blew ar y geirchen yn agor a chau efo'r tywydd*. Tebyg mai'r geirchen wyllt (*Avena fatua*) neu'r flewgeirchen (*Avena strigosa*) oedd hon. Yn ne Ewrop ceir mathau mwy eu maint o geirch gwyllt (rh. *Aegilops*) sydd yn nodedig am ddangos cyflwr y tywydd drwy'r modd y mae'r col, neu'r blewyn hir a ddaw o'r grawn, yn weindio a dadweindio wrth ymateb i leithder yr awyr.

2.1.10 Celynnen

Llawer o gelyn coch – gaeaf caled (cyffredin) Er mor gyfarwydd yw'r dywediad tymhorol hwn, dengys yr ystadegau nad oes fawr o werth iddo. Mae'n gywirach fel arwydd o lwyddiant ffrwythloni'r blodau ddechrau'r haf. Mewn fersiwn o Sir Gaerfyrddin, *llawer o grawel celyn* ddywedir (*HPLlPh*)

2.1.11 Cen

Cen ar y coed yn feddal – glaw (Maentwrog). Mae'r cen yn meddalu pan fydd yn gwlychu ac yn mynd yn galed a chras pan fydd yn sychu. Mae'n dangos cyflwr y tywydd ar y pryd, fel y gwna gwymon.

Cen yn galed ac yn chwalu'n llwch yn y llaw – tywydd sych. Yn dangos cyflwr y tywydd ar y pryd.

Cen yn llithrig dan draed – tywydd gwlyb (Eryri). Eto, cyfeirio at gyflwr y tywydd ar y pryd yn hytrach na'i ddarogan. Gall cerdded ar gerrig wedi eu gorchuddio â chen llaith fod yn beryg ar lwybrau mynyddig.

2.1.12 Cennin Pedr

Cennin Pedr yn gynnar – gwanwyn cynnar
Cennin Pedr yn hwyr – gwanwyn hwyr (cyffredin)

Ym mis Ebrill 1984 roedd hi'n hwyr yn cynhesu. William Glyn Jones, Cerniog Isa, Mynydd Nefyn yn dweud: *'Ch'nesith hi ddim tan fydd y cennin Pedr wedi crino'.*
  Dywediad o ardal Pwllheli oedd hwn. Erbyn diwedd y mis fe gynhesodd y tywydd (dros 70°F), ac fe grinodd y cennin Pedr yn grimp.

Thyfith hi ddim tan fydd y cennin Pedr wedi marw (Criciéth)
Neu: *...tan fydd y daffodils wedi mynd 'nôl* (Ceredigion)

Cennin Pedr cynnar yn difetha'r haf (Maentwrog). Ond nid oes fawr o goel ar hyn.

2.1.13 Cicaion Jona
Planhigyn yn nheulu'r maro a'r bwmpen.

Pan fydd cicaion Jona yn cau yn y dydd – glaw (Jacob Davies, Carreg Hollt).

2.1.14 Coed (cyffredinol)

Diferion glaw yn disgleirio ar ganghennau'r coed – tywydd oer i ddilyn (DMach)

Perlau ar ganghennau'r coed – mae am oeri (Maentwrog). Gwelir hyn yn amlwg iawn yn y gwanwyn ar y coed bedw yn Nyffryn Maentwrog.

Dagrau ar ddrain y gaeaf – rhew (Ceredigion)

Sŵn gwynt yn y coed – glaw neu storm (cyffredin)

Mae hi am fwrw, mae yr hen goed yn wylo (Cricieth, *AWC*)

Sŵn gwegian o ganghennau'r coed ar ychydig o wynt – glaw (Bethel)

Mae'r difrod a wneir i goed gan wynt yn fesur o enbydrwydd storm ac yn sail i Raddfa Beaufort i fesur nerth gwynt.

2.1.15 Collen

Cynffonnau ŵyn bach yn gynnar ar y coed cyll – y gwanwyn ar ei ffordd (cyffredin)

Blwyddyn gneuog, blwyddyn leuog (*DMach*). Os oes llawer o gnau bu'n wanwyn a haf braf; tywydd sydd hefyd yn ffafriol i bryfetach o bob math!

Digonedd o gnau, digonedd o blant (Ponterwyd)

2.1.16 Criafolen / Cerddinen

Criafolen yn drymlwythog o aeron coch ddiwedd yr haf – gaeaf caled (cyffredin). Nid yw'n gywir – arwydd, yn hytrach, o dymor blodeuo llwyddiannus.

2.1.17 Dail

Dail y coed â'u wyneb i waered – noson arw (Ffostrasol)

'Dail y cwêd yn dangos 'u bolie' – am law (*GlossDD*)

Yn ôl Ieuan James, Crymych (yn *LlG 77*) bydd yn **macsu storom** pan fydd yn oeri'n gyflym wrth i'r gwynt gryfhau a throi'r dail o chwith a'u bolie 'fyny.

Arwyddion glaw yw'r canlynol:

Coed â'u dail tu chwith (Chwilog) / *...tu chwynab* (Môn, Llŷn) / *...tu chwynab allan* (Arfon) / *...tu chwith allan* (gogledd Powys) / *...ar eu gwrthwyneb* (*TrafELl 1895*).
Mae rhywfaint o sail i'r arwydd hwn oherwydd fel y bydd 'ffrynt' glaw yn cyrraedd mae'r gwynt yn dueddol o godi, h.y. chwythu at i fyny. Yn aml daw i fwrw ymhen ychydig funudau.

Gwynt tro yn chwyrlïo'r dail – arwydd storm (Llanuwchllyn) h.y. yn chwyrlïo dail crin ar y llawr.

2.1.18 Dant y llew

Os yw'n hawdd chwythu'r hadau o gloc dant y llew – mae'n braf
Os yw'n anodd chwythu'r hadau – mae am fwrw (Arfon)

Bydd blodyn dant y llew yn cau cyn iddi fwrw (Harlech, Clynnog)

Pan na fydd llawer o ddant y llew yn blodeuo ym Mai – cawn haf poeth (Dolwyddelan)

Dant y llew yn blodeuo'n hwyr – haf poeth (Llanrug)

2.1.19 Derwen

Mae'r dywediad Saesneg sy'n cyfeirio at pryd mae coed yn blodeuo neu ddeilio:
'*Oak before the ash – we'll have a splash. Ash before the oak – we'll have a soak*' yn un o'r dywediadau tywydd mwyaf adnabyddus yn yr iaith honno. Eto fyth dengys ymchwil ystadegol nad oes unrhyw sail iddo. Mae'n enghraifft dda o ddywediad yn cadw ei boblogrwydd oherwydd ei odl yn hytrach na'i gywirdeb! Ceir sawl fersiwn Gymraeg o hwn:

Os y dderwen ddeilia gynta,
Haf a sychder a ganlyna
Ond os dail ynn a gynta welir,
Mae haf gwlyb yn gwbwl sicir (GN)

Os deilia'r derw o flaen yr ynn
Gwertha dy ych a phryna fyn (Abergwyngregin, yn: *FClint*)
neu ... *Gwerth dy fuwch ac na phryna ddim* (Llangernyw)
neu ... *Tymor sych a geir 'r ôl hyn* (*DMach*)
neu ... *Gwerth dy fuwch a phryna fyn* (Aberystwyth)
neu ...*Wel gwerth dy asyn a phryn fyn* (Traeth Coch, Môn)

Os deilia'r derw o flaen yr ynn
Tywydd sych a gawn 'rôl hyn.
Os deilia'r ynn o flaen y derw
Drwy yr haf fe fydd yn bwrw
(Nefyn)

Os deilia'r derw o flaen yr ynn
Gwerth dy darw a phryn fyn.
Os deilia'r ynn o flaen y derw
Gwerth dy fyn a phryn darw
(*DMach*)

Os ffrwytha'r derw o flaen yr ynn
Gwerth dy oen a phryn fyn (GN)

Pan ddeilia'r onnen o flaen y dderwen
Aiff llawer i gysgu yng nghysgod yr ywen (AWC)

2.1.20 Draenen ddu

Drain duon yn doreithiog iawn o flodau – haf gwlyb (Cwm Pennant)

Llawer o eirin tagu ar y drain duon – gaeaf caled (DMach). Dim llawer o goel i hwn – fel y celyn mae'n gywirach fel arwydd tymor i ddangos llwyddiant ffrwythloni'r blodau yn y gwanwyn.

Pan fo'r ddraenen ddu yn wen
Tafl dy gynfas dros dy ben (cyffredin). Mae hwn yn fwy o arwydd tymor nag arwydd tywydd, yn nodi pryd i roi'r gynfas dros eich ysgwyddau i hau ŷd. [Gweler mwy o arwyddion tebyg ym Mhennod 1, 1.2.3 – 1.2.5]

Os bydd y ddraenen ddu yn wych,
Hau dy dir os bydd yn sych;
Os y ddraenen wen fydd wych,
Hau dy dir, boed wlyb, boed sych. (LlGSG). Pan fo'r ddraenen wen yn ei blodau yw'r adeg i hau ceirch, pryd y gellir dewis yr amser. Ond erbyn i'r ddraenen wen flodeuo ddechrau Mai aiff yn hwyr glas, a rhaid hau boed wlyb neu sych.

Pan fo'r ddraenen ddu yn wych
Hau dy had os bydd yn sych [*Hau / trin dy dir...* neu *Had dy faes...* gan rai.]
Pan fo'r ddraenen wen yn wych
Hau dy had boed wlyb neu sych (Rhoshirwaun).

2.1.21 Draenen wen

Pan flodeua'r ddraenen wen
Y mae'r tymor rhew ar ben (Llanfair ger Harlech, Cwm Tawe)

Pan fo'r ddraenen wen yn ddu
Câd dy gynfas yn y tŷ (Tal Griffiths, Llithfaen 1990) h.y. paid â hau haidd tan i'r ddraenen wen flodeuo.

Pan y gwelych ddraenen wen
A gwallt ei phen yn gwynnu,
Mae hi'n gynnes dan ei gwraidd,
Hau dy haidd os mynni (DLl)

Neu:
Mae hi'n c'nesu dan ei gwraidd
Cei hau dy haidd bryd hynny (Arfon)

Pan fo'r ddraenen wen yn wych
Trin dy dir, boed wlyb, boed sych (*LlLlE*). Gweler enghreifftiau eraill yn 2.1.20

Os bydd y ddraenen wen yn wych
Hau dy dir os bydd yn sych (Ardudwy). O'i gymharu â'r fersiynau eraill o'r arwydd hwn, mae'n ymddangos nad yw pobl Ardudwy ar gymaint o frys i hau a phobl ardaloedd eraill. Ond tebyg mai at hau haidd y cyfeirir, yn hytrach na cheirch.

Pan fo'r ddraenen wen yn wych
Gwerth dy fyn a phryn ych (Ponterwyd, *AWC*).

Llawer o aeron moch – gaeaf caled (Mynytho). Fel yn achos y celyn coch a'r eirin tagu, nid oes coel i'r arwydd hwn.

Crafan mawr ar y ddraenen
Ddaw â gaea mawr ei angen (Cross Inn, *AWC*). Mae crafan yn air o Forgannwg am aeron coch y ddraenen wen (*GPC*); fel hefyd y mae crawel y moch.

2.1.22 Eithin

Llawer o flodau eithin (ym Mai) – *haf sych* (Mynytho, cyffredin)
A cheir: *...llawer o blant siawns flwyddyn nesa* (Llŷn)

Pan fydd yr eithin felynaf
Bydd yr haf sychaf (Dyffryn Teifi)

Sŵn codau'r eithin yn clecian – haul poeth (Clynnog, Llanrug). Bydd y codau bach duon yn clecian wrth agor yn yr haf, gan daflu'r hadau mân i bobman. Dywed beth yw cyflwr y tywydd ar y pryd.

Llosgi eithin yn y gwanwyn tyner, mae'n siŵr o effeithio ar y cymylau a daw glaw (Arthog)

2.1.23 Gini'r owns

Os yw'r gini'r owns – blodyn coch /pinc yn y cae tato – ar agor erbyn 10.00 neu 11.00 y bore, bydd yn braf am y dydd (Enoc Evans, Llanybydder)

(gw. hefyd: Llysiau'r cryman, 2.1.35 a Pimpernel, 2.1.47)

2.1.24 Gold y gors
Un o flodau cynnar y gwanwyn. Melyn y gors yw ei enw safonol.

Bydd blodau gold y gors yn cau cyn glaw (Llanfair ger Harlech)

2.1.25 Grug
Grug yn flodeuog iawn ym Medi – llawer o eira yn y gaeaf (Llŷn)

2.1.26 Gwair
Bydd aroglau gwair yn fwy amlwg ar dywydd terfysglyd (cyffredin)

Aroglau gwair o'r cae gerllaw
Ar hwyr o ha' yn darogan glaw (William Jones, Nebo, Dyffryn Conwy)

2.1.27 Gwlydd melyn Mair
Mae'r blodyn bach ymgripiol hwn (*Lysimachia nemorum*) yn perthyn yn agos i lysiau'r cryman (gweler 2.1.35). Mae rhai o'i enwau yn cyfeirio at ei ddefnyddioldeb fel arwydd tywydd, e.e. *melyn y tywydd* (Arfon a Cheredigion, yn *BMLAG*) ac *aur y tywydd* mewn rhai ardaloedd eraill.

Blodyn melyn Mair yn dal ar gau am 7.00 y bore – taranau cyn diwedd dydd (*ChCF*)

2.1.28 Gwyddfid
Arogl gwyddfid yn gryf gyda'r nos – glaw ar ei ffordd (Chwilog) neu: *...arwydd terfysg* (Aberystwyth)

2.1.29 Gwymon
Gwymon yn wlyb – glaw
Gwymon yn sych – braf (cyffredin). Yn dangos cyflwr y tywydd ar y pryd ac felly ddim yn effeithiol iawn i broffwydo'r hyn sydd ar ddod. Eto fyth, mae hwn yn un o'n dywediadau mwyaf adnabyddus a byddai rhai yn crogi gwymon ar wal y tŷ ac yn ei deimlo i weld pa mor feddal neu beidio ydoedd. Byddai hynny yn arwydd o leithder yr awyr.

2.1.30 Lelog
Bydd y blodau'n cwympo yn yr haf, cyn glaw

2.1.31 Llygad llo mawr
Bydd blodau'r llygad llo mawr yn cau cyn glaw (Llanfair ger Harlech, Clynnog)

2.1.32 Llygad y dydd
Bydd blodau llygad y dydd yn cau cyn glaw (Llanfair ger Harlech)
Mae'n wanwyn pan fedrir sathru tri blodyn llygad y dydd dan yr un troed (Dyffryn Clwyd)

2.1.33 Llygad Ebrill
Blodau llygad Ebrill yn cau cyn glaw (cyffredin)
Tridiau'r deryn du a dau lygad Ebrill (cyffredin yn y gogledd). Dywediad i nodi mai yn ystod y tri diwrnod olaf ym Mawrth a'r ddau ddiwrnod cyntaf yn Ebrill y dylsid hau ceirch.
Ni fydd farw'r eidion du pan welir llygaid Ebrill yn y tir (Garreglefn, Môn). Mae'n arwydd bod y gwanwyn ar gyrraedd.

2.1.34 Llwyfen
Os bydd y llwyfen yn ei blodau
Bydd yn flwyddyn y saith ffrwythlondeb (Llan-non, AWC)

2.1.35 Llysiau'r cryman
Mae hwn yn arwydd tywydd defnyddiol iawn – yn gywir 81% o'r amser yn ôl Paul Marriott (*RSN*). Ceir sawl enw arno sy'n cyfeirio at ei ddefnyddioldeb fel arwydd tywydd (BMALG): *cloc / glàs tywydd y dyn tlawd* (Arfon a Meirion); *glàs y ffarmwr* (Maldwyn); *cloc yr hen ŵr* (Ceredigion, Caerfyrddin); *blodyn bach y glaw* (Meirion) a chofnodwyd *coch y tywydd* hefyd yn *ECB*.

Os yw blodau bach coch llysiau'r cryman yn agored – fe fydd yn braf (Chwilog)

(enwau eraill arno yw: Gini'r owns, gw.: 2.1.23 a Pimpernel, gw.: 2.1.47)

2.1.36 Madarch / grawn unnos

Llawer o fadarch / myshrwms yn ymddangos – glaw ar ei ffordd (cyffredin). Mae tywydd llaith a thyner, yn enwedig dros nos, yn cyflymu twf madarch.

2.1.37 Mafon duon

Digon o fafon duon – digonedd o gnau (Llŷn)

2.1.38 Masarnen

Mêl ar ddail y fasarnen – tymor sych (cyffredin). Ceir mwy am y gawod fêl yn 2.4.16

2.1.39 Meillionen Sbaen

Y tresi aur yn enw arall ar y llwyn cyffredin hwn yng ngwrychoedd rhannau o Geredigion.

Trwch anarferol o flodau ar feillionen Sbaen – arwydd o haf sych (Ceredigion, *FWI*)

2.1.40 Miaren

Blodau mwyar ym Mehefin
Bydd cynhaeaf cynnar wedyn (*DLl*)

Mwyar duon yn llawn cynthron – tywydd gwlyb trymaidd (cyffredin). Mae'r amodau yn dda i bryfed

2.1.41 Milfyw

Arferid chwilio yn y gwanwyn am y frwynen fach a elwid y filfyw, y filfriw neu fwyd yr ych (*Luzula campestris*) yn y borfa. Byddai gweld hon yn arwydd bod y borfa yn dechrau tyfu ac y gellid troi'r anifeiliald allan am gyfnod o'r dydd. O'i gweld dywedid:

Eidion du byddi fyw
Mi a welais y milfyw (Arfon)

Bydd fyw eidion, bydd fyw
Wele'r filfriw (*LlGSG*)

2.1.42 Mochyn coed

Hwn, yn nhafodiaith y gogledd, sy'n dal yr hadau ar goed pinwydd.

Mochyn coed yn llydan agored – tywydd braf
Mochyn coed ar gau – tywydd gwlyb (cyffredin). Arwydd arall sy'n dangos cyflwr y tywydd yn hytrach na'i broffwydo. Mae'r arwydd yn cyfeirio at foch coed aeddfed a byddai llawer o bobl yn eu cadw ar ben wal ger y tŷ neu ar sil y ffenest i ddangos y tywydd.

Moch coed yn syrthio – storm (Chwilog)

2.1.43 Mwsog

Mwsog ar y mynydd yn feddal – glaw (*DMach*)

2.1.44 Nionyn / Winwnsyn

Croen tew ar nionyn / winwnsyn – gaeaf caled (Chwilog, Bethesda, Rhydaman)

Croen gwydn ar nionyn wrth ei sychu – gaeaf caled (Blaenau Ffestiniog, Bangor)

Arferai plant Sir Forgannwg ddarogan tywydd 12 mis y flwyddyn newydd drwy roi **12 hanner nionyn yn rhes** ar ddydd cynta 12 dydd gwyliau'r Nadolig (Rhagfyr 26ain – Ionawr 6ed), bob un yn cyfateb i fis o'r flwyddyn. Rhoddid pentwr o halen ar bob un ac os byddai'r halen yn wlyb erbyn diwedd y gwyliau byddai y mis hwnnw yn wlyb, os sych – mis sych. (*FFSW*)

2.1.45 Onnen
Gweler: Derwen, 2.1.19 am arwyddion am y dderwen / onnen yn blodeuo gyntaf.

Fe ddaw bwyd ar y bryn
Pan ddaw dail ar yr ynn (Y Bala). Mae'r onnen yn un o'r coed hwyraf i ddeilio, erbyn pryd y bydd porfa i'r anifeiliaid.

2.1.46 Pansi / Trilliw

Casglu blodau pansi – yn tynnu glaw (*ChCF*). Ofergoel yn hytrach nag arwydd tywydd.

2.1.47 Pimpernel

'Os byddai'r blodyn bach coch tanbaid o'r enw 'pimpernel'...yn llawn agored yn y bore yn ddi-ffael caem ddiwrnod braf neu os

byddai yn lled agored roedd ansicrwydd pa fath o dywydd gaem'
(WH Jones, Coed Ladur, Y Bala 1986)
(gw. hefyd Gini'r owns, 2.1.23 a Llysiau'r cryman, 2.1.35)

2.1.48 Plu'r Gweunydd / y Benllwyd

Pan fydd y *benllwyd* (blagur y plu'r gweunydd) yn ymddangos *yr un faint â chynffon twrch daear* ddechrau'r haf mae'n dangos bod porfa'r gweundir yn dechrau tyfu (Llansannan).

Bydd fyw, bydd fyw, yr eidion brych
Mi welais heddiw'r benllwyd (Carneddog, yn *MoM*)

2.1.49 Rhedyn

Tynnu rhedyn, neu losgi hadau rhedyn – yn tynnu glaw (*ChCF*).
Ofergoel geir yma.

Tri pheth a gynnydd ar wres – rhedyn, a gwenyn, a theulu Nant Nodyn (Mawddwy)

2.1.50 Rhododendron

Rhododendrons yn blaguro'n gynnar – gwanwyn teg
(Ffostrasol)

2.1.51 Ysgawen

Pan flodeua'r ysgawen – mae'r haf wedi cyrraedd
Pan fydd ei ffrwythau'n duo – bydd yr haf yn gorffen (cyffredin)

Tri pheth a gynnydd ar y glaw,
Gwlydd a gwenith ac ysgaw (*Iolo MSS*)

Ysgawen ffrwythlon – gaeaf caled (Ystalafera, *AWC*). Yn ddi-sail; yn debyg i ddywediadau tebyg am aeron y gelynnen a'r griafolen ayyb.

2.2 Adar

2.2.1 Cyffredinol

Adar yn cadw stŵr ac ymolchi – arwydd glaw (*AW*)
Os bwyta'r adar y ffrwythau'n gynnar – gaeaf tyner (Harlech)

Elyrch Gwylltion yn Cyrraedd yn Gynnar – Tywydd Caled ar ei Ffordd

(Porthmadog, Môn) Bydd heidiau o elyrch y gogledd (o Wlad yr Iâ) a nifer fechan o elyrch Bewick (o Siberia) yn gaeafu mewn gwahanol rannau o Gymru.

Bydd adar yn tewi cyn storm (cyffredin)

Pob aderyn a gân cyn Gŵyl Fair
A wyla'n hidl cyn Calan Mai (Chwilog). Ceir enghreifftiau eraill yn: 1.2.2.

Dywedir bod yr adar yn paru ar ddydd St Ffolant, Chwefror 14eg. (EJ)

Heidiau mawr o adar yn cyrraedd i'r foryd yn gynnar yn yr hydref, yna mae am aeaf caled (Sir y Fflint). Glasdir aber afon Dyfrdwy a olygir yma.

Adar yr eira / adar drycin – ddechrau'r gaeaf bydd heidiau o adar ymfudol o wledydd Llychlyn a dwyrain Ewrop yn dod atom i aeafu. Yn aml iawn byddant yn cael eu gyrru gan newidiadau yn y tywydd ac yn cyrraedd atom o ychydig oriau hyd at ddiwrnod neu ddau o flaen eira. Aelodau o deulu'r fronfraith yw'r adar dan sylw, e.e. socan eira (mae ei henw yn dweud y cyfan), coch dan adain, drudwy, brych y coed ayyb.

Gelwir y fronfraith yn aderyn y ddrycin am ei bod yn canu ar ei gore cyn storm (Porthcawl)

Math arall o adar drycin yw aelodau o deulu'r Pedrynnod (*Shearwaters*), e.e. aderyn drycin y graig, aderyn drycin Manaw ayyb. Adar y môr ydynt a bydd rhai ohonynt, fel aderyn drycin Manaw, yn cael eu chwythu i'r glannau adeg stormydd gorllewinol yn y gwanwyn.

2.2.2 Aderyn y bwn

Pe gwelid aderyn y bwn adeg y cynhaeaf gwair, byddai'r hen bobl am ei saethu rhag iddo agor y fflodiart (Porthaethwy). Gweler y coelion tebyg am y creyr glas, 2.2.14 am esboniad.

2.2.3 Aderyn y to

Adar y to yn cadw mwy o stŵr nag arfer – glaw (Mair Jones, Cynllwyd, yn *FfTh 24*)

Adar to yn trydar yn ddi-dewi (Ystalafera, AWC)

2.2.4 Alarch

Elyrch gwylltion yn cyrraedd yn gynnar – tywydd caled ar ei ffordd. (Porthmadog, Môn) Bydd heidiau o elyrch y gogledd (o

Wlad yr Iâ) a nifer fechan o elyrch Bewick (o Siberia) yn gaeafu mewn gwahanol rannau o Gymru. Fel arfer byddant yn cyrraedd ym mis Hydref neu ddechrau Tachwedd ac yn ymadael ddiwedd Mawrth neu ddechrau Ebrill. Bydd y dyddiad pan gyrhaeddant o'r gogledd yn amrywio dros gyfnod o fis a mwy rhwng un flwyddyn a'r llall gan fod y tywydd a chyfeiriad y gwynt yn medru dylanwadu'n arw ar pryd maent yn dewis cychwyn ymfudo gyda'u cywion, ac ar gyflymder eu siwrnai tua'r de. Felly, os cyrhaeddant yn gynnar mae siawns bod gwyntoedd gogleddol wedi prysuro eu hynt. Yn y gwanwyn bydd eu hymadawiad yn digwydd o fewn cyfnod llawer byrrach o ryw wythnos i bythefnos. Bryd hynny yr ysfa fridio sydd yn eu gyrru ac maent am ymfudo doed a ddelo.

Alarch (dof) *yn nythu'n uchel – arwydd o lifogydd*
Alarch yn nythu'n isel – tywydd sych (cyffredin). Gwaetha'r modd maent yn cael eu twyllo'n aml iawn felly nid yw'n arwydd dibynnol.

2.2.5 Brân

Brain yn hedfan yn uchel yn arwydd o dywydd braf (cyffredin). Cyfeiria hyn at yr heidiau o ydfrain neu jacdoeau a welir weithiau yn chwyrlïo yn uchel yn yr entrychion.

Un Frân	*Dwy Frân*
Un frân ar ei hadain tros feusydd	*Dwy frân ddu ar ben bore yn hedfan*
Yn gadael y goedwig a'i nyth	*A'r nyth yn y goedwig o'u hôl;*
Broffwyda'n ddi-feth am y ddrycin	*Cymylau a gollir o'r wybren*
Daw curlaw, a'r gwyntoedd a chwyth.	*A gelwir pladuriau i'r ddôl*
	(Coelion Cymru)

Brain ar y lôn – storm o wynt ar ei ffordd (Mynytho, Llwyndyrus, Rhoshirwaun). Dywedir mai pigo a llyncu graean y maen nhw, fel balast, rhag cael eu chwythu i ffwrdd. Y gwir yw bod hadau yn cael eu chwythu i ganol y ffordd pan mae'n wyntog.

Y brain yn ystwrllyd ac yn hedfan yn heidiau ac yn isel – tywydd garw (TrafELl 1895)

Yn y bore os bydd brain yn gadael y franas ar lwybr syth – braf am y dydd

Brain yn swnllyd ac yn aros am hir cyn ymadael – tywydd garw (Llangernyw)

Brain yn swnllyd yn eu nythfa – glaw (cyffredin)
Brain yn clebran – storm (Cwmbrân)
Brain yn crawcian yn gynnar yn y bore – maent yn gwaeddi 'glâw! glâw!' (Mynytho)

Brain yn hedfan yn erbyn y gwynt – tywydd braf (Llanuwchllyn)

Brain yn fflio'n uchel a curo'u hadenydd yn gyflym – storm o wynt (DMach)

Brain yn twmblo a disgyn yn yr awyr – glaw (cyffredin). Dywedir yng Ngheredigion bod brain yn twmblo yn *'tynnu glaw lawr'* (FWI)

Brain yn heidio ar y caeau gwair – glaw (Ardudwy)

Brain yn nythu'n isel – cawn haf gwael (Mynytho, Mynachlogddu, Llanllwni)
Brain yn nythu'n uchel – cawn haf braf (Mynytho, Llanllwni). Nid oes sail i'r arwydd hwn.

'Ar ysbaid hir o law amser y gwair, os gwelir ond un frân yn hedeg tua'r gogledd (i lan yw'r dywediad lleol) y mae gobaith o hindda' (DN Williams, Cwm-twrch, AWC)

Ar y llaw arall:
Os yw'r awyr yn bruddaidd ac un frân yn hedfan yn araf – mae'n siŵr o law (Arthog). Coel na ddaw iâr y frân byth allan ar y glaw, felly mae'r ceiliog yn gorfod hedfan ar ei ben ei hun.

(gw. hefyd 'brain bach y Bala / Bermo' o dan 'Gwylan', 2.2.25 isod.)

2.2.6 Bronfraith

Gelwir y fronfraith yn aderyn drycin am ei bod hi'n canu ar ei gorau yn y distawrwydd cyn storom (Porthcawl, AWC)

2.2.7 Ceiliog

Paid â dangos dy geiliog ar y glaw (hen ddywediad)
Celiog yn canu yn y cwt yn y pnawn – glaw

Ceiliog yn canu a hithau'n dal i lawio – fe ddaw'n hindda cyn hir
(DMach)

(gw. hefyd Iâr: 2.2.29 isod)

2.2.8 Cigfran

Cigfran yn yr entrychion – braf (cyffredin)

Cigfran yn ehedeg yn uchel ac yn curo'i hadenydd – gwynt cryf
(Rhos-lan, AWC)

2.2.9 Cnocell y coed

Gelwir y gnocell (werdd) yn *'Gaseg ddrycin'* am fod ei galwad yn arwydd glaw / storm (cyffredin)

2.2.10 Coch dan adain

Pan fo heidiau o'r goch dan adain yn cyrraedd yn yr hydref / ddechrau'r gaeaf mae eira ar ei ffordd yn fuan. (cyffredin). Gweler Adar yr eira, 2.2.1)

2.2.11 Cochgam

Y gochgam ar frigyn y goeden yn canu: 'swît, swît' – tywydd teg
Y gochgam ar foncyff y goeden yn canu: 'drit! drit!', neu 'drinc! drinc!' – glaw (TrafELl 1895)

[Mae'r gochgam yn enw arall ar y robin goch ym Morgannwg a Chaerfyrddin, gw.: 2.2.38]

2.2.12 Colomen

Colomennod yn hir cyn cyrraedd adre – tywydd drwg
(Bancffosfelen). Colomennod rasio yw'r rhain a byddant yn llochesu yn rhywle rhag storm.

2.2.13 Cornchwiglen

Pan ddaw cornchwiglod i gors Parciau, Mynydd Nefyn, yn y gaeaf fe ddaw'n eira trwm yn fuan iawn (Mynydd Nefyn). Ni welir cornchwiglod yma, fel arfer, yn y gaeaf – byddant ar yr arfordir rai milltiroedd i ffwrdd.

Chwefror 3, 1999 – roedd cornchwiglod a gylfinirod yn Llanfachreth,

**CREYR YN MYND I FYNY'R AFON –
MYND I AGOR Y FFLODIART MAE O**

(Dolwyddelan, Ardudwy, Cwmtirmynach)

Dolgellau, ychydig cyn iddi droi yn oer. Erbyn y 5ed daeth gwynt oer o'r gogledd ac eirlaw, a chafwyd eira o'r 7fed i'r 9fed.

Cornchwiglod yn nythu ar y boncen – tywydd gwlyb i ddod
Cornchwiglod yn nythu ar y gwaelod – tywydd sych i ddod (Y Bala)

Cornchwiglen yn codi'n uchel a phlymio – tywydd braf

2.2.14 Creyr glas / Crychydd / Clegar glas

Ceir nifer fawr o amrywiadau o'r goel y bydd gweld creyr glas / crychydd yn hedfan i fyny'r afon yn golygu glaw trwm a llif yn yr afon. Ceir dywediadau lliwgar yn cyfleu hynny:

Creyr glas yn hedfan i fyny'r afon – glaw (cyffredin)
Creyr glas yn hedfan i lawr yr afon – tywydd teg (cyffredin)

Creyr yn hedfan yn groes i'r lli – glaw (Môn), h.y. i fyny'r afon

Creyr yn mynd i fyny'r afon:
- *mynd i agor y fflodiart mae o* (Dolwyddelan, Ardudwy, Cwmtirmynach)
- *mynd i agor llidiart y glaw* (Dolwyddelan)
- *mynd i agor y tapiau* (Dyffryn Lledr)
- *mynd i fyny i agor fflodiart Cwm Cwellyn* (Waunfawr)

Creyr yn hedfan yn isel ac araf i fyny'r afon – yn mynd i agor 'argae'r glaw' (JG Jones, Y Fedal Ryddiaith, 1981)

'Co fe'n mynd i'r rhos i ôl y glaw (Penfro)

Crychydd yn hedfan lan yr afon – blaen lli (Blaen Cwm Tawe)
Crychydd yn hedfan lan y nant – glaw (Llanllwni)
Crychydd yn hedfan lan y cwm – mynd i 'ol y glaw (Pencader, Cwrtycadno)

Crychydd yn hedfan tua'r gogledd – tywydd teg (Pencader).

Daw y crychydd fyny i mofyn llifogydd (*TrafELl 1895*)

Weithiau ceir dywediad sy'n groes i'r uchod:

Creyr glas yn hedfan i'r tir – mynd i gau fflodiart y mynydd (*DMach*)

Clegar glas yn hedfan i fyny afon Banwy – tywydd braf (Maldwyn)

Creyr yn hedfan 'lawr i Bwllheli – *mynd i agor y fflodiart* (Goodman Jones, Abererch 1989). Arwydd glaw yw hwn a'r safle dan sylw yw fflodiart y llanw yn harbwr Pwllheli.

Creyr yn hedfan tua'r môr – glaw trwm:
- *mynd i agor y giatiau llanw ar y morglawdd i'r afonydd lifo i'r môr* (Helygain)
- *mynd i agor y llif-ddrws fel gall yr afon redeg i'r môr* (Llanfair, Harlech; Llanelwy)
- *mynd i agor fflodiart Malltraeth mae o* (Môn)

Creyr glas yn hedfan i lawr yr afon, coel glaw (Cwm Cynllwyd)

Crychydd yn hedfan i lawr yr afon – bydd yn dod â glaw gydag e (Cwrtycadno, Tregaron)

Hefyd:

Os yw'r crychydd yn croesi o un cwm i'r llall, ceir tywydd teg – er mai mynd i chwilio am law mae e (Cwrtycadno)

Pan ddaw'r creyrod,
Gwna'r tanwydd yn barod (Llanfachreth, Meirionydd, *AWC*)

2.2.15 Cudyll coch

Cudyll coch yn hofran yn ddisymud – glaw (*DMach*)

Gwalch yn hofran yn ei unfan
Glaw cyn hir a geir ymhobman (Cross Inn, *AWC*)

Cudyll coch yn sefyllian ar bolyn â'i big yn wynebu'r gwynt, nid tywydd braf fyddai'n ein haros (Huw Selwyn Owen, yn *LLG 28*)

2.2.16 Cwtiar

Y gotiar yn nytho ar y llŷs ar yr afon – tywydd teg (*HPLlPh*). Nythu ar y llaid.

Ieir dŵr duon (cwtieir) *yn niferus iawn ar Lyn Peris — arwydd ei bod wedi rhewi yn uwch i fyny'r mynydd* (Norman Closs Parry 1990)

2.2.17 Drudwy

Y gwir arwydd fod yr haf wedi cyrraedd, yn ôl R. Williams Parry,

yw: nid yr ynn yn deilio na'r gog yn tewi, nac ychwaith alwad rhegen yr ŷd, ond:
Fel sydyn hwrdd o fwg
O gynnar gyrn y fro
Ei gôr i'r ddôl a ddwg
Y drudwy yn ei dro;
Ugeiniau brwd o gywion braf –
'Fe roed y gair, fe ddaeth yr haf.' (*Cerddi'r Gaeaf*)

Daw adar drudws lawr yn llu o flaen tywydd garw – o flaen eira yn neillduol (*TrafELl 1895*)

Os bydd angen glo neu rywbeth neillduol o'r dref, brysia pobl y wlad i'w gyrchu pan welant y drudws yn lluosog (*TrafELl 1895*). Yn aml, ddechrau'r gaeaf, bydd heidiau o ddrudwennod yn cyrraedd o'r gogledd cyn storm o eira.

Oherwydd tuedd heidiau o adar drudwy i gyrraedd atom cyn eira fe'u gelwir mewn rhai ardaloedd yn **'adar yr eira'** neu **'adar drycin'**.

Diau gwir y dywedid gynt –
Cenhadon drycin ydynt. (T Llew Jones, Adar Drudwy)

Drudws yn hel at ei gilydd yn arwydd drycin (Mynytho)

Heidiau drudwy yn cadw stŵr – tywydd caled (Chwilog)

Drudwy yn y caeau gwair – gwynt (Ardudwy)

2.2.18 Dryw

Dryw yn neidio i mewn ac allan o wrych – glaw (*DMach*)

Y dryw bach yn 'gyrru ei geffyl' rhwng y llwyni coed – glaw (*HPDef*), h.y. y dryw yn cadw stŵr.

Os cân y dryw ar frige a phene tai – tywy' teg
Y dryw yn canu'n y bore ym môn y llwyn – glaw (*HPLl*)

2.2.19 Ehedydd

Ehedydd yn canu a chodi'n uchel i'r awyr – braf (cyffredin)

Yr uchedydd yn codi yn uchel yn y bore – tywydd teg (*HPLlPh*)

Ehedydd yn hofran a gleidio wrth ddisgyn – braf
Os yw'n disgyn fel carreg – daw i fwrw (Llanerfyl)

Nid yw gweddi, mwy na'r ehedydd, yn ymgodi oddi ar y llawr pan fyddo tymestl yn ymddarpar uwchben. (Emrys ap Iwan)

2.1.20 Ffesant

Ceiliogod ffesant yn clegar ar ei gilydd – storm o dranau ar ei ffordd yn rhywle (Cwm Eidda)

Ffesantod yn mynd i glwydo'n hwyr gyda'r nos – braf yfory
Ffesantod yn clwydo'n gynnar – glaw yfory (Cynwyd)

2.1.21 Grugiar / iâr fynydd

Grugieir yn anesmwytho ac yn swnllyd – glaw ar ei ffordd (DMach)

Grugieir yn dod i lawr o'r mynydd – eira (DMach)
Y grows yn dŵad lawr o'r mynydd – tywydd mawr (Cwm Cynllwyd)

Iâr Fynydd yn dŵad i lawr o'r grug ac yn galw'n uchel – eira ar ddod (Capel Curig)

2.2.22 Gwennol

Un wennol ni wna wanwyn (cyffredin)

Gwenoliaid yn hedeg yn isel ac yn tipian y dwfr â'u hadenydd – glaw (MG Williams, Bethel)

Gwenoliaid yn hedfan yn uchel – braf
Gwenoliaid yn hedfan yn isel – glaw ar ei ffordd (cyffredin)

'Byddai gwylio manwl ar y gwenoliaid gyda'r nos cyn diwrnod trip yr ysgol Sul a byddem ym eu pledu â cherrig, yn ein diniweidrwydd, er mwyn iddynt hedfan yn uwch gan obeithio y gwnâi hynny wahaniaeth.' (Huw Selwyn Owen, Ysbyty Ifan, yn *LlG 28*)

ARWYDDION TYWYDD BRAF	ARWYDDION GLAW
Y wennol yn hedfan yn uchel	*Y wennol ar y ddaear*
A sŵn y trên o bell*	*A sŵn y trên o bell**
A chlywed gwyddau'n clegar	*A jac y do yn clebran*
Sy'n arwyddo tywydd gwell	*Yng ngwaelod Coed y Gell*

*Cyfeirir at arwyddion Traeth Dulas ym Môn. Byddai sŵn trên

Amlwch o'r gogledd neu'r de yn gallu arwyddo tywydd da, ond o'r gorllewin mae'n arwydd glaw.

Gwenoliaid yn ymadael am y de yn gynnar – gaeaf caled (Mynytho). Ymateb i'r tywydd fel y mae y maent.

2.2.23 Gwennol Ddu

Gwenoliaid duon yn sgrechian yn arw – newid tywydd, glaw fel arfer (WF)

2.2.24 Gŵydd

Os bydd hwyaid a gwyddau yn gwylltu ar wyneb y dŵr ac yn ymsoddi llawer yn orwyllt tano, y mae y gwlaw yn agos (TrafELl 1895)

Llawer o wyddau gwylltion hefo'i gilydd – gaeaf caled

Gwyddau'n hel at ei gilydd yn heidiau – tywydd caled (Chwilog)

Gwyddau yn dod i lawr o'r mynydd yn y gaeaf— barrug

Gwyddau gwylltion yn mynd i Lyn Cochwyaid – tywydd da (Maldwyn)

Gwyddau gwylltion yn hedfan i lawr afon Banwy – arwydd storm (Maldwyn)

Os deuai haid o 'Jac Llandudno' i gyfeiriad Traeth Coch a Biwmares (neu'r ardal rhyngddynt) – tywydd mawr (EbN). Pysgotwr o Fiwmares a ddywedai hyn. Jac Llandudno ym Môn yn enw ar y gwyddau.

Gwyddau'n hedfan allan i'r môr – tywydd braf (Criccieth)

Gwyddau yn clegar – tywydd gwyntog (Meirion, Môn, AWC)
Neu: *...clegar yn uwch nag arfer – glaw* (PM)

Gwyddau dof yn ceisio hedfan – gwynt cryf (Cwm Eidda)

Gwydde yn clatshen eu hadenydd – gwynt (HPLlPh)

Gwyddau'n mynd i glwydo'n gynt – glaw (PM)

Ni saif glaw ar glagwydd (hen ddihareb)

2.2.25 Gwylan

Yr wylan wen adnebydd
Pan fo hi'n newid tywydd
Ehêd yn deg ar adain wen
O'r môr i ben y mynydd (TrMorg)

Gwylanod yn hedfan ymhell i'r tir – drycin ar ei ffordd (cyffredin).

'Pan ddeuai'r wylan lwyd o'r traeth i fyny i gaeau Brysgyni 'ma, mi fyddem ni'n disgwyl gwynt a glaw' (Miss EJ Parry, Brysgyni, Capel Uchaf, Clynnog)

Gwylanod môr yn dŵad i'r tir
Mi ddaw yn law cyn bo hir (Ted Breeze Jones, Ffestiniog)

Neu:
Gwylan i'r tir
Glaw cyn bo hir (Ysg E)

Os mudo i'r tir wna'r wylan
Garw hin a ddaw yn fuan (Llanbedr Pont Steffan)

O'r môr y daw'r wylan
A glaw wna ddarogan (EJ)

Gwylanod môr yn dŵad i'r mynydd
Dyma'n sicr arwydd stormydd (Llanuwchllyn)

Os croch eu cri fydd gwylanod Mochras
Gellir disgwyl tywydd atgas (LlA 103)

Dywedid am wylan yn y tir yn y gwanwyn: *'O, syched sy' arni; gwaeddi am ddŵr y mae'* (TrafELl 1895, Môn).

Ystyrid bod gwylanod ymhell yn y tir yn arwydd cywirach o law yn yr haf a'r hydref nag ar adegau eraill, oherwydd yn y gwanwyn byddai ffermwyr yn aredig yn eu denu ymhell o'r môr beth bynnag. Erbyn hyn, yn sgil sefydlu tomennydd gwastraff enfawr daw gwylanod ymhell iawn i'r tir i chwilio am damaid ynddynt. Arweniodd yr arwydd tywydd adnabyddus hwn at sawl enw lleol am wylanod, e.e.:

Ieir Defis y Bermo wedi cyrraedd – fe ddaw'n dywydd mawr (Blaenau Ffestiniog). Roedd Davies y Bermo yn gontractiwr ffyrdd enwog yn y 1930au.

Brain Bach y Bermo yn arwydd storm (Ardudwy)

Brain Bach y Bala (gwylanod penddu) *yn dŵad dros Fwlch y Groes am Fawddwy o flaen 'strellwch'* (tywydd drwg o'r dwyrain). (John Plase, Mawddwy 1984)

Hogiau Hirael yn fflio i'r tir cyn tywydd mawr iawn (Bethesda)

Ieir Dafydd 'Rabar – arwydd tywydd garw (Llanberis). Pysgotwr o Gaernarfon oedd Dafydd 'Rabar.

Byddai pobl ardal Corwen yn dehongli cri'r gwylanod fel a ganlyn:
Cyn storm – 'Drycin! Drycin! Awn i'r eithin!'
Wedi'r storm – 'Hindda, hindda, awn i'r morfa'

2.2.26 Gylfinir

Rhaid gwahaniaethu yma rhwng cân hudolus y gylfinir uwchlaw'r gors lle mae'n nythu ddechrau'r haf a'i galwad wrth iddi symud rhwng un ardal a'r llall o flaen drycin yn y gaeaf.

Yng Ngwytherin – gylfinir
Yn galw ha' â chwiban glir (Myrddin ap Dafydd, Gylfinir, yn *Cadw Gŵyl*, (1991))

Os clyw gylfinir yn y dydd,
Glaw a gwynt fydd y tywydd;
Os clyw gylfinir ar fin nos,
Gwanwyn yn wir sydd yn agos. (Llansilin, ger Croesoswallt)

Pan glywir ffliwt y gylfinir gyntaf yn y gwanwyn – bydd y gaeaf wedi torri asgwrn ei gefn (Ardal Hiraethog)

Gylfinir yng Nghors Parciau – mae'r gwanwyn ar ei ffordd (Mynydd Nefyn). Clywyd y gyntaf yn 1982 ar Fawrth 1af.

Y chwibanwr yn canu yn yr hwyr – tywydd teg (TrafELl 1895)

Gylfinir yn canu'n hwyr yn Chwefror – glaw a thywydd mawr

Ffliwt y gylfinir – glaw

Un enw ar y gylfinir yn Ninbych yw *'deryn glaw'*. (Dinbych)

Cri'r gylfinir yn arwydd o ddrycin yn y gaeaf (Llandyrnog)
Y 'hwibanwr yn canu – glaw (Crymych)

Roedd 'na hen ffarmwr yn Uwchaled, pan welai y gylfinir yn

dŵad yn agos i'r tŷ, yn taflu cerrig ati ac yn ceisio ei hel i ffwrdd – credai y byddai'n dod â glaw (Robin Gwyndaf)

2.2.27 Hugan

Llawer o huganod yn plymio – tywydd garw (Enlli, Bae Tremadog)

Huganod yn weladwy o'r lan – tywydd garw (Ardudwy). Bydd huganod i'w gweld yn amlach pan fo gwyntoedd gorllewinol cryf yn eu chwythu yn nes i'r glannau.

2.2.28 Hwyaid

Os bydd yr hwyaid a'r gwyddau yn gwylltu ar wyneb y dŵr ac yn ymsoddi llawer yn orwyllt tano, y mae y gwlaw yn agos (*TrafELl 1895*)

Chwiaid yn creu cyffro ar wyneb dŵr y llyn – glaw (cyffredin)

Hwyaid yn cael sbort yn chwarae a phlymio yn y llyn – glaw ddim yn bell (WF)

Balch yw hwyaid ar y glaw (hen ddihareb)

Pan geir rhew'n ddigon cryf i ddal celiog chwadan cyn y Dolig, ni fydd llawer o rew yn y flwyddyn newydd (Pentrefoelas)

2.2.29 Iâr

Ieir yn eistedd ac ysgwyd eu plu yn y llwch – braf (cyffredin)

Ar y llaw arall:
Ieir yn 'chweina' (yn pigo yn eu plu) *ac ysgwyd yn y llwch – glaw* (Waunfawr)

Ieir yn crwydro ymhell i grafu – braf (Waunfawr)

Ieir yn heidio neu glosio at ei gilydd tu allan i'r cratsh – glaw

Ieir yn clwydo'n hwyr iawn – diwrnod stormus i ddilyn (Llanllwni)

Bydd ieir yn mynd i glwydo'n gynnar ar wres mawr (Y Bala 1998). Gwelwyd hyn haf 1995.

Ieir yn rhedeg am gysgod – cawod wnaiff hi
Ieir yn aros yn y glaw – mae am fwrw drwy'r dydd (Nefyn)

Ieir yn dodwy allan yn fwy nag arfer – tywydd braf sefydlog (Clynnog)

(gw. hefyd: Ceiliog, 2.2.7 uchod)

2.2.30 Iâr ddŵr

Iâr ddŵr yn nythu yn uchel (h.y. mewn drain neu eithin ger y llyn) – *llifogydd* (Cynwyd)

Iâr ddŵr yn nythu yn isel – bydd yn wanwyn / haf sych

2.2.31 Jac-y-do

Heidiau o jacdoeau yn hedfan yn uchel – tywydd braf (cyffredin)

Arwyddion glaw yw y canlynol:
Y wennol ar y ddaear
A sŵn y trên o bell
A jac-y-do yn clebran
Yng ngwaelod Coed y Gell (ardal Traeth Dulas, gogledd-orllewin Môn). Y trên yw trên Amlwch sydd i'r gorllewin.

2.2.32 Mwyalchen

Deryn du yn canu yn nechrau'r flwyddyn – tywydd garw yn ystôr (Annie D Evans, Ystalafera, *AWC*)

Deryn du yn chwibanu'n isel: 'zeeb' – glaw yn fuan (Medwen Williams, Cilgwri)

Y Deryn du yn sicr iawn o'i ffeithiau; mae'n amser dŵad u'r dillad mewn oddi ar y lein (Medwen Williams, Cilgwri)

2.2.33 Nyddwr

Llais y nyddwr i'w glywed – tywydd teg (*TrafELl 1895*)

Y nyddwr i'w glywed gyda'r nos – braf (*DMach*)

Y cwâl a'r nyddwr yn canu drwy'r nos – braf (*HPLlPh*). Sofliar yw cwâl, gweler 2.2.41.

2.2.34 Paun

Gelwir y paun yn *'aderyn y glaw'* am fod ei alwad yn debyg i: 'glaw! glaw!'

Pan rydd y paun floedd yn hy'
Fe ddaw y glaw yn lli

2.2.35 Penfelyn / dinad felen

Gweld llawer penfelyn – arwydd sicr o law (Mynytho)

Dinad felen yn canu ei ddau nodyn diflas – mae'n siŵr o law cyn hir (Dwyran)

(enw safonol yr aderyn erbyn hyn yw: Bras melyn)

2.2.36 Pioden

Pioden yn codi nyth yn uchel ar goeden – haf sych
Pioden yn codi nyth yn isel – haf gwlyb (WF)

Piod yn swnllyd – glaw

2.2.37 Pioden fôr

Piod môr yn dŵad i'r caeau – tywydd mawr (Chwilog). Bydd yn rhy arw iddynt glwydo ar y glannau adeg storm a deuant i'r tir i dyllu am bryfed genwair.

2.2.38 Robin goch

Robin yn canu gyda'r nos yn yr haf ar ben llwyn mewn lle amlwg – braf am ddyddiau
Robin yn canu yn isel yn y llwyn – gwynt a glaw (Llanerfyl, Maldwyn)

Robin goch yn dŵad at y drws yn y gaeaf – mae'n siŵr o fod yn dywydd oer (Pontrobert, Maldwyn). Disgrifio beth wna'r tywydd yn hytrach na'i ddarogan.

Robin goch yn crïo – glaw (Chwilog)

Yn yr hydref mae'r robin goch yn dechrau canu cân sy'n wahanol i'w gân yn y gwanwyn; hon yw ei *'gân y gaeaf'* ac mae'n arwydd bod y tymor hwnnw ar ei ffordd (cyffredin). Dywedir mai *galw ar ôl yr haf* y mae y robin (*CNW*)

(gw. hefyd Cochgam, 2.2.11)

2.2.39 Sgrech y coed

Mae ei galwad yn rhagolwg glaw (cyffredin)

Ysgrech y coed!
Mae glaw yn dod! (Sir y Fflint)

2.2.40 Socan eira

Mae enw'r socan eira yn cyfleu ei bod yn arwydd o eira.

Pan fydd heidiau mawr o'r socan eira yn cyrraedd yn yr hydref / ddechrau'r gaeaf mae eira ar ei ffordd (cyffredin)

(gw. hefyd Adar drycin / adar yr eira: 2.2.1)

2.2.41 Sofliar / cwâl

Aderyn ymfudol bychan o deulu'r betrisen. Prin iawn erbyn hyn.

Sofliar yn canu 'wed-wed, wed-wed' – tywydd braf (Llanfrothen)

Y cwâl a'r nyddwr yn canu drwy'r nos – braf (HPLlPh)

2.2.42 Titw

Nid yw'r arwyddion yn gwahaniaethu rhwng y gwahanol fathau o ditwod; titw tomos las, titw mawr ayyb

Titw yn swnio fel hogi lli – pan y'i clywir daw'n law (WF)

Cân titw yn Chwefror pan fo eira neu farrg – meirioli (Maldwyn)

2.2.43 Tylluan

Tylluan yn crïo 'swît' yn aml – glaw (Bethel)

Tylluan yn canu ddechrau'r nos – braf (HPDef)

2.2.44 Y gog

Cwcw Gŵyl Fair, cosyn tair
Cwcw Cla'me, cosyn dime (LlGSG). Mae'r cosyn cynnar yn brinnach ac felly'n ddrutach.

Cwcw ha, cosyn da (Llanbrynmair). Mae'r caws a wneir yn yr haf yn well na'r caws a wneir pan fydd y gwartheg yn dal i mewn yn y beudy.

'*Caws y gwcw*' yn enw ar gaws cynnar (*DLl*)

Os cân y gog ar berth fo lwm,   Os cân y gog ar ddraenllwyn llwm,
Gwerth dy ebol a phryn dy bwn; Gwerth dy geffyl a phryna bwn;
Os cân y gog ar berth yn glyd,   Os cân y gog ar ddraenllwyn
                                        deiliog,
Cadw dy ebol a gwerth dy ŷd.   (Cadw) dy geffyl a phryna geiliog.
(*DMach*), h.y. sala'n y byd fydd y cynhaeaf os cyrhaeddith y gog cyn i'r llwyni ddeilio, ond bydd digonedd os cyrhaedda wedi iddi ddeilio.

Os cân y gog ar bincyn llwm
Gwerth dy geffyl a phryn dy bwn (Llanwddyn, yn *WF*)

Os cân y gog ar bren llwyd
Gwerth dy farch a phryn fwyd (*LlGSG*)

Mis cyn C'lanme cân y coge
Mis cyn Awst y cana' inne (Maldwyn, yn *WF*). Fis cyn hen Galan Mai (Mai l3eg) – os bydd y gog yn canu cyn Ebrill 12fed yna bydd cynhaeaf gwair toreithiog. Arferid dechrau'r cynhaeaf ar Orffennaf 1af yn yr ucheldir ac roedd siawns dda y byddai'r gwair wedi ei hel erbyn Gorffennaf 12fed, sydd fis cyn hen Galan Awst.

Fersiwn arall o'r ail linell yw:
Mis cyn hynny tyf mriallu (*WF*) neu: ...*tyf y briallu* mewn fersiwn o Arfon

Hefyd am y gog:
Fy amser i ganu yw Ebrill a Mai
A hanner Mehefin chwi wyddoch bob rhai (cyffredin)

Pan welith hi gocyn
Ni chanith hi gwcw (*WF*). Pan welith hi'r cocyn gwair ym Mehefin fe daw.

Wythnos gyfan cyn Ffair Lliwan [Gorffennaf 2il]
Y rhydd y gwcw ei chân i gadw (*AG*)

Aml cogau, aml ydau (Maldwyn)

Os cân y gog ar ôl troad y rhod, ceir haf gwlyb (*CHJ*)

Y gwcw yn canu ar ôl Mehefin – gaeaf caled o'n blaenau (*YG*)

2.3 Anifeiliaid

2.3.1 Cyffredinol

Llong ar fôr a stoc ar fynydd
Sy'n dibynnu ar y tywydd (Robin Gwyndaf)

Anifeiliaid yn chwareus a'u sŵn yn cario ymhell – glaw

2.3.2 Bronwen

Bronwen yn croesi'r ffordd – tywydd mawr stormus (Chwilog, Tudweiliog)

2.3.3 Buwch

Pen ci bore o wanwyn – uchel gynffon buwch cyn nos (Llanbedr Pont Steffan). Mae cymylau pennau cŵn yn arwydd o derfysg.

Buwch yn gorwedd ar ei hochr dde – glaw (cyffredin). Ond nid oes sail i'r arwydd hwn!

(gw. Gwartheg, 2.3.10 isod)

2.3.4 Carlwm

Carlwm yn rhedeg i mewn ac allan o walydd – glaw (DMach, Llandyrnog)

2.3.5 Cath

Fe neidia'r gath yn hoyw
Rhwng gwynt a thywydd garw
Hi dry ei 'phen ôl' tuag at y gwres
Po nesa byddo i fwrw (CA, TrafELl 1895)

Fersiwn arall o ddwy linell ola'r triban uchod yw:
A throi ei thin tuag at y tân
Os ydyw hi am fwrw (Iona Roberts, Edern)

Hen gath yn chwarae – gwynt a thywydd garw (Chwilog, Llanuwchllyn, Abertawe)

Fersiynau eraill yw:
Cathod yn:
chwarae neu redeg i bob man – tywydd garw (cyffredin).

campio (gwneud campau) – *gwynt a thywydd garw* (Waunfawr)
'cymryd gyrfa' ac yn cwrsio trwy'r tŷ – *glaw* (Porthcawl)
rhedeg yn wyllt – *tywydd garw* (Llanllwni, Abertawe)
rhedeg ar ôl eu cynffonnau – *gwynt* (Ysbyty Ifan)

Os chwery'r gath ddu
Yn hurt gylch y tŷ
Pwy giciodd ei thin?
Neb – newid mae'r hin. (Llanfachreth, Meirionnydd, *AWC*)

Y cwrcath du'n ymolchi
Garw hin yn dynesu (Cross Inn, *AWC*)

Y gath yn ymolchi ei hwyneb dros ei chlust – *tywydd garw* (*TrafELl 1895*)

Cathod yn llyfu eu hunain yn farus – *glaw yn agos* (*PM*). 'Maent yn llyfnhau eu gwisg er mwyn i'r glaw lifo yn hytrach na threiddio i'r croen.'

Cath yn llyfu ei blew yn groes i'r graen – *cyn storm* (Penmachno)

Cath yn aros ymhell o'r tân ac yn llyfu ei hun – *glaw* (Waunfawr)

Cathod yn eistedd hefo'u cefnau tua'r tân ac yn ymolchi eu gwynebau hefo'u pawennau – *glaw* (*DMach*)

Y gath yn eistedd â'i chefn at y tân – *eira yn agos* (*TrafELl 1895*)

Cath yn sefyll neu orwedd hefo'i hwyneb tua'r tân – *barrug neu eira* (*WF*)

Cathod yn gwrthod mynd allan o'r tŷ – *cesair ar ei ffordd* (Rhydaman, Machynlleth)

Cathod yn crafangio neu 'wneud min ar eu gwinedd' – *glaw* (Clynnog, Llanfrothen)

Y gath yn chwilio am gysgod, ei thafod allan ac yn anadlu'n drwm – *tywydd poeth*

Cath neu gi yn pori glaswellt – *tywydd garw neu derfysg* (*TrafELl 1895*)

Petae cath yn dod ar long cyn iddi hwylio byddai'r capten yn ei thaflu dros yr ochr rhag iddi ddod â storm. (Llanfair Mathafarn Eithaf)

2.3.6 Ceffyl / Merlyn

Ceffyl yn llonydd yn y cae – tywydd braf (Llanfairpwll, *AWC*)

Ceffylau yn gweryru – glaw (Enlli, Llanrwst). Mae ceffyl yn gallu synhwyro glaw.

Ceffyl yn ymestyn ei wddw i'r awyr a'i ffroenau'n llydain – mae'n arogli glaw (Bethel)

Ceffyl yn troi ei din at y clawdd – ceir glaw mawr (Pennant, Ceredigion, *AWC*)

Os gwelir anadl ceffylau yn blaen yn y gaeaf – arwydd rhew (Pennant, Ceredigion, *AWC*)

Adeg y cynhaeaf gwair byddai rhai yn ardal Aberllefenni yn edrych lle byddai'r ceffyl ar y ffridd yn y bore:
Os byddai'r ceffyl yn y gwaelodion – glaw
Os byddai ger y wal fynydd – braf (Ken Williams, Penrhos).

Digwyddai'r un peth yn Hafod-y-Wern, Clynnog yn y 1950au / 60au:
Os byddai Diwc y ceffyl gwedd yn uchel ar y ffridd byddai'n arwydd o dywydd braf.

Merlod mynydd yn dod i lawr o'r mynydd – arwydd o dywydd mawr (cyffredin)

Bydd merlod yn dod i lawr o'r mynydd cyn eira (Llanllwni)

Merlynnod yn rhedeg i lawr y dyffryn – storm

Y merlod yn mynd 'nôl yn eu pwysau eu hunain – tywydd braf i ddilyn (Mynachlog-ddu)

Merlod yn pori ar ben Graig Geifir – tywydd braf
Merlod yn cerdded yn un rhes i waelod Mynydd Pencoed – tywydd stormus (Mrs Evelyn Davies, Llangadfan). Sonia am yr ardal rhwng Cwm Canada a Bwlch Nant yr Eira ym Maldwyn.

Yn *Trafodion Eisteddfod Llanelli 1895* dywedir:
'Os fydd tywydd caled yn para am hir amser, pan fydd cyfnewid yn agos, er na bydd unrhyw arwydd yn y golwg, bydd *'ponies'* y mynydd yn gadael y cysgodion a'r iseldir ac yn mynd yn ôl i'r mynyddau.'

2.3.7 Ci

Ci yn bwyta porfa / gwelltglas – glaw cyn bo hir (cyffredin)
Ci yn pori porfa
Ni bydd yn hindda (Cribyn, Llanbed; Llangadog)
Cŵn yn ogleuo o flaen glaw (*CMO Llangefni*)
Cŵn yn gysglyd a diog – arwydd glaw (*PM*)
Cŵn yn udo – glaw (cyffredin). Mae ci yn synhwyro newid yn y tywydd.

Sŵn udo'r helgwn yn Bryn Bugeiliaid i'w glywed yn glir – glaw (Nebo, Dyffryn Nantlle) Bydd y gwynt o'r gorllewin yn cario'r sŵn ymhell yn enwedig pan gaiff y cŵn eu bwydo neu eu gollwng i'r helfa.

Cŵn hela Stad Plas yn Cefn i'w clywed yn udo – glaw (Llannefydd)

Ci yn rhedeg yn ddiamcan neu yn ceisio dal ei gynffon – gwynt (*CCym*, Tanygrisiau, Eifionydd)

Ci yn crafu'r drws i ddod i'r tŷ – taranau (Bethel), h.y. ci nad yw'n dod i'r tŷ yn arferol. Mae hyn yn cyd-fynd â'r dywediad bod *'cŵn yn medru synhwyro terfysg'* (Mynytho)

Yr unig adeg y byddai'r cŵn defaid yn dod i'r tŷ oedd pan fyddai storm o fellt a thranau. (Hafod-y-Wern, Clynnog, 1950au / 60au). Byddai'r cŵn yn ofnadwy o ofnus ac roedd peryg iddynt redeg i ffwrdd o flaen y storm. Byddent yn llechu'n ddistaw dan y bwrdd tan y gostegai'r terfysg.

Ci yn gorwedd mewn dŵr ar ôl gweithio – mae'n dywydd poeth (cyffredin).

2.3.8 Cwningen

Cwningod ar y caeau yn fwy chwareus nag arfer – tywydd mawr i ddilyn (Ysbyty Ifan)

Da – (gweler gwartheg, 2.3.11)

2.3.9 Dafad

Defaid ar wasgar – tywydd braf
Defaid yn heidio at ei gilydd – glaw (Arfon). Ymateb i'r tywydd fel y mae wna'r defaid.

Defed yn crynhoi at ei gilydd – arwydd o storm (Cribyn, Llanbed) neu *...yn hel yn yrr – gwynt mawr* (Ardudwy)

Mae defaid gweigion ac ŵyn blwyddiaid yn prancio mwy na defaid eraill o flaen glaw (Eirlys Jones, Llandyrnog, 1983)

Ŵyn blwyddiaid yn chwarae fel ffyliaid – am newid er gwaeth (Llangernyw)

Defaid yn chwareus – mae am storm (Dolwyddelan)

Defaid yn prancio – glaw (Enlli)

Defaid yn pwnio ei gilydd – glaw (CRJE)

Defaid yn cerdded yn rhesi ar y mynydd – mae am dywydd drwg (Eifionydd). Byddent yn symyd i rywle mwy cysgodol, neu i lawr i gysgod y wal fynydd.

Defaid yn dŵad i lawr o'r mynydd at y waliau – eira (digwyddodd yn Llŷn yn 1982)

*Gwae ni os defaid ddaw am nawdd
I gysgod clawdd y mynydd* (Cricieth, AWC)

Pan ddaw'r defaid i lawr o fynyddoedd Cwm Rhondda – storm (AWC)

Bydd defaid weithiau yn dod lawr o'r mynydd ryw bump diwrnod o flaen eira (Dinas Mawddwy)

Defaid yn cerdded yn rhes yn y cae – daw newid mawr yn y tywydd (Llanbedr Pont Steffan)

Defaid yn pori â'u pennau yn groes i'r gwynt – arwydd glaw (Mair Jones, Cynllwyd, yn *FfTh 24*)

Defaid yn cysgodi y tu ôl i graig neu glawdd – gall hyn ddigwydd ar dywydd poeth neu pan fo storm o wynt oer neu law trwm (cyffredin, Bethel)

Defaid yn chwilio am lefydd uchel ar y mynydd i gysgu – braf (Taliesin, yn *CCym*)

Defaid i'w gweld yn glir ar Garn Bentyrch – glaw (o Chwilog)

*Os clywir defaid yn pesychu
Barrug tew gawn cyn yfory* (Llanbedr Pont Steffan)

Dywedir mai:
Hyrddod gwlân hir sydd orau i Lanllechid – glaw yw'r broblem yno
Hyrddod gwlân byr sydd orau i Gorwen – rhew yw'r broblem yno
(Cynwyd)

2.3.10 Gafr

Geifr ar y copaon – braf (cyffredin)

Geifr yn isel – glaw / tywydd garw (DMach)

Geifr Nant Gwrtheyrn yn 'mudo i ochrau Trefor – tywydd mawr yn y gaeaf (Llithfaen)

Geifr yn dod lawr i gysgod y coed ger Llyn Dinas – tywydd mawr (Nant Gwynant)

Geifr yn symyd i wyneb craig Llwyn-gwern – tywydd garw i ddilyn (Llanuwchllyn, yn *DWIH*)

Clecian cyrn y bychod geifr i'w glywed o bell yn yr hydref – braf (Cwm Nantcol). Gall hyn amrywio o ardal i ardal, h.y. mae'n arwydd tywydd braf os yw'r gwynt yn cario'r sŵn o'r dwyrain ond yn arwydd glaw os yw'r gwynt o'r gorllewin (gw. Pennod 5)

Fel gafr ar daranau (dywediad cyffredin)

Gwahadden – gweler Twrch daear, 2.3.18

2.3.11 Gwartheg / da

Gwartheg ar bennau'r bryniau – braf (cyffredin, e.e. ar ben Y Foel ger Llanllyfni; Carreg Brysgyni ger Capel Ucha, Clynnog; Moel Gyrn a bryniau Cennin ger Garndolbenmaen; gwartheg y Glascoed ar ben y bonc, Penisarwaun; ayyb).

Gwartheg ar bennau'r bryniau – tywydd braf, ond 'does dim coel arnyn nhw yn y gaeaf (FClint)

'Pan mae'r gwartheg ar ben y bryn mae'n dywydd braf yn barod – chwlio am wynt maen nhw' (JR Jones, Brynsiencyn 1991)

Gwartheg yn sefyll ar grib y mynydd – os gwelir golau dan eu boliau mae'n arwydd sicr o des (CSyM Arthog)

Gwartheg yn mynd i sefyll i Fwlch-y-gwynt, Penmachno – braf

Os yw da Brynmorgan yn y pant
Cyn y nos bydd llond y nant (fferm yn ardal Cwm-twrch yw Brynmorgan)

Gwartheg yn cysgodi dan goeden – mae'n ddiwrnod heulog poeth (cyffredin). Arferid plannu 'coed cysgod' yn arbennig ar gaeau agored llawr gwlad.

Gwartheg at eu peniliau mewn afon neu lyn – braf (cyffredin)

Gwartheg yn Afon Glaslyn – braf heddiw a braf yfory hefyd (Porthmadog)

Gwartheg yn gorwedd ar eu hochr dde – glaw (*DMach*, Nant Gwynant)

Cae yn llawn gwartheg yn gorwedd – glaw ar ei ffordd. (Maesteg)

Da'n cadw'u gwâl yn sych (Ceredigion, *FWl*). Os yw'r gwartheg yn gorwedd ben bore, dywedir eu bod yn cadw lle sych i orwedd gan fod glaw ar ei ffordd cyn y pnawn.

Gwartheg yn cysgu / gorwedd i lawr – tywydd garw (*TrafELl 1895*)

Gwartheg yn gorwedd o flaen glaw (cyffredin). Fel arfer ar ôl iddi ddechrau bwrw mae hyn yn digwydd (O. Olsen, Nefyn)

Gwartheg yn pori'n gynharach yn y bore – glaw (*DMach*, Bethel, Llanuwchllyn)

Gwartheg yn pori'n awchus ac yn llyfu eu traed – glaw (*DMach*, Bethel)
Neu:
Yn y bore, gwartheg yn rhuthro i'r cae i fwyta ac ar ôl cyrraedd yn oedi a llyfu eu carnau – glaw (Llanrug)

Y fuches odro yn stelcian wrth giât y cae ar ôl godro yn lle mynd i bori – tywydd drwg (DJ Williams, Y Bala)

Da yn bylyfied neu yrru – glaw (*HPLl*)

Gwartheg yn troi eu tinau i'r gwrych neu glawdd – arwydd fod glaw yn agos (Traeth Coch, Môn)

Pan ddaw storm bydd gwartheg yn wynebu'r gwynt.(cyffredin)

Y da yn ymestyn eu gyddfau yn y maes – tywydd garw (*TrafELl 1895*)

GWARTHEG YN GORWEDD AR EU HOCHR DDE – GLAW

(DMach, *Nant Gwynant*)

Gwartheg yn edrych tua'r wybren – glaw (Bethel)
Gwartheg ar wasgar – braf
Gwartheg yn agos at ei glydd – glaw (cyffredin)
Gwartheg yn mynd i lechu at y clawdd – tywydd mawr (Chwilog)
Gwartheg yn chwilio am lechfeydd – glaw (Ystalafera)
Gwartheg yn 'stodi – terfysg neu dywydd trymaidd (Arfon, Llŷn).
'Stodi yw rhedeg hefo'u cynffonnau'n syth i fyny; 'rhedeg gwres' yw'r term am hyn yn Ysbyty Ifan a 'gwrychennu' yn y de. Arferai gwartheg wneud hyn yn yr haf ar dywydd trymaidd pan fyddai'r pry gweryd neu robin gyrrwr ar eu holau. Mae'r pry hwnnw wedi ei ddifodi bellach.

Gwartheg yn gwrychennu (yn rhedeg yn wyllt) *ac ymorchestu gyda'r cynhaeaf, mae glaw yn ymyl* (*TrafELl 1895*)

'Ceir anhawster i yrru gwartheg allan i nôl dŵr yn y gaeaf pan fo'r gwynt yn gryf iawn; gwell ganddynt fod hebddo. Mae'n arwydd tywydd mawr ac eira.' (Iwan Evans, Arthog, *AWC*)

2.3.12 Gwenci

Gwencïod yn prysur hela hyd y cloddiau – arwydd o dywydd mawr (Huw Selwyn Owen, Ysbyty Ifan)

Gwenci allan heddiw – glaw yfory (Pennant, Ceredigion, *AWC*)

2.3.13 Llamhidydd
Llambedyddiols yw'r enw arnynt yng Ngwynedd, a physgod duon mewn rhannau o Feirionydd

Llambedyddiols yn symyd tua'r gogledd (am Sir Fôn) *– braf*
Ond os ydynt yn mynd tua'r de (am Lŷn) *– daw glaw* (Clynnog)

Llambedyddiols yn nofio i fyny'r afon dan bont y Bermo ddiwedd Mehefin – braf
Dyma ddywedai hen forwyr y Bermo.

Pysgod duon yn nofio o gyfeiriad Porthmadog i lawr am Mochras – glaw
Os ydynt yn nofio o Fochras am Port – braf (Llanfair ger Harlech)

Llambedyddiols yn agos i'r glannau – braf (Enlli)

2.3.14 Llwynog / cadno

Llwynogod yn gwaeddi – eira (DMach)

2.3.15 Llygoden

Bydd llygod y maes yn dod i'r tŷ yn yr hydref (cyffredin)

Llygod mawr yn dod oddi ar longau yn yr harbwr – bydd storm i ddilyn (Arthur Thomas, Porthmadog)

Merlyn – gweler Ceffyl, 2.3.6

2.3.16 Mochyn

Ebrill garw, porchell marw (DMach)

Moch yn cario gwellt i'w cytiau – gwynt a glaw (cyffredin)
Moch yn rhedeg yn wyllt hefo gwellt yn eu cegau – gwynt a glaw (cyffredin)

Moch yn gwichian a rhochian – glaw, storm o wynt (DMach). Oherwydd y credir bod moch yn meddu ar y gallu i synhwyro'r tywydd i'r fath raddau nes eu bod yn medru *gweld y gwynt.*

Mochyn yn gorweddian mewn mwd – tywydd poeth (cyffredin)

Yr hwch yn gorwe' yn y llaid – tywy' braf (GlossDD)

Coel bod lladd mochyn yn tynnu tywydd gwyntog (Môn)

Mae llais mochyn fel petae'n disgrifio'r tywydd:
Mochyn bach: **'Chwefror oer'**
Hwch fagu: **'Mawrth oerach'** (Harlech, AWC)

2.3.17 Morlo

Morloi yn symyd i fyny'r sianel gyferbyn â Phorth-cawl – tywydd teg

Morloi yn canu ar Garreg yr Honwy – braf (Enlli). Hefyd allan ar garreg Clynnog Bach, Clynnog (1950au)

Y morloi yn galw o flaen glaw mawr (de Ceredigion)

Morlo'n chwarae'n agos i'r traeth – daw'n dywydd mawr (YsgE)

2.3.18 Mul

Mulod yn brefu – glaw (DMach, Mynytho). Dywedir bod mul yn medru *ogleuo glaw*.

Nid oes sail ystadegol i'r arwydd hwn o ran y brefu ei hun – fe frefith mul beth bynnag wna'r tywydd! Ond os yw'r brefu i'w glywed yn gliriach nag arfer o bellter gall arwyddo mai o'r cyfeiriad hwnnw y chwytha'r gwynt. Gall hynny yn ei dro fod yn arwydd tywydd defnyddiol iawn, e.e. gwynt o'r gorllewin ddaw â glaw tra bo gwynt o'r dwyrain yn dod â thywydd braf. Gweler Pennod 5.

2.3.19 Twrch daear / gwahadden

Os symuda twmpath twrch daear, mae'r barrug yn siŵr o gilio (WF, Maldwyn)

Pridd y wadd yn symud – dadleth ar ôl rhew (YG)

Twrch daear yn codi tociau 'i lawr at yr afon' (h.y. mewn tir gwlypach yn nes at yr afon) – *bydd yn haf braf* (Golan, ger Penmorfa). Roedd hwn yn sylw gan ŵr o'r ardal ym Mawrth 1995, a daeth yn haf eithriadol o braf a sych (o Fehefin 21ain hyd Sadwrn ola Eisteddfod Abergele).

Tyrchod daear yn gwneud tociau mwy nag arfer – barrug (DMach)

Bydd gwahadden yn codi twmpathau cyn gwynt a glaw (Llanllwni)

Y twrch daear wedi mynd i lawr yn isel – mae am sychder (Llansilin)

2.3.20 Wiwer / Gwiwer

Wiwer goch yn croesi'r ffordd – glaw (Llandyrnog). Byddwn yn falch o ddiodde'r glaw os cawn weld un o'r rhain!

Wiwer yn hel cnau'n gynnar yn yr hydref – daw gaeaf drwg
Ond os yw'n hel cnau yn hwyr – yna daw gaeaf tyner (YsgE). Nid yw'n arwydd cywir.

2.3.21 Ysgyfarnog

Sgwarnog allan ganol dydd – glaw (DMach)

2.3.22 Ystlum / 'Slum / Slimi bacwn

Slumod yn hedfan yn gynnar gyda'r nos – braf (DMach)

Slum allan yn gynnar yn y gwanwyn – tywydd tyner (cyffredin)

Y slimi bacwn allan yn y nos – tywydd teg (TrafELl 1895)

2.4 Pryfed a chreaduriaid di-asgwrn-cefn eraill

2.4.1 Buwch goch gwta/gota

Buwch goch gwta yn hedfan o ben eich bys – braf (cyffredin). 'Gwta' yn y gogledd, 'gota' yn y de.

Yn *Trafodion Eisteddfod Llanelli 1895* ceir y disgrifiad a'r rhigwm canlynol:
'Codir y fuwch goch, a'i gosod ar y llaw a dweud y rhigwm. Os cerdda mlaen hyd flaenion y bysedd a hedfan ffwrdd, arwydda dywydd teg, ond os mai troi yn ôl a wna, glaw sydd i ddod:

Fuwch goch gota
P'un ai glaw ai hindda?
Os mai glaw, cwympa lawr,
Os mai teg, hedfana.'

tra bo gan Evan Jones *(DLl)* amrywiad ar y cwpled ola:
Os mai glaw cwymp i'r baw,
Os mai hindda hedfan draw.

Yn ôl Elias Owen *(Folklore of Wales, 1896)*, byddai plant yn ardal Llanidloes yn rhoi'r fuwch goch ar gledr y llaw gan adrodd cwpled cynta'r rhigwm uchod – ond y llinell gyntaf fel hyn: **'Iâr fach goch gwtta'**; yna taflu'r chwilen fach i'r awyr ac adrodd yr ail gwpled. Pan fyddai'r tywydd yn llaith neu ddi-haul fe ddisgynnai i'r llawr heb wneud unrhyw ymgais i agor ei hadenydd, ond os byddai'n braf fe hedfanai.

Ceir amrywiaethau ar yr uchod, e.e.:

Dywed ti'r fuwch fach gwta
Prun ai glaw ai hindda
Os glaw, syrth i'r baw
Ond os braf, hedfana (DMach)

Os daw glaw, cwymp o'm llaw *Os mai glaw, cwymp i'r baw*
Os daw haul, hedfana. *Os mai braf hedfana.*
(Rhydcymerau, GN) (ar lafar yn Arfon)

Bwrli bwm (gw: Chwilen y bwm, 2.4.8)

2.4.2 Ceiliog rhedyn / Sioncyn gwair

Llawer o sioncod gwair yn canu – mae'n heulog ac yn boeth (Clynnog)

Ceiliog rhedyn yn canu ar ôl bore gwlyb – bydd yn brafio at y pnawn (DMach)

Cleren (gw. Pry, 2.5.14)

2.4.3 Cranc

Dal llawer o grancod benyw yn y cewyll – tywydd braf ar ei ffordd
Llawer o grancod gwryw – gwynt a stormydd (Aberdaron)

2.4.4 Cricedyn / cricsyn

Ar un adeg, yn nyddiau'r simdde fawr neu pan fyddai tân agored yn cynhesu'r 'range' hen ffasiwn, byddai'r pryfyn bach hwn yn byw rhwng y craciau yn yr adeiladwaith ac yn dod allan i drydar neu rincian ar adegau penodol. Yn Hafod-y-Wern, Clynnog yn y l950au cynnar cyn inni roi stôf gauedig yn lle'r tân agored, deuai'r criced allan yn rheolaidd tua 5.30pm – bron na allasech osod eich cloc gydag ef.
Graddfa'r rhincian – bydd raid i'r tymheredd gyrraedd 13°C cyn y dechreua'r cricedyn rincian pryd y bydd yn gwneud hynny ar raddfa o 60 rhinc y funud. Bydd y raddfa yn cynyddu wrth i'r tymheredd godi nes y bydd yn rhincian 105 gwaith y funud erbyn i'r tymheredd gyrraedd 20°C. (*LlafG 64*)

Cricets yn fwy swnllyd – glaw (DMach)

Cricsyn yn canu
Glaw yn dynesu (Aberystwyth, Cross Inn)

2.4.5 Chwannen

Chwain cathod yn llawer mwy niferus yn ystod haf poeth (cyffredin). Disgrifio'r tymor fel y mae.

Chwain yn pigo'n waeth o flaen glaw (Llangefni)

2.4.6 Chwilen ddu

Chwilod duon yn hedfan yn y pnawn – mae'n dywydd braf (cyffredin). Disgrifiad o'r tywydd fel y mae.

Chwilod duon yn hedfan yn y pnawn
Tywydd braf a gawn (Llanllyfni)

Roedd yn goel gyffredin pe baech yn sathru ar chwilen ddu y byddai'n siŵr o ddod i fwrw glaw. Dyna pam y gelwir chwilen ddu yn *chwilen y glaw* mewn rhai ardaloedd.

Y Wili Wâd yn cerdded ar hyd y llawr – glaw (Dyffryn Teifi, yn *HPLlPh*). Math o chwilen ddu (*Timarcha tenebricosa*) a elwir yn ffeiriad du neu chwilen waed yw hon.

2.4.7 Chwilen eglwys

Hon yw'r *death watch beetle* sy'n gallu difrodi gwaith coed. Yn gamarweiniol iawn fe briodolid y sŵn tician a wnâi'r chwilen eglwys, pan fyddai'n ceisio denu cymar, i bry cop – sydd yn greadur hollol ddistaw. O ganlyniad dylsid priodoli'r arwydd canlynol i'r chwilen: *(Pryfed cop) yn gwneud swn 'tician' – glaw (DMach)*. Chwilen eglwys yw hon yn hytrach na phry cop.

2.4.8 Chwilen y bwm

Hon yw'r chwilen Fai, yr hwrli bwmp, bwrli bwm, chwilen y bwm neu chwil y bwm: math o chwilen fawr frown sy'n hedfan yn swnllyd ganol Mai. Nid yw'n arwydd tywydd dibynnol iawn fel y tystia'r ddau rigwm cynta:

Chwilen y bwm yn canu,
Mi fydd yn braf yfory;
Does fawr o goel ar chwilen y baw
Gall fod yn law er hynny. (*DMach*)

Mae'r bwrli bwm yn canu,
Cawn ddiwrnod braf yfory;
Ond os syrth y bwrli bwm i'r baw
Fe all ddod yn law er hynny. (Dafydd Guto, Ardudwy 1973)

Mae'r chwilen bwm yn canu,
Gwnaiff dywydd teg yfory;
Os cwympith hi lawr i'r baw
Mae siawns na 'neith hi law (Ceredigion, *HCS*)

Bydd yn deg yfory, mae'r hwrli bwmp wedi canu (GwEM)

Os cwympith yr hwrli bwmp i'r baw
Fe fydd yn law yfory (GwEM)

Chwiws (gw. Gwybedyn, 2.5.9)

2.4.9 Gain goch

Hwn yw'r pryfyn melyn a welir ar faw gwartheg: cleren y dom yn y de a phry cachu gwartheg yn y gogledd.

Haf tan Galan, Gaeaf tan gain (DMach), neu: ***...Gaeaf tan glain.*** Pe parai'n hafaidd hyd ddiwedd y flwyddyn, credid y byddai'r gaeaf yn para hyd yr haf. Ddiwedd Ebrill / Ddechrau Mai yr ymddengys y gain coch. Enw arall yw glain am faw buwch.

2.4.10 Geloden

Byddai Richard Hughes, Penrhyndeudraeth yn sôn am ei daid yn Ffestiniog yn arfer cadw geloden (neu gelen) mewn potel ar y ffenest. Potel fferins yn ¾ llawn o ddŵr oedd hon a mwslin dros ei cheg i gadw'r eloden i mewn a gadael iddi anadlu. Byddai'r creadur yn ymateb i'r tywydd fel a ganlyn:

Os braf a heulog – gorweddai yn dawel ar waelod y botel
Glaw a thywydd garw – dringai at y gwddw, wedyn ar ôl i'r tywydd drwg fynd heibio, deuai i lawr i'r gwaelod ac aros yn lwmp crwn
Gwynt – symudai yn gyflym yn ôl ac ymlaen drwy'r dŵr
Storm – deuai allan o'r dŵr a chyrlio fel hanner lleuad ar y gwydr.

Rhagweledydd Stormydd – Arweiniodd ymddygiad yr eloden i ŵr o Whitby, â'r enw addas Dr Meryweather, i ddyfeisio peiriant arbennig i ragweld y tywydd. Hwn oedd y *Tempest Prograstinator*, neu Ragweledydd Stormydd, a arddangoswyd yn y *Great Exhibition* yn Llundain yn 1851. Sail y ddyfais oedd dwsin o boteli â gelod ynddynt. Pan ddringai'r gelod i yddfau'r poteli cyn storm roeddent i fod i ryddhau sbrings a gwifrau a oedd wedyn yn rhyddhau morthwylion bychain oedd yn taro cloch ar ben y peiriant ac yn rhybuddio fod storm ar ei ffordd. Argymhellodd i'r Llywodraeth y dylid sefydlu cyfres o orsafoedd rhybudd gelod ar hyd yr arfordir, ond ni ddaeth dim o'r syniad am ryw reswm (*LlafG* 64)

Y RHAGWELEDYDD STORMYDD, 1851

2.4.11 Gwenynen

Os gwnaiff hi Chwefror / Mawrth gwlyb fe ddylsai wneud Gorffennaf / Awst da i'r gwenyn (Richard Bowering, 1983)

Gwenyn yn mela'n gynnar ar fore oer – arwydd sicr o law y p'nawn (Ponterwyd, Tregaron)

Bydd gwenyn yn aflonyddu cyn storm o daranau (cyffredin)

Gwenyn yn hedfan ymhell o'r cwch – braf (DMach, Arfon)

Gwenyn yn aros yn weddol agos i'r cwch – tywydd drwg (Arfon)

Mae gwenyn yn sicr yn ymateb i'r tymheredd a'r haul. Er enghraifft, os yw gweithiwr yn dangos lefel arbennig o weithgarwch ar 20°C ar ddiwrnod heulog, rhaid i'r tymheredd fod yn 22°C i gael yr un lefel o weithgaredd ar ddiwrnod cymylog. (*LlafG 64*)

Haid wenyn os ym Mai y'i ceir,
A dalant lwyth wyth ych o wair;
Da haid Mehefin, os da'u hoen,
Am haid Gorffennaf ni roddwn ffloen (Iolo MSS, DG). Ffloen yw y tamaid lleiaf.

Ystyr hon yw y bydd heidiau Mai yn cael digon o amser i hel paill a neithdar; heidiau Mehefin yn iawn os ceir tywydd ffafriol, ond mae mor hwyr erbyn Gorffennaf nes prin yw'r siawns y gallant hel digon o fwyd i oroesi'r gaeaf.

Haid o wenyn yng Ngorffennaf
Had rhedynen ei phris pennaf (CFu)

Dim glaw Mai, dim mêl Medi (CHJ)

Wnaiff gwenyn byth heidio cyn storm (Ceredigion)

Tri pheth a gynnydd ar y gwres
Gwenyn a gwenith a mes (Iolo MSS)

Os yw'r frenhines yn dodwy llai o wyau – fe fydd y tywydd yn salach ymhen tair wythnos
Os yw'n dodwy llawer yna fe fydd yn braf (Wynne Jones, Pentre Celyn, Clwyd yn y *Daily Post*, Gorffennaf 24, 2008). Cymer dair wythnos i'r gwenyn ifanc ddeor ac os yw'r tywydd yn wael fedran nhw ddim mela rhyw lawer. Bydd y frenhines yn dodwy yn ôl y galw am weithwyr.

2.4.12 Gwybedyn

Chwiws yw'r enw ym Môn am wybed mân a phiwiaid yn Nyffryn Conwy a Sir Ddinbych.

Llawer o wybed yn chwarae yng ngwres yr haul – tywydd teg (Llanuwchllyn)

Pan fo gwybed yn hedfan yn y bore – braf am y diwrnod (Enlli)

Llawer o wybed duon o gwmpas – glaw (DMach). Fe'u gelwir yn *wybed y glaw* ym Meirion.

Pryfed mân yn hedfan yn gymylau ond yn gadael llonydd ichi – braf
Ond os ydynt yn dod i'ch pigo – daw i fwrw (Arthur Jones, Plas Tan y Bwlch 1987)

Gwybed yn pigo yn fwy nag arfer – glaw (Llŷn, Ardudwy, Ceredigion). Maent yn waeth pan ddaw'r haul allan ar ôl cawod.

Gwybed yn blagus ofnadwy ar dywydd trymaidd – arwydd terfysg (cyffredin)

Chwiws gyda'r nos – glaw drannoeth ('a ch'itha'n cael llond ceg ohonynt wrth reidio beic!') (*CMO Llangefni*)

2.4.13 Gwyfyn

Gwyfynod yn hedfan yn uchel yn y dydd – braf
Gwyfynod yn hedfan yn isel yn y dydd – glaw (Dolgellau). Mae rhai mathau, e.e. gwalchwyfyn yr eliffant, allan liw dydd.

Llawer o wyfynod yn dod i'r ffenest yn y nos – mae'n noson braf (Clynnog)

Hwrli bwmp (gweler Chwilen y bwm, 2.5.6)

2.4.14 Iâr fach yr haf / glöyn byw

Iâr bach yr haf yn hedfan yn y tŷ yn gynnar yn y gwanwyn – y tywydd yn cynhesu (Clynnog)

Ieir bach yr haf gwynion yn aml – tywydd teg (*TrafELl 1895*)

Ceir un math cyffredin o löyn byw sydd yn un fechan ddu hefo cylchoedd bychain llwydwyn ar ymylon ei hesgyll ôl. Bydd ar ei ehediad ar dywydd cymylog rhwng cawodydd yn yr haf. Dyma pam y'i gelwir yn *iâr fach y glaw* neu *weirlöyn y glaw*.

2.4.15 Lleuen

Blwyddyn gneuog, blwyddyn leuog (DMach) Os bu'r gwanwyn a'r haf yn ffafriol – dengys llwyddiant y cnau hynny – fe fydd pryfetach o bob math, gan gynnwys llau, yn niferus hefyd.

Glaw Mai i ladd llau.. (neu: ***...a ladd lau***). Pan droir y gwartheg allan ym mis Mai, ar ôl cael eu cadw i mewn dros y gaeaf, bydd yr awyr iach, porfa newydd a glaw Mai yn eu hiachau ac yn cael gwared o anhwylderau'r croen.

2.4.16 Llyslau

Ceir sawl math o lyslau, neu fuchod y morgrug, yn sugno nodd planhigion. Gall y rhai gwyrdd neu dduon sy'n ymosod ar lysiau a phlanhigion gardd fod yn blagus ar adegau.

Llyslau yn niferus – haf braf (cyffredin). Ac yn arwydd y bu'n aeaf tyner.

Bydd rhai mathau o lyslau yn ymosod yn eu miloedd ar ddail coed gan gynhyrchu ***melwlith*** neu'r ***gawod fêl***:
'Ar dywydd tyner a chynnes yn yr haf ceir y gafod fêl ... math o wlith tew a gludiog ydyw. Roedd yr hen bobl yn hoff iawn o weld y gafod fêl, yn enwedig yn gynnar, gan y disgwylient haf toreithiog i ganlyn.' (Evan Jones, Ty'n Pant, yn Llên y Flwyddyn, llawysgrif *AWC*)

Car wedi ei barcio dan goeden wedi ei orchuddio â melwlith – tywydd braf yn yr haf (cyffredin)

2.4.17 Malwen / malwoden

Mwya'n byd y gwelwn falwod
Sicra'n byd y cawn ni gawod (Pwllheli, ar *Rhaglen Hywel Gwynfryn* 1997)

Y falwen yw'r baromedr gorau o bell ffordd, dônt i gyd allan cyn glaw (PM)

Credid y byddai ***poeri ar falwen ddu*** (Gwlithen ddu) ***yn tynnu glaw*** (Blaenau Ffestiniog). Ond ofergoel yw hynny.

Sathru ar falwen – mae'n siŵr o fwrw (Dyffryn Nantlle)

2.4.18 Mordan
Math o sglefren fôr fechan *(Noctiluca)* yw'r mordan, sy'n goleuo yn y nos (môr dân). Byddai pysgotwyr Enlli yn eu gweld wrth osod rhwydi yn y nos.

Y mordan yn dŵad yn agos i'r lan – tywydd mawr ar ei ffordd (Wil Evans, Enlli)

2.4.19 Morgrug
Morgrug yn croesi'r ffyrdd – glaw (HPDef)

Morgrug asgellog yn codi ymhell i'r awyr – tywydd braf (cyffredin), neu: *...terfysg*

Morgrug yn heidio gyda'r nos – braf yfory a thrennydd

Morgrug duon yn fwy gweithgar nag arfer – glaw tranau ar ei ffordd (DMach)

Morgrug gweithgar yn arwydd o law tyrfe (Morgannwg)

Morgrug yn crwydro ymhell o'u tiriogoeth arferol – braf (Clynnog)

Morgrug yn dŵad â'u hwyau i wyneb eu nyth – braf
Morgrug yn mynd â'r wyau yn ôl dan yr wyneb – glaw ar ei ffordd (cyffredin)

Piwiaid (gw. Gwybedyn, 2.5.9)

2.4.20 Pry / cleren
Ceir sawl math o bryfed / clêr ar wahanol dymhorau.

Pryfed / clêr yn niferus ac yn blagus yn yr haf – tywydd braf yn dilyn glaw (cyffredin)
Pryfed / clêr yn brin – wedi cyfnod hir o sychder

Llawer o bryfed / clêr bychain yn y tŷ yn yr hydref – yn dilyn tywydd llaith (cyffredin)

(Gweler hefyd 2.4.9, 2.4.22 – 23)

2.4.21 Pry clustiog
Pryfed chustiog yn y tŷ – mae'n haf gwlyb (Clynnog). Mae'r pry clustiog yn hoff o amodau llaith.

2.4.22 Pry chwythu / cleren chwythu

Ceir sawl rhywogaeth o bryfed chwythu yn nheulu'r pry glas / cleren las a'r pry gwyrdd / cleren werdd. Byddant yn chwythu (dodwy wyau) ar friwiau neu ar gynffonnau budron defaid yn yr haf gan achosi iddynt gynthroni/gynrhoni.

Pryfed yn chwythu / defaid yn cynthroni mwy ar dywydd trymaidd poeth yn yr haf (Arfon)

2.4.23 Pry llwyd / cleren lwyd

Ymddengys y brathwr slei hwn tua'r Sulgwyn. Rhaid oedd bod yn ofalus rhagddo wrth gribinio â llaw yn y cae gwair ers talwm.

Pryfed llwydion yn niferus – tywydd braf yn dilyn cawod (cyffredin)

2.4.24 Pry cop / corryn

Mae'r rhan fwyaf o'r arwyddion yn ymwneud â'r we y mae'r pry cop yn ei hystofi (adeiladu):

a) GWE AR FFURF RHWYD RHWNG LLWYNI

Pryfed cop yn stofi eu gwe ar edeuon byr – tywydd mawr i ddod
Pryfed cop yn stofi eu gwe ar edeuon hir – tywydd braf
(Meirionnydd)

Y corryn yn gwau rhaffau bychain – tywydd garw
Y corryn yn gwau rhaffau mawrion – a ragarweinia hir sychin
(*TrafELl 1895*)

Y corryn ar raffau hirion
Fe ddaw yn dywydd tirion (Llangadog, *AWC*)

Corrod neu bryfed cop yn codi mwy o we nag arfer – glaw (Bethel, Llŷn)

'Pan fo hwn (pry cop) yn byrhau cortynnau ei we mae'n arwydd pendant o ddrycin. Bydd yn cywiro ei we bob pedair awr ar hugain ac, os mai gyda'r nos cyn y machlud y gwna'r cyfnewidiadau, dyna arwydd o noson glir braf.' (*PM*)

b) EDAFEDD GWAWN – ceir mathau bychain o bryfed cop yn byw yn y borfa fydd yn taenu edefeuon main, a elwir yn: **edafedd gwawn** (y gogledd), **blew Medi**, **drifl yr ych** (Ceredigion), ar wyneb y borfa. Bydd y gwawn i'w weld ar ei amlycaf pan fo'r haul yn isel yn yr awyr yn yr hydref. Bryd hynny bydd wyneb y cae i gyd yn sgleinio pan adlewyrcha'r haul ar y gwawn. Ceir gwawn o fathau eraill o bryfed cop yn gorchuddio llwyni eithin – fel a welir yn amlwg iawn ambell fore niwlog yn y gwanwyn a'r haf.

Mae dehongli arwyddocâd gwawn fel arwydd tywydd braidd yn gymysglyd. Hynny, mae'n debyg, am fod gwawn yn cael ei gynhyrchu gan nifer fawr o wahanol fathau o bryfed cop, sy'n golygu bod y math a gynhyrchir ar wahanol dymhorau ac mewn gwahanol gynefinoedd yn medru rhoi canlyniadau gwahanol.

Dyma enghreifftiau sy'n darogan tywydd teg:

Gwanwyn a gwawn
Llogell yn llawn (EJ)

Gwawn ar y borfa – braf (Llanelidan, Clwyd)
Edafedd gwawn – braf (Mynydd Nefyn)
Gwawn y tes yn yr haf – braf (Llanuwchllyn)
Rhwyd we dros y ddaear – hindda (Gwytherin, CRJE)
Drifl yr ych, tywydd sych (Llanybydder)
Drifl yr ych ar des glennydd – arwydd o dywydd sych (M Tomos, Cribyn, Llanbed 1983): 'fel nythe corynnod ar lawr ambell waith; ewch mewn i gae tato mae'n groes i'r rhychion i gyd. Mae'n dywydd braf yr amser yma'.

Gwawn ar y llwyni ar fore o haf – argoel o dywydd poeth (Llanuwchllyn, Aberaeron)

Ar y llaw arall:
Gwawn yr hydref – tywydd gwlyb (Llanuwchllyn)
'Dafadd gwawn ar gae – arwydd o law (Mynytho, Rhoshirwaun)
Blew Medi (gwawn) – *tywydd garw iawn / gwynt* (Ceredigion)

Nythod mocyn powra ar hyd y meusydd – gwlybaniaeth (Ceredigion, HCS). Mocyn powra yw pry cop llwytgoch a geir gan amlaf mewn caeau (GPC).

Credid y byddai *lladd pry cop yn tynnu glaw* (Blaenau Ffestiniog). Ofergoel yw hyn.

Arwydd o fath arall yw:
Pryfed cop yn gwneud sŵn 'tician' – glaw (DMach) Nid pry cop yw hwn ond yn hytrach y chwilen eglwys (*death watch beetle*), gweler 2.4.7. Mae'r chwilen yn tician i ddenu cymar tra bo'r copyn bob amser yn hollol ddistaw.

2.4.25 Pry genwair / mwydyn

Tywydd pryfed genwair – tywydd clòs, afiach yn y gaeaf, pryd y bwria'r pryfed genwair bridd i wyneb y ddaear (Dyffryn Nantlle, *YsgLl*)

Mwydod ar wyneb y ddaear – *glaw* (Bancffosfelen)

2.4.26 Pry tân / magïen / tân bach diniwed

Mwy nag arfer o bryfed tân – *glaw* (*DMach*)

Magïod allan – *arwydd glaw* (*YG*)

Tân bach diniwed yn goleuo – *fe ddaw'n law* (Llŷn)

2.4.27 Robin gyrrwr

Gwartheg yn 'stodi' yn yr haf – *terfysg ar ei ffordd* (Clynnog), h.y. yn carlamu'n wyllt â'u cynffonnau'n syth i fyny i'r awyr. Dianc mae'r gwartheg rhag y Robin gyrrwr / pry gweryd (rh. *Tabannus*), sydd yn fwy gweithgar ar dywydd trymaidd, poeth yn yr haf – yn aml cyn storm o fellt a thranau.

2.4.28 Slefren fôr

Slefrod môr yn nifenus – *braf* (cyffredin)

Slefren fôr yn nofio i fyny o dan Bont y Bermo – *yn argoeli tywydd sych* (*CSyM Arthog*)

Sglefrod môr yn cael eu golchi i'r lan yn y Cafn (ar Enlli) – *os oes llawer ohonynt mae'n arwydd o haf braf* (Wil Evans, Enlli)

2.4.29 Siani flewog

Hon yw'r lindys bychan blewog du (lindys y gwyfyn teigr) sy'n crwydro'n selog ar y llawr yn yr haf. Arferwn ei chodi'n ofalus ar fy llaw a'i chario i rywle diogel; yna poeri arni'n ofalus am lwc dda a gwneud dymuniad.

Poeri ar siani flewog – *i gael lwc dda a chadw'r glaw i ffwrdd* (Clynnog)

Jini, Jini flewog, dod o flaen y gawod (*Hwiangerddi*).

'*Os gwêl y plant jini flewog cydiant gyda bys a bawd yn ei blew, os deil ei chodi wrth ei blew y mae tywydd teg ymlaen, ond os daw'r blew i ffwrdd gan rym ei phwysau y mae glaw yn agos'* (TrafELl 1895)

2.4.30 Trogen / Drogan

Bydd trogod yn fwy niferus yn dilyn tywydd gwlyb ym Mai (Llandecwyn)

2.5 Pysgod

2.5.1 Pysgod llyn ac afon

Pysgod yn hawdd eu bachu pan fo'r afon yn ei lli – braf
Pygod yn anodd eu bachu pan fo'r afon yn ei lli – glaw (DMach).

Dyma ddoethineb Gwilym Jones, Llan Ffestiniog yn 1991. Fe'u clywodd gan hen bysgotwr o'r ardal: Ifan John 'Fish' (byddai ei dad yn gwerthu pysgod):
Yr 'hen wynt du' yn dda i ddim i bysgota — awyr gymylog, y llyn yn dywyll ac yn troelli ar ei wyneb yn y gwanwyn oherwydd fuasai'r cogyn (un o'r gwybed byrhoedlog: *Epherneroptera*) ddim yn codi.
Gwynt traed y meirw yn y gaeaf / gwanwyn yn dda i ddim chwaith.
Ond, gwynt y de-orllewin yn berffaith.
Gwynt y de-ddwyrain yn iawn yn yr haf

'Tua aber yr afon y mae pysgod yn neidio ar dywydd braf. Os ydynt yn disgyn ar eu cynffonnau, fe ddeil yn sych, ond os ydynt yn disgyn â'u trwynau yn cyfeirio i fyny am Lanrwst, fe ddaw'n law ymhen deuddydd. Trannoeth (sef ar yr ail ddydd) fydd dim pysgodyn i'w weld yn yr afon – byddant i gyd wedi mynd i'r ochr uchaf i Lanrwst i aros am y lli'. (Conwy, yn *LlG 26*)

2.5.2 Brithyll

Ym mis Ebrill bydd llon llygaid brithyll (LlGSG)

Brithyll yn sgleinio yn yr afon – haul (Llŷn)

Brithyll yn neidio o'r dŵr am bryfed – arwydd glaw (Arthog. AWC)

Brithyll yn codi'n wyllt – mae'n mynd i fwrw glaw (Emrys Evans, Bl Ffestiniog)

Brithyll yn gwaedu mwy nag arfer wrth eu tynnu oddi ar y bach – mae'n mynd i fwrw (Blaenau Ffestiniog, D*Mach*, Ysbyty Ifan)

2.5.3 Eog

Gwaethaf cynnar, cynnar eog
Goreu cynnar, cynnar og (Tal-y-bont, Ceredigion)

2.5.4 Gwyniedyn (*sea trout*)

Gwyniaid yn dŵad i fyny'r afonydd yn gynnar – ceir haf sych (Edgar Owen, Pentrefelin) Roeddent cyn gynhared â'r drydedd wythnos ym Mai yn 2003, a chafwyd Awst crasboeth.

2.5.5 Llymrïaid

Llymrïaid yn heidio i'r traeth yn y bore bach ar dywydd poeth ddechrau'r haf (Llŷn, Eifionydd)

2.5.6 Llysywen / Slywen

Slywod yn fywiog – arwydd glaw (cyffredin)

2.5.7 Macrell

Mecryll yn dod reit i'r traethau yn yr haf – tywydd braf sefydlog (cyffredin). Hela'r llymrïaid wna'r mecryll.

2.5.8 Penfras (cod)

Os delir llawer o benfras dros yr haf (h.y. tan tua Medi) *dengys bod dŵr y môr yn oerach na'r arfer* (Andrew Weir, Aber-soch 1991)

2.5.9 Penwaig

Os daw penwaig i mewn yn gynharach – mae'r môr yn oerach nag arfer (Andrew Weir)

2.5.10 Pysgod gwyn (*whiting*)

Pysgod gwyn yn dŵad yn gynharach (cyrraedd yn yr Hydref ac ar eu mwyaf niferus rhwng Rhagfyr a Mawrth) *– tebyg o eira yn y*

LLYFFANT MELYN DAN YR ŶD
BRAF YFORY AR EI HYD

(cyffredin yn y gogledd)

gaeaf (Andrew Weir)

2.5.11 Pysgod môr

Os bu'n gymylog dros yr haf bydd dŵr y môr yn oerach yn y gaeaf a physgod y gaeaf yn cyrraedd yn gynt (Andrew Weir, Aber-soch 1991)

2.6 Ymlusgiaid

2.6.1 Crwban

Crwban dof yn deffro'n gynnar yn y gwanwyn – tywydd yn cynhesu (cyffredin)

2.6.2 Llyffant melyn / broga
Llyffant melyn yn y gogledd, broga yn y de

Llawer o lyffantod / brogaod ar y ffordd yn Ionawr / Chwefror – noson niwlog neu lawog (cyffredin)

Tywydd grifft – noson dyner a glawog ddechrau'r flwyddyn pan fydd llyffantod / brogaod yn ymgasglu yn y pyllau i gydmaru a bwrw eu grifft (cyffredin)

Llyffant yn gwichian – glaw (YsgE)

Grifft llyffant yn y pyllau – fydd dim llawer o rew ar ôl hyn (Cwm Cynllwyd)

Grifft yn cael ei ddodwy yng nghanol y pwll – tebyg y ceir tywydd sych
Grifft ar ymylon y pwll – tebyg y ceir tywydd gwlyb (cyffredin). Credir y bydd y llyffant yn dodwy ynghanol y pwll os oes peryg i'r dŵr sychu ac fel arall os bydd yn rhagweld digonedd o law. Nid oes fawr o wirionedd yn hyn.

Pan fyddai lliw melyn ar y llyffant / broga, fe ystyrid hynny yn arwydd o dywydd braf ac y byddai'n iawn i fynd i dorri neu hel y gwair neu'r ŷd. Ond os tywyll fyddai ei liw byddai hynny yn arwydd o dywydd gwael:

Llyffant melyn dan yr ŷd,
Braf yfory ar ei hyd (cyffredin yn y gogledd)

Â'r broga'n llwyd, llwyd y llyn,
Mae haul mewn broga melyn. (Dic Jones, yn *SS* ac yn *LlG 49*)

Y broga'n felyn – mae tywydd lladd gwair ynddi (Llandysul)

Broga melyn â'i ben am Aberystwyth – tywydd teg (Ceredigion, yn *HCS*)

Llyffaint, os yn felynddu, yn neidio o gyfeiriad y môr – glaw (*LlGSG*)

Ceir sawl enw ar y llyffant melyn / broga sy'n ei gysylltu â thywydd braf:
– *Llyffant gwair* (Llanllyfni)
– *Llyffant medelwr* (DO Jones, Padog, yn *LlG 26*)

Ond nid yw lliw y llyffant melyn yn arwydd dibynnol iawn fel y dengys y stori hon:

Y Llyffant twyllodrus
Roedd un o ddolydd Gwernhefin, ger Llanuwchllyn yn ei mydylau a'r gwair angen ei chwalu er mwyn iddo gael cyfle i weld yr haul. Dyma'r hwsmon yn dweud: 'Mae'r llyffant yn felyn iawn', ac aed ati i chwalu'r gwair.
  Ond daeth yn law mawr a phan gyrhaeddodd y meistr cafodd yr hwsmon ei geryddu'n wyllt: 'Ti ddylet wybod mwy na llyffant!' (addasiad o stori gan WH Jones, Coedladur, Y Bala 1986)

2.6.3 Neidr

Nodroedd allan yn torheulo – mae'n dywydd braf (cyffredin)

Chwefror a chwyth, ni chyfyd neidr oddi ar ei nyth;
Mawrth cadarn a'i tyn hi allan (Ardudwy). Gweler fersiynau eraill yn: 1.2.2

2.7 Pobl

Mae'n rhyfeddol faint o effaith mae tywydd a thymor yn ei gael ar bobl, yn gorfforol, yn economaidd ac yn feddyliol.

Pan fo'r tywydd yn wresogaidd,
Bydd fy meinir yn dra mwynaidd;
Pan fo'r hin yn oer aneiri',
Bydd fy seren wedi sorri. (*HB*)

2.7.1 Corfforol

Mae pobl yn rhan o fyd natur fel unrhyw greadur arall neu blanhigyn. Bydd cyrff ac ymddygiad rhai pobl yn cael eu heffeithio gan y tywydd.

2.7.1.1 Glaw

Gall y newid (gostyngiad) ym mhwysedd yr awyr sy'n aml yn gysylltiedig â glaw fod yn gyfrifol am yr effaith canlynol:

Mae'r llymbar corn sydd ar ein troed
Yn dweud daw glaw i'n bro'n ddi-oed (Ceredigion)

Corn yn pigo – troi tywydd (Cricieth, Ysbyty Ifan). Troi'n dywydd gwael wna fel arfer.

Crachod neu friwiau yn cosi mwy nag arfer cyn glaw (cyffredin)

Craith yn dangos yn fwy eglur ar y corff cyn glaw (Llanelidan)

Craith yn teimlo'n dyn a phoenus – tywydd mawr (Ysbyty Ifan)

Mae llawer o bobl mewn oed yn gallu teimlo yn eu hesgyrn fel petai fod storm ar ei ffordd, yn enwedig os oes cryd cymalau neu wynegon yn eu poeni:

Gwyniau yn aelodau hen bobl yn arwyddo glaw (Bethel). Gwyniau yw y gwynegon, sy'n achosi poen yn y cymalau.

'Er i Anti Mari wau bacsau cochion am arddyrnau Nwncwl Rhys, eto mynnent wynegu o flaen glaw' (HM)

Breuddwydio am berthynas sydd wedi marw – bydd yn bwrw drannoeth (Nefyn)

Gwynt Cwm Nedd – afiechyd yn dilyn (Cwm-twrch). Daw â glaw ac annwyd o'r de orllewin.

2.7.1.2 Gwynt

Bydd plant yn fwy afreolus nag arfer pan fo gwynt cryf (John Owen Huws 1985, a gofynnwch i unrhyw athro!)

Bydd rhai pobl yn methu cysgu pan fo'r tywydd yn newid – yn enwedig pan newidia'r gwynt i'r dwyrain (Wrecsam). Gwynt y dwyrain yn gysylltiedig â phwysedd awyr uchel fel arfer.

Mae cael pigyn yn y glust weithiau yn arwydd o newid tywydd (Môn)

Gwyntoedd iachusol – credir mai'r peth gorau i gael gwared o annwyd yw mynd am dro i gael tipyn o awyr iach er mwyn 'clirio'r fegin' fel 'tae. Mae gan bron pob ardal ei llecyn arbennig ar gyfer hynny: llecyn gweddol agored mewn man amlwg a fyddai'n dal y gwynt o bron unrhyw gyfeiriad. Enghreifftiau o hynny yw'r canlynol:

Gwynt y môr – i gael gwared o annwyd (cyffredin ar hyd yr arfordir)

Tyddynnod uwchben Capel Uchaf, Clynnog – mynd am dro i ben Carreg Brysgyni

Tyddynnod Mynydd Nefyn – cerdded draw at y Boncan Grin

Ardal Nebo, Llanllyfni – cerdded at Llyn Dulyn

2.7.1.3 Oerni

'Rash' ar y dwylo cyn eira (Annwen Jones, Caerdydd 1985)

Defaid ar gymalau'r dwylo yn fwy tueddol o agor a gwaedu (wrth blygu'r bysedd) *ar dywydd oer a rhewllyd* (Emrys Evans, Blaenau Ffestiniog, yn *LlafG, 64*, tud.20)

Bydd rhywun yn breuddwydio mwy ar noson laith, oer (Betws-y-coed)

Glaw at y croen
Barrug at yr asgwrn (Llan Ffestiniog)

2.7.1.4 Pwysedd yr awyr

Bydd babis yn methu cysgu cyn storm (Myrddin ap Dafydd, Dyffryn Conwy 1989)

Cael cur pen cyn taranau (Caryl Parry Jones, Treffynnon 1985)

Y pen yn drymaidd (cysglyd) *cyn terfysg* (Lora Roberts, Rhos-lan 1988)

Pan fydd rhywun yn teimlo'n ddiog – mae am newid tywydd (Ystalafera)

Bydd rhywun hefo stumog wan yn dueddol o gael camdreuliad cyn storm.
Fydd gan rywun ddim gymaint o chwant bwyd pan fo'r tywydd yn

drymaidd (cyffredin)

Sain uchel yn y glust yn arwydd bod y gwynt yn newid – yn enwedig os yw'r baromedr yn codi (Môn)

2.7.1.5 Tymor

Y felan aeafol – un o effeithiau corfforol mwyaf trawiadol y gaeaf yw'r hyn a ddigrifir fel 'hen felan y gaeaf'. Fel mae'r dyddiau'n byrhau a'r tymheredd yn cwympo wrth iddi ddynesu at y dyddiau duon bach, bydd dioddefwyr yn teimlo'n isel eu hysbryd a diddim, a byddant yn ei chael yn anodd i godi yn y boreau. Ceir mwy o absenoldeb o'r gwaith dros y gaeaf a bydd iselder ysbryd clinigol ac amlder hunanladdiad yn cynyddu hefyd.

Ceir patrwm tymhorol pendant i hunanladdiad yng ngwledydd Prydain – digwydd lai yn yr haf ac mae ar ei amlaf ddiwedd y gaeaf, yn enwedig ym mis Ebrill (*LlafG* 11, 1986)

Erbyn hyn cydnabyddir y felan aeafol fel cyflwr meddygol: SAD (*seasonal affective disorder*) ac fe'i achosir gan ddiffyg heulwen, sy'n arwain at ostyngiad yn lefel yr hormon *melatonin* yn yr ymennydd. Mae lefelau yr hormon hwn yn amrywio gyda hyd y dydd ac yn cael effaith uniongyrchol ar hunanhyder a hapusrwydd yr unigolyn. Mae cynnydd yng ngolau dydd yn gallu lleihau effeithiau'r felan – onid oedd meddygon yn argymell sesiynau dan lamp haul i gyflymu gwella pob mathau o anhwylderau ar un adeg? Erbyn hyn dianc o stryllwch ein gaeafau ni i haul Sbaen ddiwedd y flwyddyn yw'r ffasiwn – os gellir ei fforddio.

Bydd rhai gwŷr yn teimlo bod eu gwragedd yn fwy ffraellyd yn y gaeaf Bydd rhai gwragedd yn gweld eu gwŷr yn fwy di-ddim yn y gaeaf a bod mwy o angen rhoi ffrae iddyn nhw (*LlafG* 11, 1986)

Bydd tymer ddrwg ar rai pobl adeg tywydd trymaidd poeth (cyffredin)

Pan geir haf poeth iawn bydd achosion o drais a therfysg cymdeithasol yn cynyddu hyd yn oed yn ninasoedd gwledydd Prydain. (*LlafG* 11).

Terfysgoedd Elai, 1991 – mae helbulon ac ymladd rhwng gwahanol garfanau yn llawer mwy cyffredin mewn gwledydd poeth, ond dywedir i hyn chwarae rhan yn y terfysgoedd yng Nghaerdydd

ym mis Medi 1991. Priodolwyd y terfysg hwnnw i gyfuniad o hwliganiaeth, alcohol a nosweithiau poeth (*Western Mail*, Medi 5ed, 1991). Sylw un o swyddogion yr heddlu ar y pryd oedd: 'Dydi helbulon fel hyn byth yn digwydd pan mae hi'n bwrw glaw. Gobeithio y cawn ni law yn fuan iawn.'
Ceir mwy o farwolaethau dros y gaeaf na'r haf a bydd hynny'n amlycach fyth pan geir gaeaf tyner. Dyna roddodd inni'r dywediad adnabyddus:
Gaeaf glas, mynwent fras.

Bydd rhai merched yn teimlo yn fwy nwydus ar ôl torheulo (Aberystwyth)

'Mae'n siŵr fod heulewn yn effeithio ar ddynion hefyd yn yr un modd er, mae'n debyg iawn, bod gweld mwy o groen merchetaidd ac annilladog yn cerdded o gwmpas y lle, fel a welir ar ddiwrnod poeth, yn bownd o helpu.' (*LlafG 62*)

Paill a llygredd – rhaid peidio ag anghofio bod y gwynt yn medru cario pob mathau o baill planhigion a llygredd awyrol sy'n achosi gwahanol fathau o alergedd mewn rhai pobl:
- Mehefin a Gorffennaf yw'r misoedd pan fydd clwy'r paill neu glwy'r gwair fwyaf cyffredin.
- Daw gwynt o gyfeiriad arbennig â phroblemau llwch i amharu ar yr ysgyfaint, e.e. yn agos i feysydd glo brig ym Morgannwg
- Daw caethder y frest, neu asthma, yn fwy cyffredin pan fydd pwysedd yr awyr yn uchel a sefydlog a gwynt y dwyrain yn chwythu llygredd Lloegr i'n plith.
- Gall nwyon gwenwynig o geir a ffatrïoedd gael eu dal yn yr awyr gan greu mwrllwch yn y gaeaf, a hyd yn oed yn yr haf, e.e haf 1995 yng Nghaerdydd.

2.7.2 Y tŷ a'r gweithle

2.7.2.1 Bwyd

Byddai'r cig moch wedi ei halltu, a arferai grogi oddi ar y distiau, yn gallu arwyddo lleithder yr awyr:
Pan fyddai'n dechrau diferu ar ddiwedd cyfnod hir o dywydd sych – newid yn y tywydd
Pan fyddai'n mynd yn sychach yn ystod cyfnod hir gwlyb – y cyfnod gwlyb yn dod i ben (Llanfair ger Harlech)

Y bloneg ar y cig moch yn caledu – tywydd sych (Cwm Cynllwyd)

'Os bydd halen i'w deimlo yn damp, a siwgwr hefyd ond i raddau llai amlwg, mae hi am law.' (Huw Selwyn Owen, Ysbyty Ifan, yn *LlG 28*)

Dagrau ar fenyn – tes (Penmachno). Menyn cartref â halen ynddo yw hwn

Wrth dywallt te o'r tebot:
Os yw swigod yn hel at ymyl y gwpan – glaw
Os yw'r swigod yn aros yn y canol – braf (Llanllyfni)

Taranau'n gwneud i lefrith suro (cyffredin). Cyn dyddiau'r oergell yr arferiad fyddai rhoi mwslin gwlyb dros y pot llaeth yn y llaethdy er mwyn i anweddiad y dŵr gadw'r llefrith yn oer. Pan fyddai'n derfysglyd byddai'r tywydd yn glòs a llaith a byddai llai o anweddiad, a olygai y byddai'r llefrith yn suro'n gynt.

Tes Mihangel yn ddrwg i'r llaethdy – yn gwneud i'r llefrith suro (Llansanffraid-ym-Mechain). Dyma gyfnod Gŵyl Fihangel, ddechrau Hydref, gw.: 1.2.10.

Pan gwymp brechdan i'r llawr, dywedir, os bydd yr ochr â'r ymenyn yn isaf, fod glaw ynddi (*TrafELl 1895*). Hon yn fwy o ofergoel nag arwydd tywydd!

2.7.2.2   Drafftiau

Gwynt yn chwibanu drwy dwll y clo – eira (*DMach*)

Ffenest ar ochor orllewinol y tŷ yn ysgwyd – storm o wynt a glaw (Clynnog)

2.7.2.3   Dŵr tap

Dŵr tap yn fudr – gall arwyddo sychder yn yr haf neu orlif sy'n cario llaid i'r gronfa (cyffredin). Mae hyn yn digwydd yn amlach mewn cronfeydd bychain preifat na'r rhai sydd dan ofal y Bwrdd Dŵr.

2.7.2.4   Ffynhonnau

Ffynhonnau yn dal eu dŵr yn uchel – braf
Dŵr ffynhonnau yn mynd yn isel – glaw (Eifionydd)

Pan mae'r 'ffynhonnau'n dod gartref' yn yr haf y mae'r tywydd ar newid er gwell (*TrafELl 1895*)

2.7.2.5 Lleithder

Mae gwallt merch yn anos i'w drin ar dywydd tamp. Sylwi ar hyn arweiniodd De Saussure yn 1783 i ddyfeisio yr hydromedr: dyfais i fesur lleithder yr awyr. Gwallt dynol oedd ym mherfedd y ddyfais wreiddiol, fel rhai heddiw, ac mae'n gweithio ar y sail ei bod yn bosib mesur y newidiadau yn hyd gwallt fel mae'n ymestyn a chrebachu gyda lleithder.

Waliau yn llaith – tywydd teg (cyffredin)
Muriau yn chwysu – glaw (Bethel). Mae'r ddau ddywedid yma yn croes-ddweud ei gilydd.

Arwydd o dywydd teg yw bod y ffenestr yn rhedeg; sef lleithder y tu fewn yn rhedeg nes y mae rhychiau ar y gwydr (*TrafELl 1895*)

Dagrau ar y ffenest (tu mewn) *– tywydd da* (y gogledd)

Dagrau'n aros ar y ffenest (tu allan) *– mwy o law ar ei ffordd* (Chwilog)
Diferion yn sefyll ar y ffenest – tywydd garw (Sir Gaerfyrddin)

Bwrdd llechen yn y llaethdy yn llaith – tywydd braf (cyffredin pan arferid gwneud menyn gartre)

Os bydd y llawr yn sychu'n fuan ar ôl ei olchi – glaw (Nanmor, Chwilog)
Ond os bydd yn hir yn sychu ar ôl ei olchi – tywydd braf (*TrafELl 1895*, Nanmor, Chwilog)

Llawr teils mewn bwtri yn mynd yn llaith – daw'n dywydd poeth (Nefyn, Llanfrothen)
Llawr cerrig yn chwysu – tywydd teg (*TrafELl 1895*)

Llaith tu mewn i'r twll yn y chwarel – gwres tu allan (Blaenau Ffestiniog)

'Block floor' yn y gegin fyw – ar dywydd braf mae yn amhosib ei rwbio gyda polish oherwydd bydd ffilm o damprwydd ar ei wyneb. (Mrs Mair Evans, Trawsfynydd, *AWC*)

Ond i'r gwrthwyneb mewn llefydd eraill:
Llawr cerrig glas wedi ei olchi, os yn hir yn sychu – glaw
Os sychu'n fuan – braf (Ardudwy)
Dagrau ar ddail y planhigion yn y tŷ – glaw (CNW)

Drysau neu ffenestri yn clepian yn ysgafn – gwynt yn codi, mae am law (cyffredin)

Coed y drws yn crafu – glaw (Bethel). Bydd y drws yn chwyddo ar dywydd llaith ac yn anoddach i'w agor a'i gau.

Drysau ddim yn cau'n llyfn – mae'n gyfnod glawog (cyffredin). Am y bydd y coedyn yn chwyddo.

Drysau neu drôr yn gwichian – tywydd sych, neu bod angen olew! (Bancffosfelen)

'Os bydd yr ail ris o ben y grisiau yn gwichian – bydd yn siŵr o lawio' (CSyM Arthog)

Bydd y cerpyn llawr a'r cadach llestri yn fwy drewllyd nag arfer cyn glaw (Ysbyty Ifan)

'Yr oedd gan fy mam ei harwydd a byddai'n gywir bob tro. Yr wyf yn cofio pan oeddem yn blant ac yn cychwyn i'r ysgol ar fore braf: "Well ichi fynd â chôt law, mi fydd yn bwrw cyn y nos." Roeddem yn methu deall pam ei bod mor glyfar.

Yr un fath ar wres mawr 1976. Pawb yn canmol. "Mi fydd yn bwrw cyn nos", medda mam ac yn siŵr i chi cafwyd glaw tranau i'w gofio tua chwech o'r gloch.

Ei harwydd oedd y bydda' *y gwtar yn hogleuo* ryw ddau ddiwrnod cyn iddi droi tywydd, er bod y gwtar yn cael ei sgwrio'n lân yn rheolaidd'. (Mrs Mair Evans, Trawsfynydd, *AWC*)

2.7.2.6 Mwg a'r lle tân

Mwg yn codi'n syth i'r awyr gyda'r nos – braf (DMach)

Pan fo mwg yn codi'n syth
Tywydd braf ni fetha byth. (Ardudwy)

Mwg yn syth, tywydd sych
Mwg yn gam, glaw ym mhob man (Aberystwyth)

Mwg yn chwalu i bob cyfeiriad wrth ddod o'r corn – storm (Miss M Owen, Llangefni)

Os bydd mwg yn aros yn hir ar ôl y trên – arwydd glaw (Ardudwy, Capel Uchaf ger Clynnog)

Mwg taro – arwydd gwynt a glaw (Clynnog, Llanuwchllyn). Pan ddaw'r mwg i lawr y simdde yn ei ôl.

Huddyg yn disgyn i lawr y simdde – glaw (Bethel)
Parddu yn disgyn o'r simdde – braf (TrafELl 1895).
Y ddau arwydd yma yn croes-ddweud ei gilydd. Yn Llanllwni, Sir Gaerfyrddin dywedir mai arwydd o *newid tywydd* yw hwn.

Hogla huddyg – tywydd braf (CMyWM)

Pren yn chwythu yn y tân a ragarweinia ystorm (TrafELl 1895)

Tân yn llosgi yn oleuach – glaw (Bethel)

Fflam las yn y tân – tywydd mawr (Chwilog)
Yn y gaeaf mae fflam las yn arwydd o eira (cyffredin)

Tân glas mi ddaw yn eira. Yn ddywediad adnabyddus.

Y fflamau'n troi'n las wrth roi megin yn y tân – gwynt (Llanfair Mathafarn Eithaf)

2.7.2.7 Interffirans ar radio a theledu

Interffirans ar y teledu – newid tywydd / tywydd braf (Clynnog, Nefyn)

Pan fydd tywydd braf iawn (oherwydd pwysedd uchel yr awyr) *fe fydd bron yn amhosib derbyn Radio Cymru am fod sianelau Iwerddon yn torri ar ei thraws* (cyffredin)

2.7.3 Amrywiol

Lori halen yn taenu halen ar y ffyrdd ar ddiwrnod braf yn y gaeaf – bydd yn rhewi yn y nos (Maentwrog). Bydd y Cyngor Sir wedi derbyn rhybudd o noson rewllyd gan y Swyddfa Dywydd ac yn darparu at hynny: 'Wnan nhw ddim talu oferteim i'r hogia loris heb achos' (O Olsen, Nefyn).

Os daw llong i gysgodi i Fae Nefyn (tu ôl i Drwyn Porthdinllaen) *mae storm enbyd yn debygol yn y diwrnod neu ddau nesa* (O Olsen, 1983). Mae'r llongau yn derbyn rhagolygon manwl o dywydd yr Iwerydd ac yn gwybod beth i'w ddisgwyl.

Os oes rhywun sy'n dda am ddarogan y tywydd yn byw yn rhyw dŷ yn y pellter:

'Fe ddeil yn braf – mae Brysgyni newydd roi dillad ar y lein' (Capel Ucha, Clynnog). Roedd gan Brysgyni orwel eang iawn i fedru darllen arwyddion tywydd i bob cyfeiriad.

Sŵn awyrennau'r Fali (gorsaf yr Awyrlu ym Môn) *yn chwarae yn yr awyr uwchben y cymylau – daw'n braf cyn bo hir* (Maentwrog). Nid yw'r cymylau yn uchel a'r amodau'n iawn ar gyfer ymarferion yr awyrlu.

Gwifrau'r peilonau trydan yn clecian – glaw ar ei ffordd (*YsgLl*)

Tar ar y ffordd a sglein arbennig arno (*CNW*)

Ymyl gwyrdd ar hyd min y bladur – arwydd tywydd gwlyb (Y Bala)

Dagrau ar lafn y bladur – arwydd hindda (WC Williams, Pandy Tudur, yn *LlafG 55*)

Pan fyddai rhwd yn ymddangos ar lafn y bladur am ysbaid (pan beidid â'i defnyddio am ysbaid dros ginio) – byddai'n arwydd glaw cyn bo hir (WC Williams, Pandy Tudur)

Aroglau baco Sant Bruno yn hirymarhous ar dywydd heulog (*CMO Llangefni*)

Glowyr yn dod lan o'r drifft yn gweld y top ger gwddf y ddrifft yn sych – mae am law
Gweld y cyferbyniol – yn dynodi diwrnod 'ffein'. (Cwmtwrch)

Os yw goleuadau melyn trefi a dinasoedd yn adlewyrchu oddi ar haenau o gymylau yn yr awyr yn y nos – mae'n arwydd glaw (cyffredin)

Fflamau gwaith dur Port Talbot yn goleuo'r cymylau am bellter yn y nos – glaw cyn y bore (Cwm Nedd)

Pennod 3

Y Gofod, yr Awyr a'r Ddaear

3.1 Goleuni'r gogledd (Aurora)

Bob rhyw ychydig flynyddoedd bydd goleuni'r gogledd, neu'r *Aurora borealis* i'w weld o Gymru, fel ym Medi 1958 a Mawrth 1989. Ond rydym braidd yn rhy ddeheuol i'w weld yn ei ogoniant, felly llenni o oleuni gwyn a welwn gan amlaf ac nid y rhyfeddod lliwgar a welir yng ngogledd yr Alban neu wledydd Llychlyn.

Am fod gweld yr Aurora yn ddigwyddiad anarferol fe'i hystyrir yn rhagfynegiad o drychineb neu gyfnod o dywydd anffafriol. Ond nid oes sail i hynny – ofergoel ydyw.

3.2 Lloerennau

Ar gyfnodau o dywydd anarferol o sych, stormus neu wlyb fe glywais rai (o'r to hŷn yn bennaf), yn rhoi'r bai am y tywydd ar yr holl loerennau artiffisial sy'n cylchdroi'r ddaear:

'Dydy'r tywydd byth 'di bod 'r un fath ers iddyn nhw ddechra poetshan a rhoi petha'n y gofod 'na' (Nefyn 1987)

'Ddylsan nhw ddim bod wedi gyrru dynion i'r lleuad – maen nhw wedi difetha'r tywydd' (Maentwrog 1995)

3.3 Planedau

Go brin y gellid dweud bod y planedau yn effeithio ar y tywydd a hwythau mor eithriadol o bell. Eto fyth, mae'r rhai sy'n credu mewn astroleg yn honni bod y planedau yn cael effaith ar ffawd pobl a bod y tywydd yn medru chwarae rhan yn hynny. Yn *Llên Gwerin Sir Gaernarfon*, tud. 27 – 28, mae gan Myrddin Fardd ddarlun da o gymhlethdod effeithiau honedig y planedau ar y tywydd:

'...gwir mai y Lleuad sydd yn effeithio fwyaf ar y ddaear o barth yr hin, ond pan ddigwyddo y Lleuad fod yn effeithio ar y ddaear i beri hin dda, bydd Gwener yn effeithio ar y Lleuad i'r gwrthwyneb, ac yn effeithio hefyd yr un modd ar y ddaear, a chyda hynny odid y bydd

Mawrth yn effeithio ar Gwener, Mercher yn effeithio ar Mawrth, Iau yn effeithio ar Sadwrn, Sadwrn yn effeithio ar Iau, a Iau yn effeithio ar y Lleuad, a'r Lleuad erbyn hyn, efallai, wedi colli ei heffaith yn llwyr o'r hyn y disgwylid iddi fod, pe buasai heb fod dan lywodraeth cynifer o fydoedd; a phan ystyrir fod y ddaear o dan effaith y cwbwl, mae y dryswch, wrth reswm, yn rhwym o fod yn fawr, ac felly, nid rhesymol meddwl y gellid dywedyd i'r dim am y tywydd.'

3.4   Sêr

Sêr yn wincian – mae hi'n dywydd braf (Adam Hughes, Nefyn 1985)

Sêr yn pefrio fwy nag arfer – tywydd garw (Ystalafera, *AWC*)

Sêr yn leision ac yn wincian – arwydd o dywydd rhewllyd yn y gaeaf (DO Jones, Padog, yn *LlG 26*)

Niferus y sêr pan yn rhewi (*DG*). Pan fydd yr awyr yn glir ar noson o aeaf bydd yn siŵr o fod yn oer.

Niferus y sêr wedi cawod (*DG*) Am y bydd y gawod wedi clirio'r awyr.

Sêr mawrion, prin yn weledig – glaw ar ei ffordd (Bethel)

Sêr yn boddi a diffodd – siawns o gawod (Llanrug). Yn digwydd pan ddaw cwmwl i orchuddio'r awyr.

Y lleuad yn newid ger y Twr Sêr ar Fai 15fed – daw'n gyfnod glawog (Bethel). Roedd y Twr Sêr, neu'r Sosban fach (y *Pliades*), yn bwysig yn yr Aifft a'r dwyrain canol am fod ei ymddangosiad tymhorol yn arwydd bod gorlif ffrwythlon yr afonydd ar fin cychwyn ac y dylid mynd ati i hau. Ceid defodau ffrwythlondeb yn gysylltiedig â'r dyddiad ac roedd yn un o uchafbwyntiau'r flwyddyn. Adlais o'r ofergoeliaeth honno a geir yma. Nid yw'r arwydd yn dal dŵr fel arall.

3.5   Sêr cynffon neu gomedau

Credid ar un adeg bod ymddangosiad comed neu seren gynffon yn rhagfynegi trychineb o ryw fath a phan ddigwyddai stormydd dinistriol yn y cyfnod pan fyddai comed yn yr awyr, hi gawsai'r bai! 'Does dim sail i hynny.

Er hynny, efallai y dylasai Napoleon fod wedi aros gartref pan welodd gomed fawr yn 1811 ac yntau ar fin cychwyn ar ei ymgyrch drychinebus i Rwsia pan gafodd ei fyddin ei dal yn yr eira mawr.

3.6 Sêr gwib

Ceir sêr gwib (meteorau) drwy'r flwyddyn ond ar rai nosweithiau arbennig bydd eu niferoedd yn cynyddu mor aruthrol nes ceir 'cawodydd' ohonynt. Digwydd hynny gan y bydd y ddaear, ar ei chylchdaith flynyddol o gwmpas yr haul, yn mynd drwy rannau o'r gofod lle ceir mwy o fân lwch a gronynnau. Bryd hynny gwelir llawer mwy nag arfer ohonynt wrth i'r gronynnau llwch daro'r atmosffer a llosgi fel sêr gwib ar raddfa o rhwng un a deg y funud, e.e. cawod y *Perseids* yn Awst, sydd yn dod o gyfeiriad y cytser *Perseus*; y *Leonids* yn Nhachwedd o gyfeiriad *Leo*, a'r *Gemenids* yn Rhagfyr o gyfeiriad *Gemini*.

(Sêr cynffon) yn gwibio yn y nos – gwynt cryf y diwrnod wedyn ac efallai am ddyddiau i ddod (LlGSG). Nid sêr cynffon ond sêr gwib, mewn gwirionedd, gan nad gwibio'n gyflym drwy'r atmosffer a wna sêr cynffon ond yn hytrach symud yn araf iawn. Maent yn weladwy am rai wythnosau ar y tro.

Llawer o (sêr cynffonnog) yn y nos – storm (DMach). Eto, sêr gwib, mewn gwirionedd.

Sêr yn saethu – tywydd gwyntog (AM 1870)

Os yw (sêr gwib) yn syrthio i'r gogledd – gaeaf caled
Os ydynt yn syrthio i'r de – haf braf (LlGSG)

Sêr gwib yn yr haf – terfysg i ddilyn (Garndolbenmaen)

3.7 Yr Haul

Y PEIRIANT TYWYDD

Yr haul yw ffynhonnell yr egni enfawr sy'n gyrru holl systemau hinsoddegol a thywydd y byd. Tra bo'r ddaear yn troi ar ei hechel, yr haul sy'n gyfrifol am ddydd a nos a'r newidiadau dyddiol mewn tymheredd sy'n deillio o hynny. Hefyd, am fod echelin troelliad y ddaear yn gogwyddo rhyw ychydig o'r fertigol ceir y gwahaniaethau tymhorol amlwg rhwng gwanwyn, haf, hydref a gaeaf.

Ond nid yw'r tymhorau yn digwydd i'r un graddau wrth inni symud o'r trofannau i'r pegynnau. Hinsawdd laith a chynnes, sydd yn aros yn weddol ddigyfnewid drwy'r flwyddyn, a geir yn y trofannau ond wrth inni symyd o'r cyhydedd tua'r gogledd neu'r de bydd hyd y dydd yn newid yn raddol gan ddangos effeithiau tymhorol cynyddol. Erbyn cyrraedd y pegynnau ceir golau dydd parhaus ganol haf a thywyllwch parhaus ganol gaeaf gyda'r hinsawdd yn newid yn raddol o un i'r llall wrth i'r ddaear barhau ar ei thaith.

Gellir disgrifio'r gwahaniaethau hyn rhwng y trofannau a'r pegynnau a'r duedd naturiol i sefydlu cydbwysedd rhyngddynt fel y 'peiriant' sy'n creu'r tywydd. A'r broses ddiddiwedd sy'n nodweddu'r peiriant hwnnw yw cylchredoedd y gwyntoedd a cherrynt morol sy'n gyfrwng i drosglwddo ac ailddosbarthu'r gwres a ddaw o egni'r haul rhwng un rhan o'r byd a'r llall.

Am fod edrychiad yr haul yn gallu amrywio dan ddylanwad cyflwr yr awyr a'r cymylau gall roi arwyddion tywydd defnyddiol a dibynadwy inni, ond inni allu darllen yr arwyddion hynny yn gywir.

3.7.1 Cyffredinol

Fe ddaw eto haul ar fryn
Nid yw hyn ond cawod (*EbN*). Rhaid byw mewn gobaith.

Haul y bore byth ni bydd
Yn parhau drwy gydol dydd (*DLl*). Mae hon yn ddihareb yn ogystal â sylwebaeth ar y ffaith fod y tywydd, yn ogystal â ffawd rhywun, mor gyfnewidiol.

Yr haul yn glir a'r awyr yn ddigymylau – tywydd teg (cyffredin)

Haul John Bennett – haul dros dro (Abertawe). Haul cynnar y bore a chymylau ar y gorwel.

Llwynog yw yr haul – twyllodrus (cyffredin). Disgrifia haul rhwng cawodydd. Y dywediad yn ysbrydoliaeth i gân enwog Geraint Lovegreen.

Os bydd yr haul yn gyrru'r cymylau o'i flaen tua'r gorllewin – tywydd teg (Llan-non)

FE DDAW ETO HAUL AR FRYN
NID YW HYN OND CAWOD

(EbN). *Rhaid byw mewn gobaith.*

Yr haul yn codi'i bais i biso (Meirionydd). Haul am gyfnod byr rhwng cawodydd.

3.7.2 Machlud a gwawr

Wrth weld yr haul yn machlud neithiwr
A'r holl win oedd yn ei barlwr
Prin y credwn 'gallai godi
Heb ddim ond noson fer i sobri. (Evan Hughes, Rhoshirwaun)

Mae cyfeiriadau at awyr goch adeg machlud yr haul yn arwydd y bydd hi'n dywydd braf yfory a gwawr goch yn hen, hen arwydd tywydd gwlyb. Gweler *Mathew 16, 2-3* am ymateb yr Iesu i'r Phariseaid:

'*Ac efe a atebodd ac a ddywedodd wrthynt, Pan fyddo yr hwyr, y dywedwch, tywydd teg; canys y mae yr wybr yn goch. A'r bore, heddiw drycin; canys y mae yr wybr yn goch ac yn bruddaidd. O ragrithwyr, chwi a fedrwch ddeall wyneb yr wybren; ac oni fedrwch arwyddion yr amserau?*'

Awyr goch y bora, aml gawoda [neu *...brithion gawoda*]
Awyr goch y pnawn, tegwch a gawn (*DMach*)

Coch y wawr, glaw mawr
Coch y pnawn, braf iawn (Pwllheli)

Coch cynnar, tywydd garw
Coch hwyr, heulwen, ebe nhw (Dic Jones, yn *SS*)

Bore coch, bryd bynnag y daw,
Ceir yn fynych wynt a glaw (*CRJE*)

Cylch o amgylch yr haul yn y bore ac yn diflannu'n raddol – tywydd teg (*CNW*)

Yr haul yn machludo'n goch ac yn glir – tywydd teg (*TrafELl 1895*)

Coch yr hwyr – cysur llongwr (Blaenau Ffestiniog)

Ffurf arall ar y dywediad hwn yw:
Coch i fyny – teg yw hynny / braf yfory [neu *...teg yfory* (Llanuwchllyn)]
Coch i lawr – glaw mawr (*DMach*)
Peidiwch â chamddeall hyn; ymadrodd am gyfeiriad yr haul a geir yma, h.y. 'i fyny' yw tua'r machlud yn y gorllewin ac 'i lawr' yw tua'r wawr yn y dwyrain.

Ceir amrywiadau lleol ar y dywediad hwn o bob cwr o Gymru:
Cochni fyny, teg yfory
Cochni lawr, glaw mawr (DLl) a: *Coch ar i fyny – tywydd braf yfory* (Rhosllannerchrugog)

Ond mae dwysedd y cochni yn arwyddocaol hefyd:

Coch hyll – glaw (Llŷn). Pan fydd cochni'r awyr gyda'r machlud yn drymaidd a thywyll.

Coch budr yn y gaeaf – eira (cyffredin). Pan fo'r cochni'n fwy dwys nag arfer.

Machlud pinc – glaw yfory (cyffredin)

Coch dyfrllyd adeg y machlud – glaw (Llanystumdwy), h.y. awyr binc

Gall pellter y cochni yn yr awyr fod yn bwysig:

Coch o gwmpas, glaw drwy'r deyrnas (DMach). Pan fo'r cochni'n ymestyn ymhell ar hyd y gorwel.

Coch at Gonwy, glaw cyn yfory (Penmachno). Pan gyrhaedda cochni'r machlud ymhell ar hyd y gorwel i'r gogledd.
Er hynny, dywedir ar ochr ddwyreiniol Dyffryn Machno:
Coch 'dat Gonwy, braf yfory. Ond ar yr amod mai dim ond rhimyn main o gochni a welir ar y gorwel.

Coch Cricieth, glaw dranweth (Dolwyddelan).

Coch yn uchel – braf [yn cyrraedd yn uchel i'r awyr]
Coch yn isel a dyfrllyd – glaw [yn ymestyn ar hyd y gorwel yn unig] (Llanystumdwy)

Coch y machlud yn chwalu allan – glaw ynddi (Dyffryn Ceiriog)

A pha mor gyflym y mae'r cochni'n diflannu:

Os bydd cochni'r machlud yn cilio'n sydyn – glaw
Os bydd yn cilio'n ara bach – braf yfory (Pwllheli)

Os bydd yr haul yn machludo yn goch, rhaid i'w gochni ddiflannu tua'r gogledd cyn y gellir teimlo'n sicr fod tywydd teg i fod drannoeth.
Os diflanna cochni'r haul tua'r de ar ei fachludiad, arwydda wlaw (*TrafELl 1895*)

Ac os nad oes cochni yn y machlud:

Os yr haul â i'w wely yn welw ei wedd
Bydd glaw bore drannoeth cyn sicred â'r bedd (Cross Inn, *AWC*)

Awyr felen Cricieth, glaw mawr drannoeth (Ardudwy)

Yr haul yn machlyd yn wyn – tywydd garw (*TrafELl 1895*)

Ac os yw'r wawr heb gochni:

Yr haul yn ddisglair ar ei godiad – braf (Llanuwchllyn)

Yr haul yn wyn neu'n glafaidd wrth godi – glaw (Bethel)

Goleuwen ddwyrain, cais dy gôt (*CMO Llangefni*). Awyr glafaidd yn arwydd glaw.

Haul dwbwl – mae gweld 'dau hoil yn machlud' neu haul dwbwl, yn anghyffredin iawn ac yn arwydd storm. Pan welodd Ieuan James, Pen-y-groes, Crymych hynny roedd yn 'sgeler y noson honno'. Disgrifir y digwyddiad prin hwn yn yr hen rigwm:

Dau haul yn mynd i'r heli
Gwynt a glaw ddaw o'r weilgi (*LlafG 77*). Tybed ai ffurf gref o'r *ci drycin* a welwyd? (gweler 4.6.3.)

3.7.3 Rhwng y gist a'r pared
Ceir amryw o ddywediadau yn darlunio'r haul yn llithro o'r golwg y tu hwnt i linell isel ddu o gymylau ar y gorwel. Mae'r haen hon o gymylau yn ddigon trwchus i guddio'r haul ac yn arwydd bod glaw, o bosib, ar ei ffordd:

Yr haul yn mynd i lawr rhwng y gist a'r pared – glaw (Llŷn)
Neu:
– *yn mynd i lawr y tu ôl i'r gist – glaw* (Llanybydder, Llanllwni, *HM*)
– *yn machlud tu ôl i'r dresel* (Nefyn)
– *yn machlud rhwng y post a'r gwely* (Llangefni)
– *yn mynd dan ei gaerau* (Bangor, Penmachno)

Llinell o gymylau duon yn y gorllewin adeg y machlud – glaw yn y nos neu drannoeth (Bethel)

Cymyle duon ar y machlud – glaw yfory (Penfro)

Cymyle torgoch adeg y machlud (Penfro)

Cŵn duon Caernarfon – glaw trwm i ddilyn (Megan Davies, Llanuwchllyn, 1984). Clytiau o gymylau duon yn rhes yn y gorllewin neu'r gogledd gyda'r nos.

Cymylau cochion a duon oddeutu'r haul wrth iddo godi ac yn ei orchuddio ychydig wedyn – glaw (Bethel)

(gw. hefyd Pennod 4: 'Yr haul yn boddi', 4.5.2)

3.7.4 Adlewyrchion

Llwybr yr haul ar y môr adeg y machlud, os yw'n gul a choch – tywydd sefydlog
Ond os yw'n llydan, aneglur a gwyn – glaw yfory (Arfon)
Ceir adlewyrchion tebyg oddi ar y lleuad pan fyddo'n gorwedd yn isel uwchben y môr, ond gwyn yn unig fydd y lliw.

Adlewyrchiad golau llongau ar y dŵr yn y nos yn arwydd o wynt y dwyrain a thywydd braf. (Moelfre)

Os gellir gweld lluniau'r mynyddoedd yn nŵr y llyn yn y bore – newid tywydd (Llandyrnog, *AWC*)

Os gwelir llun yr Wyddfa a'r Cnicht yn Afon Glaslyn (o'r Cob) – *newid tywydd* (Porthmadog)

Os sefwch â'ch cefn tua'r haul pan fydd yn codi yn y bore neu yn machludo gyda'r hwyr bydd ei oleuni yn adlewyrchu, am gyfnod, oddi ar rywbeth disglair yn y pellter:

O Gricieth: fflach ar ffenest yn Harlech gyda'r machlud – braf yfory

Ffenestri'r caffi ar gopa'r Wyddfa yn sgleinio gyda'r nos – braf yfory (Capel Uchaf uwchlaw Clynnog)

Ar y llaw arall os bydd craig ar y mynydd yn sgleinio mae'n dangos bod y graig honno yn wlyb ac mae'n debyg y ceir mwy o law:

O Laethgwm: craig yn sgleinio ar Arenig (3 milltir i ffwrdd) *– glaw*

Carreg ar Foel Tu'cha'r Llan yn disgleirio fel gwydr – glaw drannoeth (Corwen)

Mae'r hen ddynes gwerthu tins ar y Moelfre – mae'n siŵr o fwrw (*LlA103*). Cyfeirio wna at graig ar y mynydd yn disgleirio.

Dysglau Marsli ar y Rhinogydd — glaw. (Trawsfynydd a Gellilydan). Mae cyfeirio at *'ddysglau Marsli'* neu *'glytiau Marsli'*, sef craig yn disgleirio yn yr haul, yn gyffredin mewn sawl ardal yng ngorllewin Meirionnydd, e.e. Ceigiau Erw Wen yn Ardudwy. Ceir hefyd *'dysglau Maesli'* ar Foel Hebog ac yn Nolwyddelan bydd *'dysglau Margiad'* yn sgleinio ar Fynydd Gwyndy.

Toeau tai Harlech yn sgleinio – mwy o law ar ei ffordd (*YsgE*)

Ym Mlaenau Ffestiniog a Phenmachno *rwbel y chwareli yn sgleinio* yw'r arwydd.

3.7.5 Maint yr haul

Yr haul (yn gynnar yn y bore) *yn edrych yn fwy nag arfer – glaw* (Bethel, Dolgellau)

Yr haul yn gwneud llygad mochyn wrth godi yn y bore dros Garn Brys – byddai'n law cyn nos (Huw Selwyn Owen, Ysbyty Ifan). 'Mae llygad mochyn yn fain fel pe'n rhoi rhyw lewc [llewc yw cilolwg] dan ei aeliau o hyd.'

3.7.6 Y Tymhorau

Haul y gwanwyn, gwaeth na gwenwyn (*DG*). Rhybudd yw hwn i beidio â diosg dillad yn rhy gynnar yn y tymor.

3.8 Y Lleuad

Gelwid y lleuad hefyd yn *'gannwyll y Plwy'* a *'haul Tomos Jôs'* ym Mangor (*FClint*); *'y lanter fawr'* yn Llanfachreth (*DMach*); *'lamp y plwy'* (Clynnog) a'r *'lamp fawr'* ym Mynydd Nefyn (1987). Hi yw ein cymydoges ofodol agosaf. Roedd hi'n arfer ar un adeg i gyfarfodydd ac eisteddfodau lleol gael eu cynnal oddeutu'r lleuad llawn er mwyn i'w llewyrch oleuo'r llwybr i bobl gerdded adre liw nos.

Cawsai'r lleuad lawn gynta ar ôl cyhydnos yr hydref (22ain o Fedi) ei galw y *'Lleuad Fedi'*, *'Lleuad y Cynhaeaf'* neu'r *'Lleuad naw nos olau'*. Byddai'r naw nos olau yn eithriadol o bwysig i ffermwyr am y ceid goleuni llachar bron fel golau dydd am o leiaf y pedair noson cynt, ac ar ôl, noson y lleuad lawn ei hun. Roedd hyn yn eithriadol o hwylus at gario'r ysgubau ŷd i'r teisi ac am y byddai'r lleuad yn codi hefo'r machlud gellid dal ati yn ddi-dor i gario o'r caeau (h.y.

cyn dyddiau'r dyrnwr medi) ymhell i'r nos – hyd y wawr pe bai angen.
   Mae tynfa'r lleuad ar y ddaear yn ddigon i effeithio ar y llanw drwy achosi gorllanw misol (*spring tide*). Hefyd yn y gwanwyn a'r hydref, oddeutu'r ddwy gyhydnos, ceir llanw ucha'r flwyddyn. Mae'n hen gred, os yw'r lleuad yn ddigon grymus i effeithio ar y llanw, ei bod hefyd yn medru effeithio ar bwysedd yr awyr ac felly ar y tywydd ei hun.

3.8.1 Cyflwr y lleuad

Pan fo'r lleuad yn llawn – dyma pryd y ceir tywydd gorau'r mis
Adeg y lleuad newydd – dyma pryd y ceir tywydd salaf y mis
(cyffredin)

Y lleuad yn ymddangos yn glir dros dri diwrnod ar ôl y lleuad newydd a hefyd dros dri diwrnod cyn y llawn – ceir mis sych
(CCO)

Y lleuad yn llawn
Bydd y tywydd yn iawn (Llŷn)

Ond:
Os daw i fwrw glaw pan fo'r lleuad yn llawn – felly bydd hi am fis
(Cwm Penmachno, *AWC*)

Gallwn gael eira mawr oddeutu'r lleuad llawn yn enwedig os yw wedi rhewi'n barod i wneud gwely iddo (Yr Odyn 129, 1987)

Eira a gawn, wedi'r llawn (Llandyrnog, *AWC*)

Yn y gaeaf – wedi'r lleuad llawn y bydd y rhew galetaf (Llaniestyn). Sail hyn yw y bydd y tywydd yn oerach adeg nosweithiau hir a braf y lleuad llawn.

Taranau a gawn tua'r llawn (*YsgE*). Yn yr haf gall tywydd braf yn hawdd droi'n derfysglyd.

Newid lleuad – newid tywydd (Llŷn 1985)

Dyhirog – '...yr oedd (gan yr hen bobl) eu *'dyhirog'*, sef eu lleuad newydd, yr hon a olygai dywydd garw yn ystod y mis, ac a ddiarhebid ganddynt: *'Nid hir yr erys dyhirog heb ymddangos'*.' (*LlGSG*, tud. 44)

Blaen newydd ymlaen, llawn llawned yn ôl (Huw Selwyn Owen, yn *LlG 28*). Ar ôl y lleuad llawn a chyn y lleuad newydd y byddai fwyaf tebygol o newid tywydd, er gwell, er gwaeth. Gweler esboniad arall ar y dywediad hwn yn 3.8.7.

Pan fo'r lleuad yn gwanio y bydd yn rhewi galetaf (Llaniestyn)

3.8.2 Amser / dyddiad newid y lleuad
Gweler ddywediadau eraill yn 1.1

Lleuad newydd yn codi yn agos i hanner nos – lleuad sych fydd hi (h.y. mis sych)

Lleuad newydd yn codi yn y pnawn – lleuad wlyb (DMach)

Lleuad yn newid yn yr oriau mân – gobaith am dywydd braf
Lleuad yn newid ar ôl 3 o'r gloch y pnawn – tywydd gwael (Abererch)

Bydd lleuad y bore yn tynnu'r gwynt i'w gyfeiriad ac yn dŵad ag eira yn y gaeaf (O Olsen, Nefyn 1985). Lleuad llawn yn y bore yn tynnu'r gwynt o'r cyfeiriad y mae'n codi, sef yn y dwyrain.

Pan fo'r lleuad yn newid, neu yn cyrraedd ei chwarter cyntaf neu olaf:
12.00 – 2.00 o'r gloch y pnawn:
    yn yr haf – glawog; yn y gaeaf – glaw ac eira
2.00 – 4.00 y pnawn:
    yn yr haf – cyfnewidiol; yn y gaeaf – braf a thyner
4.00 – 6.00 y pnawn:
    yn yr haf a'r gaeaf – tywydd teg (JR Jones, Brynsiencyn)

Lleuad newydd ar ddydd Sadwrn neu Sul – tywydd drwg (cyffredin)

Gelwir lleuad y Sul yn *lleuad cas gan longwr* mewn rhai pentrefi glan môr, e.e. Nefyn, Moelfre.

Ym Mryncroes yn Llŷn, y lleuad Sadwrn oedd y *cas gan longwr*.

Lleuad newydd ar droad y rhod (y dydd byrraf) *gall y tywydd fynd unrhyw ffordd, gan roi cyfnod hir braf neu gyfnod hir gwlyb* (Nefyn). Felly bu yn 1982 a chafwyd tywydd gwlyb a stormus tan fis Tachwedd.

    Credai Owen Olsen, Nefyn y byddal effeithiau gwael y lleuad newydd yn debygol o barhau tan o leia y chwarter cyntaf, e.e. Mehefin 20 – 23ain, 1985 roedd yn dywydd ansefydlog, gwyntog a chawodog dros gyfnod y dydd hiraf. Ymateb Now oedd: *'gawn ni weld sut bydd petha pan fydd hwn yn chwarteru, does dim shawns iddi wella cyn hynny'*.

OS BYDD Y LLEUAD AR EI HOCHR FEL PADELL
PAN ARLLWYSIR DŴR OHONI, LLEUAD WLYB FYDD

(TrafELl 1895)

LLEUAD HONGIAN DY GRYSBAS – LLEUAD SYCH

(Llanbedrog)

Dau leuad llawn yn Chwefror – haf gwlyb (CsyM Arthog)

Dau leuad llawn ym mis Mai
Dim cynhaeaf, dim cnau (Dinas Mawddwy).
Mewn ardaloedd eraill, e.e. Môn, dywedir y bydd *'dau leuad newydd ym mis Mai'* yn cael yr un effaith.

Enfys ddechrau'r lleuad – glaw i'w diweddiad (Ardudwy)

Yn ardal Cribyn ger Llanbed (M Thomas 1983) dywedir am leuad yn newid ar y Sadwrn: *'Mae un lleuad wlyb yn ddigon mewn oes'*.

3.8.3 Cyrn y lleuad

Coel gyffredin iawn yw bod y modd y mae'r lleuad newydd yn gorwedd yn medru rhoi amcan o'r tywydd am y mis i ddod. Os yw â'i phigau i fyny dywedir ei bod yn dal dŵr ac felly yn lleuad sych ond os yw â'i phigau at i lawr bydd yn arllwys y dŵr arnom fel o bowlen a bydd yn fis gwlyb.

Os gorwedd y lleuad fel bad ar y dŵr a'i gwaelod i lawr, bydd yn lleuad sych
Os bydd y lleuad ar ei hochr fel padell pan arllwysir dŵr ohoni, lleuad wlyb fydd (TrafELl 1895)

Y lleuad newydd fel cwch â'i ben i lawr – yn gaddo mis gwlyb (Llanfair Pwllgwyngyll)

Lleuad yn newid ar ei phig – mis gwlyb (Cribyn ger Llanbed, Aberystwyth)

Lleuad ar ei phig,
Rydd ei diferion i gyd (Porthcawl, AWC), neu: *...yn gollwng ei dŵr i gyd* (Ceredigion, FWI)

Lleuad newydd yn cwpanu, fe ddeil y dŵr (Ystalafera)

Lleuad newydd ar ei thalcen – lleuad wlyb
Lleuad newydd ar ei chefn – lleuad sych (Nefyn)

Lleuad newydd ar ei chefn
Ni ddaw glaw i wlychu'th gefn;
Lleuad isel ar ei phen
Fe ddaw glaw cyn hir o'r nen (Cross Inn, Abertawe)

Lleuad ar ei chefn – lleuad sych
Lleuad fenyw – lleuad wlyb (Porth-cawl). Lleuad fenyw yn sefyll i fyny ar ei blaen

Ymholiad cyffredin yn ardal Llanrwst am y lleuad newydd fyddai: *'wnaiff hi nofio?'* Oherwydd pan orweddai ar ei chefn fel cwch, lleuad sych fyddai (Eric Williams)

Cyrn y lleuad yn ymgodi – tywydd teg
Corn isa'r lleuad newydd yn ymollwng – glaw (CCym)

Lleuad newydd â'i phig i fyny fel bachyn y gellir hongian het arno yn arwydd tywydd braf (Dyffryn Conwy)
Ond os oes dau fachyn, un bob pen, fel y gellir hongian dwy het (Penmachno), *neu het a ffon* (Capel Garmon), *fe fyddai'n andros o braf*

Bachu dwy het / dau gap – lleuad sych (Rhuthun, Porthcawl), neu: *...dymhestlog* (Corwen)

Lleuad sych os gellir hongian cap ar ei gorn o (DMach, Llannefydd)
Lleuad hongian dy grysbas – lleuad sych (Llanbedrog)

Lleuad fel corn hetiau – mis braf (YG)

Lleuad sych yn gorwedd ar ei chefn
Os gellwch hongian eich het ar y lleuad – mae'n lleuad sych (Ponterwyd)

Os na fydd digon o fach ar y lleuad ichi hongian eich côt – bydd raid ichi wisgo'r gôt (CNW)

Dywedai gweision ffermydd yn Llŷn am leuad â'i chyrn i fyny: *'fe fedri di sychu dy sach ar hon'*. Cyfeiriad yw hwn at y sach a wisgid am y gwar i gadw'n sych. Byddai angen hongian y sach wlyb ar rywbeth i'w sychu.
'Hen leuad sychiad sach' ddywedid am y lleuad hon yn Llithfaen (O Olsen, Nefyn).

Da i olwg medelwr
Yw lleuad yn dala dŵr (Dic Jones, yn *SS*)

Lleuad ar ei chefn yn dala dŵr yn lleuad sych fel arfer, ond os digwydd iddi fwrw bydd pobl de Ceredigion yn dweud ei bod *'wedi berwi drosodd'* (Dic Jones, Blaenannerch)

3.8.4 Enfys am y lleuad

Dyma gyfeirio at fathau o enfys sydd yn gylch am y lleuad. Maent yn gynnyrch llewyrch golau'r lleuad yn yr atmosffer. Bydd cylch â lliwiau'r enfys i'w weld yn amlwg yn cyffwrdd ac yn amgylchynu'r lleuad ar noson glir braf – hwn yw'r 'cylch agos'. Ond ar adegau eraill gwelir cylch mawr gwyn (enfys wen am nad yw'r goleuni'n ddigon cryf i ddangos y lliwiau) ymhell allan oddi ar wyneb y lleuad. Hwn yw'r 'cylch pell' sydd i'w weld pan fo tarth ar ffurf cwmwl *Cirrostratus* yn uchel yn yr atmosffer. Bydd y defnynnau dŵr ynddo wedi rhewi fel eu bod yn gweithredu fel prismau sy'n hollti'r golau gan greu enfys. Mae cylch pell fel hwn i'w weld o bryd i'w gilydd am yr haul yn ogystal ac mae'n arwydd eitha sicr bod ffrynt law go gryf ar ei ffordd. Mae tua 90% sicr o storm o fewn 24 – 48 awr pan welir y cylch pell (*RSN*).

Lleuad amryliw – noson oer (*YsgE*). Disgrifiad o'r cylch agos am y lleuad.

Cylch ymhell, glaw yn agos
Cylch yn agos, glaw ymhell (cyffredin)
Neu: *Ring bell,... / ring yn agos,...* (Mynytho 1984);
Rhod ymhell,.../ Rhod yn agos,... (Blaenau Ffestiniog).

Cylch pell, storom agos (Ponterwyd)

Y mwya'r cylch – gwaetha'r tywydd (cyffredin)

Un cylch (pell) am y lleuad yn y gaeaf – eira ar ei ffordd
Dau gylch – storm enbyd (Llŷn)

Tair enfys agos am y lleuad – daw'n storm enbyd o wynt (Dyffryn Nantlle)

(gw. hefyd: 3.14.2 isod am arwyddion cysylltiedig â'r math arferol o enfys a welir liw dydd)

3.8.5 Y lleuad yn boddi

Pan fydd y lleuad yn graddol golli ei ffurf y tu hwnt i niwl neu gwmwl ysgafn bydd yn edrych fel petai'n boddi. Ceir yr un math o ddywediad am yr haul hefyd (gweler 4.5.2)

Y lleuad yn boddi – glaw cyn yfory (Ceredigion), neu: *...– glaw i ddilyn* (Llanuwchllyn)

'*Mae'r lleuad yn boddi pan fydd hi'n troi tywydd. Mae o'n mynd yn dywyll bits a rhyw gylch amdano fo*' (Mary Jones, Tan-y-bwlch, Capel Uchaf, Clynnog)

3.8.6 Lliw y lleuad

Gwylied pawb, pob gwlad y boch
Y lloer las, y llawer a wlych,
Llawer o'r gwynt yw'r lloer goch,
Lloer wen yw y seren sych. (*TrafELl* 1895)

Creffwch wawr o fawr i fach,
Y lloer las llawer a wlych;
Llid y gwynt yw'r lleuad goch,
Y lloer wen sy' anian sych (*HPDef*)

Y lleuad yn las a chlir – rydym am gyfnod braf a sych, rhewllyd yn y gaeaf (Huw Selwyn Owen, Ysbyty Ifan). Dywedid bryd hynny bod golwg gadarn arni.

Lleuad las – llawer o wlith (*CSyM Arthog*)

Y lleuad yn codi yn goch – sychder mawr a gwres (Llanfwrog, Rhuthun)

'*Lloer goch y Gylchedd* (y bryniau i'r de o Ysbyty Ifan) oedd y lloer hogi pladur, yn symud o gyfeiriad y Migneint tuag at Hiraethog o'r gorllewin a'r de i gyfeiriad y dwyrain a cheid cyfnod hir o dywydd teg i gynaeafa gwair ac ŷd.
Lloer wen welw Pen Llech, sef o'r gorllewin i gyfeiriad y gogledd. Gelwid weithiau yn *lloer fain Machno* am ei bod o'r tu cefn i Cwm Eidda. Byddai y lloer hon yn dynodi cyfnod hir o wlybaniaeth.' (DO Jones, Padog, yn *LlG* 26)

Lleuad fo'n goch ei llawes
Sy'n addo rhagor o wres (Dic Jones, yn *SS*), h.y.: lleuad â chylch coch o'i hamgylch.

Ar y llaw arall:
Mi fydd y lleuad o hyd yn goch cyn storm (Dolwyddelan, *AWC*)
Lleuad goch – gwynt a glaw (Bangor, Arthog, *AWC*)

3.8.7 Coelion lloeraidd a lloerig

Mae hi'n goel eitha cryf, hyd yn oed heddiw, fod y lleuad yn

dylanwadu ar gyflwr pethau byw o bob math yn ogystal â'r tywydd. Hynny yw, wrth i'r lleuad gryfhau, neu ddod i'w llawnder, bydd ei hegni yn ysgogi tyfiant ac wrth iddi leihau, neu wanio, bydd pethau'n tyfu llai. O ganlyniad byddai ffermwyr a garddwyr yn dal sylw manwl ar gyflwr y lleuad ac yn cynllunio'u gwaith o amgylch hynny. Hyd at tua chanol yr ugeinfed ganrif byddai gwerthiant mawr ar almanaciau megis *Almanac Caergybi* ac *Almanac y Werin* ayyb i gael y manylion priodol am gyflwr y lleuad ar gyfer cynllunio rhai gorchwylion. Er enghraifft, ar gynnydd y lleuad y byddai'r adeg orau ar gyfer:
Hau a phlannu fel bod planhigion ifanc yn egino a thyfu'n well.
Rhoi iâr i ori fel bo'r cywion yn deor a chynyddu hefo'r lleuad.

A pan fyddai'r lleuad yn ei gwendid y dylesid:
Tynnu chwyn o'r ddaear, pigo ffrwythau, medi'r cnydau a thorri ffyn neu goed.

Credid y byddai defaid yn siŵr o ddod ag ŵyn pan ddeuai'r lleuad yn llawn a chredid yr un peth am ferched hefyd. Galwai Nyrs Jones (bydwraig o Nefyn) y lleuad llawn yn *'lleuad babis'* oherwydd roedd wedi sylwi, o hir brofiad, petai gwraig yn hwyr fe fyddai'n saff o roi genedigaeth ar y lleuad llawn. (Joan Olsen, Nefyn)

Blaen newydd ymlaen, llawn llawned yn ôl (Môn, Y Bala, Tal-y-bont) Gall y dywediad hwn hefyd gyfeirio at effaith y lleuad ar enedigaethau, h.y. bydd ŵyn yn cael eu geni ychydig o flaen eu hamser adeg y lleuad newydd a bydd y ddafad yn dal yn ôl ar leuad llawn gan achosi i'r oen gael ei eni'n hwyr. Gweler esboniad arall yn 3.8.1.

3.9 Llanw a Thrai

Mae llanw a thrai y moroedd yn gynnyrch amlwg o dynfa'r haul, ond mae'r lleuad yn cael cryn ddylanwad ar hynny yn ogystal ac yn creu llanw mawr ddwywaith y mis. Ar hyd glannau'r môr credir bod cyflwr y llanw a'r trai yn effeithio ar y tywydd:

Gwynt ar lanw, glaw ar drai (Llanddona), neu: ***...gwynt ar drai*** (Traeth Coch)

Cawod gyda'r trai, gwisg dy got a chadw hi'n gau

Cawod gyda'r llanw, diosg dy got a dod hi i gadw (o gylch ceg yr Afon Tywi)

Os daw cawod o flaen llanw
Tyn dy gôt a rho hi i gadw;
Os daw cawod hefo'r trai
Gwisg dy gôt a chofia'i chau
   (Talsarnau ger Harlech 1984)

Os daw i fwrw gyda'r llanw
Tyn dy got a rho i'w chadw
Os daw i fwrw gyda'r trai
Gâd dy got, am fwrw mae
   (Ystalafera)

Cawodydd gyda'r llanw – gwella
Cawodydd gyda'r trai – gwaethygu (Conwy)

Os dechreuith hi fwrw fel mae'r trai ar gychwyn – fe fwrith am y dydd (Garndolbenmaen)

Pan fo'r llanw'n dechrau dŵad i mewn, yn aml iawn fe gymylith am sbel a chlirio wedyn; *'gwasgiad llanw'* ddywedid am hynny (Garndolbenmaen)

Pe bai cawod, bydd pobl Y Bont-ddu yn mynd i'r ffenest i weld a ydi'r llanw i mewn yn afon Mawddach ai peidio:
Llanw i mewn – wnaiff tywydd drwg ddim dal yn rhy hir
Os bydd trai – aros wnaiff o (Alun Owen, Y Bont-ddu). Ceir ffurfiau tebyg yn aber Afon Ddyfrdwy hefyd.

Y gwynt yn disgyn pan fo'r llanw yn hanner llenwi – bydd yn braf am y diwrnod
Y gwynt yn codi pan fo'r llanw yn treio – gwisga dy gôt laes (Enlli)

Mae cyfeiriad y gwynt yn bwysig hefyd:

'Fel mae'n gwagio yn syth ar ôl top dŵr (top llanw), os yw'r gwynt o'r de-orllewin, fe ddaw'n hegar â llawer o law. Ond os yw'r gwynt o'r dwyrain a hithau'n glawio, ni fydd cyn hecred ond fe barith yn hirach' (Fred Jones, Conwy)

A gall effaith y lleuad ar gyflwr y llanw fod yn bwysig hefyd:
'Os yw'r teitiau'n codi'n naturiol (h.y. yn gyson ac i'w lefelau priodol yn ôl y tablau llanw) fe gawn dywydd braf, ond os ydynt yn anghyson ac yn dangos ymchwydd uwch na ddylsent, yn enwedig o gwmpas y marc 17 troedfedd, yna gwynt caled o'r môr sy'n eu cadw i fyny a gallwn ddisgwyl tywydd glawog. Bydd y "teit" yn ychlach o 1 – 1½ troedfedd oherwydd gwynt gorllewin neu ogledd-orllewin.' (Fred Jones, Conwy)

3.10 Y Môr

Llong ar fôr a stoc ar fynydd
Sy'n dibynnu ar y tywydd (Robin Gwyndaf, Uwchaled)

3.10.1 Cyflwr y môr

Ceffylau gwynion – môr tymhestlog (cyffredin), neu: *Cesig gwynion...*

Defi Jones yn dangos 'i ddannedd (Ceredigion, FWI). Cyfeirio at erwinder y môr, sy'n dangos y bydd y storm i barhau.

Llwybrau ar wyneb môr llonydd – braf (cyffredin). Llinellau glas golau yw y rhain.

Lein wen Conwy ar y môr – llinell o ewyn yn y Fenai ac yn arwydd y bydd gwynt deifiol o'r dwyrain yn llosgi'r coed ac y bydd yn dueddol o aros am sbelan (Penmon, Llanddona)

Rhannau o ddŵr y môr fel gwydr – tywydd teg (CNW)

Ar y llaw arall:
Os yw'r môr yn ddigon llonydd nes bo lluniau'r cymylau arno – mae'n sicr o storm (O Olsen, Nefyn)

Y môr yn ddu a thrwyn Bodeilias yn wyn – storm (Nefyn)

Dŵr y môr yn llwyd ger y glannau – rho dy gôt (O Olsen, Nefyn) h.y. tywod neu fwd yn cael eu corddi i'r wyneb gan y lli.

Arferai William Roberts, Pistyll fynd i olwg y môr adeg y cynhaeaf i edrych ar gyflwr a lliw y dŵr:
Os byddai'r môr yn lân – tywydd braf, neu fawr ddim mwy na chawod
Y môr yn llwyd – tywydd stormus neu ansefydlog (O Olsen, Nefyn)

Os yw dŵr Solfach (traethell ar Enlli) *yn llwyd bydd y Swnt yn corddi* (Enlli). Llaid yn cael ei godi o'r gwaelod yn dangos fod cerrynt cryf ac y bydd llif y Swnt yn arwach na'r arfer.

'Swel' ar draeth ac ar greigiau, a hynny'n digwydd heb fawr ddim awel i'w theimlo – niwl ar ei ffordd (YEnlli)

Lliw du ar ymyl yr ewyn, daw niwl ymhen deuddydd neu dri (YEnlli)

Dim sglein ar ddŵr y môr – arwydd gwynt (Eifionydd)

Llong yn cysgodi y tu ôl i drwyn Porth Dinllaen – storm enbyd ar fin cyrraedd (Nefyn)

3.10.2 Lliw'r môr

Glas y môr yn oleuach na glas yr awyr – tywydd braf a sefydlog (Clynnog, Llanllyfni)

Y môr yn las fel yr awyr – arwydd tywydd braf
Ond os yw'n llwytaidd, er bod yr awyr yn las – mae'n dywydd ansefydlog (Penarth)

Glesni anarferol ar ddŵr y môr – tywydd teg (CNW)

Tywyll fôr a golau fynydd... / Golau fôr a thywyll fynydd... – gweler 3.14.1

3.11 Llynnoedd

Ewyn gwyn yn llinellau ar Lyn Tegid – arwydd storm (Megan Davies, Llanuwchllyn 1984)

Pan fo wyneb Llyn Tegid yn dywyll a thonnau gwynion bratiog arno (cesig gwynion) ni fydd llawer o obaith am dywydd sych.
Pan fo wyneb y llyn yn loyw a'r tonnau heb ewyn, bydd sicrwydd o dywydd sych (Ifan Henryd, Llanuwchllyn)

Ewyn gwyn yn llinellau ar Lyn Mymbyr – storm o wynt, gwell i gerddwyr gadw'n glir o'r cribau ar ddiwrnod fel hwn (Capel Curig)

Niwl yn codi o Lyn Tegid – arwydd glaw
Niwl yn mynd i'r llyn – arwydd tywydd braf (Megan Davies, Llanuwchllyn). Gweler 4.4.2.4.

Rhaid i'r llynnoedd lenwi cyn y cawn ni eira (Bwlchtocyn)

Mae adlewyrchion clir o'r mynyddoedd ar wyneb dŵr llyn yn arwydd o dywydd llonydd a braf ar y pryd ond y daw newid yn y tywydd yn o fuan.

Y llynnau gwyrddion llonydd – a gysgant
Mewn gwasgod o fynydd,
A thynn heulwen ysblennydd
Ar len y dŵr, lun y dydd (Gwilym Cowlyd)

Gweler mwy o ddywediadau am adlewyrchion yn 3.7.4

3.12 Afonydd

Dyfroedd Afon Mawddach yn glir (maent fel arfer yn dywyll) – *braf* (DMach)

Ond ceir arwydd am Afon Conwy sy'n groes i hynny:
Dŵr yn loyw
Mae am lawio. (Eric Williams, Llanrwst)

Dŵr afon yn ddu a ffroth wen ar ei wyneb – arwydd o law (Cribyn, Bethel)

Lliw du ar ddŵr yr afon yn arwydd glaw (Huw Selwyn Owen Ysbyty Ifan)

Os poerech chi i ddŵr yr afon a hwnnw yn aros heb chwalu, 'doedd dim i'w ddisgwyl ond glaw. (Huw Selwyn Owen, Ysbyty Ifan)

Niwl yr afonydd, hinon;
Niwl y bryniau, glaw (DLl)

Tarth yn rhedeg i lawr yr afon – braf
Tarth yn rhedeg lan yr afon – glaw (Llanybydder). Son am Afon Teifi a wneir yma.

Tarth afonydd, tywydd braf (Llŷn)

Rhaid i'r afon lifo dair gwaith cyn y daw tywydd gwell (Annie D Evans, Llanfair). Gweler hefyd 'tri lli Awst' a ''lli coch Awst'.

Y Geiriog yn llwydo – 'Pan fo Afon Ceiriog ar drymwlaw yn llwydo, dywedir fod yr hinddrwg ar derfynu.' (Dyffryn Ceiriog, yn 'Gwenith Gwyn', *AWC*)

Y Gadnant yn gwynnu – pan fo nant Cadnant, Glyn Ceiriog, yn gwynnu ar ôl hirlaw, dywed pobl y pentref fod y 'sbringiau' yn codi ac y ceir tywydd braf ('Gwenith Gwyn', *AWC*)

Yr afon yn cilio'n ôl yn rhy sydyn – arwydd o ragor o law (Martha Thomas, Cribyn)

'Roedd gof yn gweithio heb fod ymhell o'm cartref, a rhewyn dŵr (ffos melin) yn pasio o flaen yr efail lle gweithiai. Clywais ef yn dweud: "Os na fydd dŵr yn y rhewyn yma ym mis Mai fydd dim cnwd o wair i'w gael, ac os bydd dŵr ynddo ym mis Awst, fydd dim brig ar y gwenith".' Yn *Fferm a Ffair a Phentre*, J Williams ac Eben Davies (1958)

3.13 Mynyddoedd

Mae mynyddoedd yn creu eu tywydd lleol eu hunain. Dyna pam nad yw rhagolygon y teledu yn ddibynnol iawn mewn ardaloedd bryniog neu fynyddig – sef y rhan fwyaf o Gymru mewn gwirionedd. Y dull saffaf yw derbyn, yn ofalus, addewidion cyffredinol y Swyddfa Dywydd ac yna eu cymhwyso yng ngoleuni'ch gwybodaeth o'r arwyddion tywydd lleol.

3.13.1 Cysgod y mynydd

Gall cyfeiriad y gwynt a ffurfiau'r cymylau fod o ddefnydd mawr ichi, ond gall cyfeiriad y gwynt fod yn dwyllodrus iawn mewn ardal fynyddig oherwydd gall y gwynt gael ei ddargyfeirio yn hawdd iawn gan ffurfiau'r tir. Hefyd gall rhai llecynnau fod yn agored neu yn gysgodol iawn, sy'n golygu y gallwch gael camargraff o wir nerth y gwynt o ganlyniad. Arwydd lleol yn Nyffryn Maentwrog o wir nerth y gwynt yw'r canlynol:

O Blas Tan y Bwlch cymryd *golwg drwy sbienddrych ar y coed ar ben Allt Camlyn* ar ochr arall y dyffryn. Mae'r coed i'w gweld yn erbyn yr awyr mewn llecyn sy'n agored i wyntoedd o sawl cyfeiriad – yn enwedig o'r môr:
Coed ar ben Allt Camlyn yn llonydd – diwrnod da i fynd i Lŷn neu gopaon Eryri
Y coed yn chwipio – bydd yn rhy hegar i fentro i glogwyni Llŷn neu gribau Eryri.

O ba gyfeiriad bynnag y daw glaw i Eryri gellir bod yn weddol sicr y bydd yr ochr arall i'r mynyddoedd yn gysgodol ac yn llai glawog. Arwydd arall ym Mhlas Tan y Bwlch sy'n cymryd hynny i ystyriaeth yw:
Glaw o geg yr aber (o'r de-orllewin) – *i Ddyffryn Conwy amdani, bydd y glaw yn llai yno.*
Ond os daw'r glaw o'r gogledd – gwell aros ym Meirionnydd

Ceir un rhigwm sy'n cyfleu'n dda iawn y syniad o gysgod mynydd rhag y glaw:

Pan oeddwn yn Ffestiniog
Mi a gefais ddiwrnod glawog
Ond pan eis i Ddolwyddelan
Ces fy llosgi gan yr heulwen.

Blew geifr – gwynt (Ysbyty Ifan). Daw'r cymylau hyn, sy'n debyg i flew hirion, â glaw fel arfer i orllewin Eryri ond yng nghysgod y mynyddoedd, fel yn Nyffryn Conwy, gwynt yn unig a geir yn aml. Gweler 4.6.2

Dywedai taid Mrs M Evans, Boduan mai: *'i'r mynydd y byddai'r Sipsi bob amser yn edrych i weld be wnâi'r tywydd. Edrychai ar lefel y niwl, y lliw ac eglurder.'*. I Mrs Evans, Garn Fadrun, i'r gorllewin, fyddai ei harwydd tywydd hi a chwiliai am y nodweddion hynny arno – fe'i gwelai yn syth o ffenest y tŷ.

O Blas Tan y Bwlch, Maentwrog, mae **Moel Sgwarnogod** yn y Rhinogydd yn arwydd buddiol – ei liw a'i wedd yn y bore yn argoeli'n dda y tywydd am y dydd.

Capiau ar bennau'r mynyddoedd – cyflwynir yr arwyddion hyn yn 4.4.3.

Golau fynydd, tywyll fôr... / Tywyll fynydd, golau fôr... – gweler 3.14.1

3.13.2 Ffin dywydd
Mae rhai mannau, bylchau yn y mynyddoedd neu ryw ffin naturiol yng ngorweddiad y tirlun fel arfer, lle ceir tywydd gwahanol yn aml rhwng un ochr i'r ffin a'r llall, e.e.:
Bwlch Llanaelhaearn – weithiau'n braf un ochr i'r bwlch a glawog yr ochr arall, neu niwl trwchus un ochr a chlir yr ochr arall.
Ardal Bryncir – yn aml bydd y tywydd yn newid rhwng un ochr a'r llall.
Bwlch Gorddinan – gall tywydd Ffestiniog newid wrth groesi am Ddolwyddelan.
Gweler bod Y Berwyn, Bwlch Oernant, Maenan/Tal-y-cafn yn Nyffryn Conwy, Eisteddfa Gurig, Penygwryd, Cefn Ddwysarn a Storey Arms yn enghreifftiau eraill.

3.14 Yr Awyr

Bu cyfeiriadau eisoes at rai agweddau o gyflwr yr awyr, e.e. y Machlud a'r Wawr, 3.7.1 a cheir mwy ym Mhennod 4 am y cymylau. Yma ymdrinir â nodweddion eraill gweladwy a chlywadwy.

3.14.1 Lliw'r awyr

Mae'r awyr yn las am fod tonfeddi'r goleuni sy'n rhoi'r lliw glas yn cael eu gwasgaru gan nwyon yr atmosffer ac yn dod yn weladwy inni. Os oes llwch neu lygredd yn yr awyr bydd mwy o liwiau yn cael eu gwasgaru ac yn dod yn weladwy. Adeg y machlud bydd goleuni'r haul isel yn teithio drwy fwy o drwch o atmosffer a bydd llwch yn uchel yn yr awyr yn gwasgaru mwy o'r lliw coch. Bydd awelon o'r dwyrain yn llwythog o lygredd Lloegr yn gwasgaru llawer mwy o liwiau, gan wneud yr awyr yn fwll a llwytaidd.

Cyfeiriwyd eisoes at liwiau'r machlud a'r wawr yn 3.7.1, ac ymdrinir â'r arwyddion sy'n sôn am 'Golau fôr a thywyll fynydd...' isod yn 4.3.2. Yma, cyflwynir rhai arwyddion sy'n cyfeirio at liwiau'r awyr ond sydd ddim yn crybwyll unrhyw gymylau ayyb fedr achosi rhai o'r lliwiau hynny.

Os yw'r awyr o liw glas tywyll, ceir cawodydd (Corwen, AWC)

Os bydd y môr a'r awyr yr un lliw – mae'r sicr o dywydd mawr (Arthog). Dywediad llongwyr Y Bermo oedd hwn.

Arwydd terfysg yw:
Duwch am Feirionnydd (Lora Roberts, Rhos-lan)
Duwch am yr Wyddgrug (Rhuthun)
Duwch am Gaer (Yr Wyddgrug)

'Yn ardal Llanfor...pan fo'r ***awyr yn ddu dros Lyn Tegid***, a'r gwynt o'r un cyfeiriad, mae'n arwydd bod glaw ar ei ffordd yn fuan. Nid yw mor ddrwg os yw'n ddu dros Arennig – rhyw basio heibio (i'r gogledd) wna'r tywydd bryd hynny.' (*LlafG 57*)

Goleuwen ddwyrain – cais dy gôt (Môn)

Penmaen golau, crys gwlyb cyn nos (Môn)

Yn y nos gall y modd y mae ***llewyrch goleuadau strydoedd*** y trefi a'r dinasoedd a ***fflamau o gyrn uchel gweithfeydd dur neu burfeydd olew*** yn adlewyrchu ar waelodion cymylau fod yn arwydd glaw.

TYWYLL FÔR A GOLAU FYNYDD...
Gall hwn fod yn arwydd twyllodrus iawn am fod cymaint o'r dywediadau yn croes-ddweud ei gilydd. Gall hynny ddigwydd oherwydd bod yna fwy nag un modd o ddehongli'r arwydd neu, a dyma sydd fwyaf tebygol yn yr achos hwn, ei bod mor hawdd cymysgu rhwng 'golau fôr a thywyll fynydd...' a 'tywyll fôr a

golau fynydd...' sydd wedi arwain at gawdel rhyfeddol o ffurfiau. Cofnodwyd rhai o'r ffurfiau gwahanol hyn yn y 19g, felly nid peth newydd yw'r dryswch.

Mae'r mwyafrif o'r enghreifftiau a welais yn cyfeirio at:

a) CYFLWR YR AWYR – p'run ai golau ynteu tywyll (cymylog) ydyw i gyfeiriad y môr neu'r mynydd. Gan mai ychydig iawn o arfordiroedd Cymru sy'n wynebu'r dwyrain, gellir dweud yn gyffredinol y bydd y tywydd yn dueddol o frafio os yw'r awyr yn goleuo dros y môr, yn enwedig os mai o'r cyfeiriad hwnnw y bydd y gwynt yn chwythu. Ar y llaw arall, bydd yr arwydd yn groes i hynny os chwytha'r gwynt o'r tir. Ceir amrywiadau niferus:

Y môr yn eglur neu olau:
Golau / eglur fôr a thywyll fynydd bery'n hindda yn dragywydd (Rhoshirwaun)
...a sych waelod yr afonydd (DMach)
...sychith gerrig yr afonydd (DMach)
...hi bery'n sychin yn dragywydd (DMach)
...dal i sychu yn dragywydd (Ann Corkett, Aberystwyth)

Neu i'r gwrthwyneb:
Golau fôr a thywyll fynydd ddeffry'r pysg yn yr afonydd (Ardudwy, Blaenau Ffestiniog)
neu:
...ni ddaw hindda yn dragywydd (Arfon)
...dry y rhidys yn geunentydd (DWIH). Rhidys yw ffrwd neu afonig

Tywyll fynydd, golau fôr,
Gwynt a glaw sydd yn ystôr (Ystalafera)

Ar y llaw arall:

Y môr yn dywyll:
Tywyll fôr a golau fynydd,
Drycin gawn ni yn dragywydd (N Jones, Chwilog)
neu:
...ni ddaw'n hindda yn dragywydd (Bethel, *AWC*)

Du fôr, gole fynydd – arwydd o law (Rhosllannerchrugog)

Neu, i'r gwrthwyneb:
Tywyll fôr ac eglur / golau fynydd
Arwydd yw y sycha'r nentydd (*TrafEFf 1898, DLl*)

neu:
...ddeil yn hindda yn dragywydd (*TrafEFf 1898, EJ*)
...ddaw â thes ar hyd y gweunydd (*HCS*, Cross Inn, *AWC*)
...ddaw â hindda imi beunydd (Bro Hiraethog, *AWC*)
...sycha gerrig yr afonydd (Cross Inn, Arthog, *AWC, DWIH*)
...a sych waelod yr afonydd (Ystalafera, *AWC*)
...ysguba gerrig yr afonydd (Arthog, *AWC*)
...a bâr decwch yn dragywydd (Blaenau Ffestiniog)

Ceir hefyd:
Gwynt o'r môr a haul o'r mynydd
Sycha waelod yr afonydd (Ponterwyd, *AWC*)

b) GLESNI Y MÔR – h.y. os yw yn las tywyll neu yn las golau

Tywyll fôr ac eglur fynydd, sych fydd cerrig yr afonydd (Ponterwyd)

3.14.2 Enfys
Cyfeirir at y math arbennig o enfys sy'n rhoi cylchoedd am y lleuad a'r haul ac sydd yn gynnyrch adlewyrchiad goleuni'r haul drwy fath arbennig o gwmwl uchel (*Cirrostratus*) yn adrannau 3.8.4 (am y lleuad) a 4.6.3 (am yr haul). Yr enfys dan sylw yma yw'r un fwy adnabyddus gaiff ei ffurfio wrth i oleuni'r haul gael ei hollti gan ddefnynnau dŵr i roi inni sbectrwm y saith lliw.

Ffordd gyfleus i gofio trefn saith lliw yr enfys:
Coch, oren, melyn, gwyrdd, glas, porffor, fioled – ar ffurf brawddeg: **C**ollodd **O**wain **M**organ **G**wdyn **G**las **P**an **F**aglodd.

Enwau eraill ar enfys yw: *bwa arch*; *bwa a'ch* (Penfro); *bwa'r Drindod* a *bwa glaw* (y de); *bwa'r cyfamod* (Ceredigion, *CHS*) a *Pont y glaw* (Patagonia)

Ceir nifer fawr o ddywediadau yn cyfeirio at enfys y bore neu enfys y pnawn. O ystyried na fedr enfys ffurfio os yw'r haul yn uwch na 42° o'r gorwel mae hynny'n gwneud perffaith synnwyr oherwydd mai dim ond yn y bore a'r hwyr y gellir ei gweld beth bynnag.

Enfys y bora – aml gawoda' [neu: *...brithion gawodau*]
Enfys y p'nawn – tegwch a gawn (cyffredin) neu: *... – hindda a gawn* (Boduan), *... – tywydd ffein a gawn* (Aberystwyth)

Amrywiadau o linell gynta'r uchod yw:
Enfys y bora, haul a chawoda' (Ffestiniog)

Enfys y bore, y dydd ar ei ore (Pontrobert, Maldwyn), h.y. bydd yn dirywio yn nes ymlaen.

Enfys y bore, glawiad ar ei ore (Pontrobert)

Bwa glaw y bore – siŵr o law yn rhywle
Bwa glaw y pnawn – tywydd teg a gawn (Rhydcymerau)

Bwa'r arch prydnawn, tywydd teg a gawn,
Bwa'r arch y bore, aml a hir gowode (*TrafELl 1895*)

Arch y bore, aml gawode
Arch y p'nawn, tegwch a gawn (Llanllwni)

Fersiwn arall o'r cyfeiriad at y bore neu'r pnawn yw:
Enfys y gorllewin, cawodydd i ddilyn
Enfys y dwyrain, tywydd teg (CMO, Llangefni). Os sefwch â'ch cefn at yr haul byddwch bob tro yn wynebu'r enfys, felly bydd enfys y bore yn y gorllewin ac enfys y dwyrain yn y pnawn.

Bwa'r Drindod yn edrych yn wyrdd – glaw (Mrs MG Williams, Bethel; Llanuwchllyn)

Enfys ar ôl glaw yn edrych yn lled goch – tywydd teg (Corwen)

Enfys yn edrych yn wyrdd – mwy o law (Corwen)

Enfys yn glir yn y rhan las ohoni – arwydd tywydd teg (Mair Jones, Cwm Cynllwyd, yn *FfTh 24*)

Enfys lydan ddisglair yn dynodi llifogydd y noson ddilynol (CMO Llangefni)

Enfys y bore, daw â thyrfe (Ystalafera)

Weithiau gwelir dau neu hyd yn oed dri bwa enfys, un o'r maint arferol ac yna fwa arall cyflawn neu rannol o'i gwmpas ac ar achlysuron prin, drydydd bwa o gwmpas yr ail.
Bwa dwbwl, diwedd trwbwl (Sian Williams, Tynygongl, Môn ar *Radio Cymru* 1982)

Ar y llaw arall:
Dwy enfys – arwydd glaw (Mair Jones, Cwm Cynllwyd, yn *FfTh 24*)

Credir hefyd fod y cyfnod y gwelir enfys yn bwysig, yn enwedig mewn perthynas â'r lleuad, oherwydd y goel bod cyflwr y lleuad yn dylanwadu ar y tywydd (gw. 3.8):
Enfys ddechrau'r lleuad, glaw i'w ddiweddiad (Ardudwy, Llŷn)

Ceir ofergoelion difyr am enfys hefyd:
Paid â phwyntio bys at enfys – daw lwc ddrwg (cyffredin) ...na *thynnu tafod* arni chwaith! (Llannefydd, Dyffryn Nantlle)

Enfys yn codi dŵr – credai plant fod dau ben y bwa mewn rhyw afon yn yfed y dŵr, ac mai... gollwng y dŵr hwnnw lawr drachefn a gyfrai am y glaw (*TrafELl 1895*)

Enfys wen – ar adegau prin, yng ngolau'r lleuad llawn, gellir gweld enfys yn y nos. Bydd hon yn ymddangos fel *enfys wen* am nad yw golau'r lleuad yn ddigon cryf inni fedru gwahaniaethu rhwng lliwiau. Enw arall arni yw *'enfys leuad'* yn ôl E Tegla Davies yn *Gyda'r Hwyr* (1957): '...fel enfys liw dydd, ond (y) lleuad ac nid yr haul a'i creodd. ...Ac mae rhyw ddieithrwch anesmwyth yn yr olwg arni sy'n tynnu dyn i deimio na pherthyn ef na hithau ar y pryd i'r byd cyffredin hwn.'

Cyw drycin neu iwlff – enwau ar ddarn o enfys, gyda un pen yn unig iddi yn cyrraedd y ddaear neu'r môr:

Cyw drycin – arwydd o storm (Cricieth, Pistyll, Pwllheli). Gweler ddefnydd o'r enw mewn cyswllt arall yn ogystal; yn 4.6.3.

Iwlff – fel hyn y dywedodd Miss EJ Parry, Brysgyni, Capel Uchaf, Clynnog: 'Mi welais i iwlff wsnos dwytha, does dim rhyfedd i bod hi'n dywydd mawr.' Ei heglurhad am y gair iwlff oedd: 'hanner enfys a'i chynffon hi yn y môr.'

Enfys ar ffurf cylch am yr haul / lleuad – ceir math o enfys sydd yn wahanol i'r uchod; fe'i gwelir ar ffurf cylch cyflawn am yr haul neu'r lleuad. Bydd y cylch hwn yn ffurfio pan fydd cwmwl tenau, uchel, *Cirrostratus* yn yr awyr ac mae'n arwydd bod ffrynt law yn agosau, gweler 4.6.3.

3.14.3 Gweld llefydd pell yn agos neu yn glir
Gall lleithder yr awyr effeithio ar eglurder llefydd yn y pellter a gall llwch neu darth adeg tywydd braf antiseiclonaidd wneud i lefydd pell edrych yn llai eglur. Hefyd gall cawodydd glirio llwch a thawch o'r awyr gan wneud i bethau pell edrych yn gliriach ...ond cofiwch, os ydych rhwng cawodydd mae y gawod nesa ar ei ffordd yn rhywle!

Pell yn agos a bach yn fawr – arwydd glaw (*GlossDD*)

Pobman yn edrych yn fach a phell – braf
Pobman yn edrych yn fawr ac agos – glaw (Tanygrisiau, *AWC*)

Y mynyddoedd yn ymddangos ymhell, tywydd teg
Y mynyddoedd i'w gweld yn agos, nid yw glaw ymhell (*TrafELl* 1895)

Pan fo'r bryniau'n agos atom, *Bryniau Meirion sydd yn ymyl,*
Cyn y bore fe geir glaw; *Cyn y bore fe geir glaw;*
Os cilia'r bryniau draw i'r gorwel, *Cilia'r bryniau draw i'r gorwel*
Bore fory tes a ddaw. *Ac yfory tes a ddaw.*
(J Ellis Williams yn *Yr Herald Cymraeg*, (Evan Isaac yn *CCym*, am
am ardal Penmachno,) ardal Taliesin)

Os ydy mynydd Caergybi'n edrych yn bell – braf
Os ydy o'n edrych yn agos – glaw (o Caeathro)

Tawch yn gwneud mynyddoedd pell yn aneglur – braf (*DMach*)

Yr agos i'w weld yn aneglur – gwres neu dywydd braf (Harlech, *AWC*)

Y Pencoed yn agos a'r defaid yn edrych yn FAWR arno – arwydd glaw. Mynydd rhwng Cwm Canada a Chwm Nant yr Eira yw'r Pencoed. Dywed Mrs Evelyn Davies: 'Byddai y Pencoed yn rheoli ein bywydau ni'n blant'.

Os gellir gweld y defaid ar Garn Fadrun fe ddaw'n law, ond os ddim fe ddeil (Edern)

Ar lethre'r mini, os yw'r defed i'w gweld yn agos – fe ddaw'n dywy' g'lyb,
Ond os bydd niwlen, mae'n arwy' o well tywy' (Mynachlog-ddu)

'Mae'n rhy glir i bara': Ymateb Geraint Jones (Pontyglasier, Penfro) i olygfa wych pan oedd llefydd pell i'w gweld yn glir.

Heulwen glir,
Cafod cyn hir. (Llan-non, *AWC*)

Pan welir tir y de yn agos
Cluda'th wair i mewn yn ddiddos (Aberystwyth, *AWC*)

Moel y Gest yn dangos ei dyllau gwningod – glaw (Cricieth)

Gweld tir Sir Feirionnydd yn isel ac agos (o Lŷn) *– glaw* (*LlGSG*)
Gweld Eryri yn edrych yn agos (o Fôn) *– glaw*
Gweld yr Eifl yn edrych yn agos (o Glynnog) *– glaw*

Gweld y tir mawr yn edrych yn agos (o Enlli) – *glaw*
Gweld Llŷn hyd at Enlli yn glir ac agos (o Aberystwyth) – *glaw*
Gweld Llŷn yn edrych yn agos (o Ardudwy) – *glaw*
Tir Lloegr i'w weld yn glir ac agos iawn tu draw i Fôr Hafren – glaw (Morgannwg)
Yr Aran a'r Arennig yn glir ac agos, arwydd glaw (Megan Davies, Llanuwchllyn)
Tir y Sowth i'w weld yn blaen – glaw (Cricieth)
Gweld Gwlad yr Haf o Borthcawl yn rhy eglur – glaw
Gweld Llŷn yn glir gyda'r nos o ardal Ponterwyd – glaw drannoeth
Sir Benfro i'w gweld yn glir iawn o Lanelli / Pen-bre – glaw
Gweld Llŷn yn glir o Benfro – glaw
Gweld Cadeirlan Lerpwl yn glir iawn o ben Moel Fama – glaw

O Aberdaron ar ddiwrnod clir iawn iawn gellir gweld lwmpyn bach o dir ar draws Bae Ceredigion (y Preselau). Mae'n argoeli glaw pan fydd yr awyr mor glir â hyn a gelwir y lwmpyn bach o dir yn: *'Mynydd bach y glaw'* (Vaughan Jones, Rhiw, 1989)

Ar fynydd Dinas, rhwng Abergwaun a Thydraeth:
Os gwelir bryniau Llŷn ('y creigiau allan yn y môr'. (DJ Bowen) *yn glir – arwydd glaw,*
Ond os y'u gwelir yn ddi-dor am y diwrnod – mae'n arwydd tywydd braf

Da o hyd y dywedir
'Mae'n llawn glaw, mae Enlli'n glir.' (Dic Jones, yn *SS*)

Goleudy Ynys Lawd i'w weld yn glir yn y nos (o Nefyn), *a hyd yn oed lewyrch goleudy'r Moelrhoniaid yn yr awyr y tu draw iddo – glaw* (R J Hughes, Nefyn).

Os gwelwch Ynys Manaw o ben Marian-glas (Môn) – *mae'n arwydd o newid tywydd*
Ar y llaw arall, bydd pobl Ynys Manaw yn galw Sir Fôn *'the badlands'* – am ei fod iddyn nhw yn arwydd glaw.

Gall gweld Iwerddon fod yn arwydd cymysglyd ar brydiau:

Gweld Iwerddon yn y bore – newid yn y tywydd (ardal Clynnog),
Neu: *...tywydd mawr* (Llŷn)
Gweld Iwerddon gyda'r nos – tywydd teg fel arfer (Clynnog, Llŷn)

Dywedir: *'Mae'r tin Gwyddel i'w weld'* (Uwchmynydd), yn ddilornus, am mai arwydd tywydd drwg ydyw fel arfer.

Os yw Mynyddoedd Wicklow i'w gweld o Ddinorwig yn y bore deuai'n 'gythraul o law cyn nos' (Fred Williams, Bethel yn *LlG* 5)

Os bydd 'mynyddoedd y Padi' i'w gweld ar noson braf – tebyg mai glaw geir yn y bore (Pant-glas)

Iwerddon i'w gweld o ben y Preselau – gall fod yn arwydd glaw (*LlafG* 77)

Dosbarth arall o arwyddion yw'r rhai gwamalus canlynol. Ceir fersiynau di-ri ohonynt:

Yr Wyddfa i'w gweld – mae hi'n mynd i fwrw
Os nad ydy hi i'w gweld – mae hi'n bwrw'n barod! (cyffredin)

Os ydy Trwyn Porth Dinllaen i'w weld o Mynydd Nefyn – <u>mae</u> *hi'n braf*
Os <u>nad</u> *ydy o i'w weld – mae hi'n bwrw!*

3.15 Pwysedd a lleithder yr awyr

Mae pwysedd yr awyr yn un o'r ffactorau pwysicaf, ynghyd â'r tymheredd, sy'n dylanwadu ar pryd mae dŵr yn newid ei gyflwr o anwedd i hylif, ac mae hynny'n gyfrifol yn ei dro am achosi i gymylau a glaw ffurfio neu ddiflannu. Y gwahaniaethau pwysedd rhwng un rhan o'r awyr a'r llall sy'n gyfrifol am awelon a stormydd wrth i'r atmosffer geisio unioni'r gwahaniaeth drwy lif gwynt rhwng pwysedd uchel ac isel.

3.15.1 Y Baromedr

Mae gen i, ac mae gan lawer,
Gloc ar y mur i gadw'r amser,
Ond mae gan Moses Pantymeysydd
Gloc ar y mur i gadw'r tywydd (*HB*)

Dyfeisiwyd y baromedr cyntaf, gyda'i golofn o arian byw sydd â'i lefel yn ymateb i bwysedd yr awyr, gan Evangelista Torricelli yn yr Eidal yn 1643. Buan iawn y daeth yn offeryn poblogaidd iawn yn nhai y cyfoethogion ac wedi ei osod mewn cas pren cerfiedig a drudfawr. Yn 1858 sicrhaodd y Llynghesydd Fitzroy, cyfarwyddwr cyntaf

Swyddfa'r Tywydd, fod baromedr ym mhob porthladd fel y byddai o gymorth i longwyr a physgotwyr. Yn 1844 dyfeisiodd y Ffrancwr Lucien Vidie y baromedr aneroid, sydd yn focs metal caeëdig y tynnwyd yr aer ohono ac sydd yn chwyddo neu gulhau yn unol â newidiadau ym mhwysedd yr awyr. Hwn yw'r math welir yn gyffredin yn nhai pobl erbyn hyn ac a adnabyddir fel y glàs / gwydr tywydd neu gloc tywydd.

Bydd ffigwr barometrig uchel (oddeutu 31", neu 1,050mb) yn golygu pwysedd awyr uchel a thywydd braf tra bo ffigwr isel (oddeutu 28", neu 950mb) yn golygu pwysedd isel a thywydd glawog, stormus.

Ar gyfartaledd gellir dweud:
Y glàs yn gostwng – glaw ar ei ffordd
Y glàs yn codi – daw tywydd braf (cyffredin)

Ond mae lle i edrych yn fanylach ar y modd mae'r gwydr yn newid:
Y codiad cyntaf ar ôl bod yn isel – daw gwynt yn ei sgil
Codi'n gyflym – gwynt ac efallai cawodydd cyn i'r tywydd setlo
Gostwng yn gyflym – daw glaw yn fuan
Isaf a chyflymaf yn y byd y bydd y gwydr yn disgyn – gwethaf yn y byd y bydd y storm.

Hefyd:
Codi'n araf – daw tywydd braf sefydlog
Gostwng yn araf – tywydd glawog i barhau am gyfnod hir
Y gwydr yn sefydlog – y tywydd yn aros fel y mae

Gall cyfeiriad y gwynt fod yn bwysig hefyd:
Gwydr yn codi a gwynt o'r de – daw cawodydd ac yna brafio. Mae ffrynt glaw ar fin cyrraedd o'r gorllewin.
Gwydr yn gostwng a'r gwynt o'r gogledd – storm eira ar ei ffordd (yn y gaeaf).

Gwydr yn codi ar dywydd glawog a chyfeiriad y gwynt yn newid i'r un cyfeiriad â'r cloc – bydd yn gwella'n fuan. Mae ffrynt oer yn mynd heibio.

Disgrifir un math o faromedr cartref syml yn *Hafau fy Mhlentyndod*, Kate Davies (1970), tud. 75—76:

> 'Ni wyddem ni ddim am yr holl anti-seiclons yma y maent yn boddran â nhw heddiw, ond medrem ni i gyd ddarllen y botel fach. Yr oedd un o'r rhain ymhob tŷ bron; cedwid hi ar y silff tu mewn i'r

ffenestr....Potel sweet oil (oedd, ac iddi) waelod fel hanner oren ac yr oedd iddi wddf eithaf hirfain...fe'i rhoddwyd hi â'i phen i lawr mewn pot ac ynddo ddŵr yn cyrraedd i fyny rhyw fodfedd yn uwch na'r gwddf hir. I wneud pethau'n fwy hwylus i ddarllen yr arwyddion byddai rhai pobl yn lliwio'r dŵr ag inc coch neu â thamaid o fliwen las a ddefnyddid i olchi dillad. Pan fyddai tywydd sych ar ddod fe godai lefel y dŵr i fyny yn y gwddf hir, ac os byddai cyfnewid am dywydd llaith âi'r dŵr i lawr. Dyna fyddai'r dywediad – bod y botel yn codi neu yn gostwng.

Gall pwysedd yr awyr effeithio ar bobl yn gorfforol – gweler 2.7.1

3.15.2   Siôn a Siân
Datblygwyd yr hygromedr cyntaf i fesur lleithder yr awyr gan De Saussure yn 1783. Gwallt merch oedd ym mherfedd y peiriant gwreiddiol ac mae'n gweithio ar y sail ei bod yn bosib mesur y newidiadau yn hyd gwallt fel mae'n ymestyn a chrebachu gyda lleithder. Yr hen sylw bod gwallt merch yn anos i'w drin ar dywydd tamp a arweiniodd at ddyfeisio'r peiriant.

Un math o hygromedr a arferai fod yn gyffredin yn nhai pobl ar un adeg oedd y Siôn a Siân, oedd yn defnyddio catgwt yn hytrach na gwallt i ddangos lleithder yr awyr. Roedd hwn ar ffurf tŷ bychan addurniedig, tebyg i gloc cwcw, a dau ddrws ynddo. Wrth i'r catgwt ymestyn fel mae lleithder yr awyr yn cynyddu daw Siôn allan ac wrth iddo grebachu wrth sychu daw Siân allan.

Pan ddaw bloedd drycinoedd cas – yna'n siŵr
Daw'r hen Siôn o'i balas;
Ond pan geir heulwen eirias,
Â Siôn i mewn – daw Siân mas. (T Llew Jones)

Dyma ddisgrifiad o ddefnydd y Siôn a Siân o *Hafau fy Mhlentyndod*, Kate Davies (1970), tud 76:

'...Pan ddeuai'n amser lladd gwair, cadwai Mam lygad ar y botel yn gyson, ac os na fyddai'r gwynt yn chwythu o Byllau'r Bryn a'r botel yn pallu codi'n ddigon uchel wrth ei bodd, âi hi draw at Mamgu i weld beth oedd y Siôn a Siân yn ei wneud. Gan Mamgu oedd y gair olaf ynglŷn ag amser torri gwair ein tyddyn ni, ac nid wyf yn cofio iddi unwaith dwyllo Mam i ladd y gwair erbyn tywydd gwlyb.

Ffurf arall o hygromedr, a ddefnyddir yn gyffredin mewn gorsafoedd tywydd, yw dau thermomedr – un â'i fwlb yn sych a'r llall â'i fwlb mewn mwslin gwlyb sy'n oeri'r bwlb wrth i'r dŵr anweddu. Bydd y gwahaniaeth tymheredd rhwng y ddau fwlb yn rhoi amcan o'r raddfa anweddiad a thrwy hynny leithder cymharol yr aer.

Ceid dulliau eraill syml o fyd natur i fesur lleithder yr awyr – gweler 2.1.10 (ceirchen) a 2.1.29 (gwymon).

3.15.3 Pitsh ac eglurder sain yn amrywio
O bellter mae'r sain a glywir wrth i'r gof daro engan yn medru bod â thraw neu bitsh gwahanol, yn dibynnu ar bwysedd a lleithder yr aer:

Pitsh y sain ychydig yn uwch nag arfer – diwrnod glawog
Pitsh yn is a llai eglur – sych (Clynnog)

Dywediad o ardal Garndolbenmaen: *'Mae hi fel Gwlad Canaan yma'*. H.y. pob man yn hollol ddistaw a *'phob twrw i'w glywed* (yn uwch nag arfer)'. Hwn yw y *'distawrwydd cyn glaw'*.

Pob sŵn i'w glywed yn eglur – o flaen tywydd garw (Ystalafera, AWC)

Bydd pobl trwm eu clyw yn clywed yn well ar ddiwrnod gwlyb (Môn)

'Arwydd o droad yn y tywydd fyddai clywed amaethwyr yn gweiddi ar eu gwedd geffylau wrth aredig ac ambell un yn canu – canlyniad bod yr awyr yn denau ar ôl cyfnod o sychdwr oedd hynny.' (DO Jones, Padog, yn *LlG 26*)

Sŵn yn cario ymhellach pan fydd glaw ar gyrraedd (CMO Llangefni)

Dywedir bod:
Sain uchel yn y glust yn arwydd bod y gwynt yn newid – yn enwedig os yw'r baromedr yn codi (Môn)

Pennod 4

Darllen y Cymylau

Gwynt a glaw cera draw
Haul ar fryn dere ffordd hyn (Cwm Tawe)

O ddarllen y cymylau, eu patrymau a'u ffurfiau, cyfeiriad y gwynt a phwysedd yr aer, ayyb, rydym ar dir mwy cadarn wrth geisio darogan y tywydd – am yr ychydig oriau nesaf, o leiaf.

4.1 Beth ydyw cwmwl?

Er ei fod ar ffurf dipyn yn wahanol i'r hyn a gewch chi o'r tap, dŵr ydy cwmwl, dim mwy, dim llai. Ond yn hytrach na'i fod yn un corff o hylif fel a geir mewn afon, llyn neu gwpan mae'r dŵr mewn cwmwl ar ffurf miliynau o ddiferion bach – 10,000,000,000 ohonynt ym mhob medr giwbaidd – a phob diferyn ddim ond un neu ddwy filfed rhan o filimedr ar ei draws. Golyga hynny y bydd goleuni'r haul, pan fydd yn taro'r miliynau o arwynebau bychain hyn, yn cael ei wasgaru i bob cyfeiriad, gan roi lliw gwyn i'r cwmwl a ffurfir.

O dan amodau arbennig, fel gostyngiad yn nhymheredd a phwysedd yr awyr, bydd diferion bach y cwmwl yn tyfu a chyfuno i ffurfio diferion mwy, a fydd yn y diwedd yn disgyn fel glaw. Gellir cysylltu rhai mathau o gymylau â chyfundrefnau atmosfferig penodol iawn a fydd, yn eu tro, yn rhoi mathau arbennig o dywydd inni o fewn yr oriau neu'r ychydig ddyddiau nesa. Yn aml ceir cyfres o wahanol gymylau sy'n adlewyrchu yr hyn sy'n digwydd i leithder yr awyr ar wahanol uchderau uwchben y ddaear wrth i'r corff awyr gael ei symud ar adain y gwynt.

4.2 Mathau o gymylau

Gall cymylau fod yn amrywiol iawn eu ffurfiau a gallant newid yn hawdd iawn o un math i'r llall fel mae tymheredd, pwysedd a lleithder yr awyr yn newid. Serch hynny, gellir adnabod o leiaf ddeg prif deulu o gymylau a nifer o amrywiaethau o fewn pob teulu. Fe'u dosberthir yn ôl eu ffurfiau a'u huchder ac mae eu henwau Lladin yn dilyn trefn drefn 'Linneaidd' – sy'n debyg i'r un a ddefnyddir i ddosbarthu gwahanol blanhigion ac anifeiliaid – yn deuluoedd a hyd yn oed yn rhywogaethau (gweler *The Cloudspotter's Guide* (2006), gan Gavin Pretor-Pinney). Dyma'r deg prif ddosbarth:

Uchder	Teulu	Eu golwg
Cymylau isel:	*Cumulus*	Cymylau 'gwlanog'. Ceir sawl math ohonynt.
	Stratus	Haenau isel di-ffurf, niwl.
	Stratocumulus	Pan fo'r clytiau *Cumulus* gwlanog yn cyffwrdd â'i gilydd gan ffurfio haen isel lwydwyn.
Cymylau uchder canolig:		
	Altocumulus	Amrywiol: yn cynnwys cymylau fel praidd o ddefaid, llinellau 'traeth awyr' a chymylau gwynt.
	Altostratus	Haenau gweddol di-ffurf. Yr haul yn 'boddi'.
	Nimbostratus	Haenau di-ffurf. Y prif gymylau glaw.
Cymylau uchel:	*Cirrus*	Y mwyaf cyffredin yw'r 'blew geifr' adnabyddus.
	Cirrocumulus	Rhesi o gymylau mân, weithiau'n rhoi patrwm rhesog hardd, 'traeth awyr' uchel.
	Cirrostratus	Haen denau o risialau rhew. Ynddi gwelir enfys gron – 'cylch pell' – am yr haul neu'r lleuad.
Cymylau terfysg:		
	Cumulonimbus	Yn cychwyn fel *Cumulus* ond yn tyfu'n gymylau terfysg anferth a bolddu – gallant ymestyn o'r ddaear i'r lefelau uchaf yn yr awyr.

[Ystyron yr enwau gwyddonol yw: *cumulus* – cymylau gwlanog; *stratus* – haenog; *alto* – uchel; *nimbo* – glawog a *cirro* – fel blew neu wallt hir.]

MAE MOROEDD A MYNYDDAU
A MIL O HEN GYMYLAU
YN DANGOS Y TYWYDD YN LLAWER GWELL
NA LLONAID CELL O LYFRAU.

(Evan Jones, Ty'n Pant, Buellt yn Doethineb Llafar, *1925)*

4.3 Arwyddion cyffredinol am gymylau
(h.y. heb nodi'n fanwl y mathau o gymylau)

Cymylau yn uchel, hyd at y gorwel – aros yn braf
Cymylau yn iselhau i gyfeiriad y gwynt – glaw ar ei ffordd (Nefyn)

Awyr dywyll neu gymylog yn clirio i gyfeiriad y gwynt – daw tywydd teg (Llanuwchllyn)

Os o'r môr y daw cymylau
Yna glaw mae hi'n ddarogan (Llanfachreth, Meirionnydd; *AWC*), h.y. o'r gorllewin.

Cymylau yn mynd i'r gorllewin o flaen yr haul – braf (Machynlleth). Y gwynt o'r dwyrain.

Cymylau yn ymddangos â'u hochrau'n felynion – tywydd braf (Corwen, Môn, *AWC*)

Cymylau cochion yn y bore – arwydd gwynt mawr (Môn, Corwen, *AWC*)

Cymylau mawrion yn torri'n ddarnau – daw'n braf (Llanuwchllyn)

Ar ôl cymylau yr â'r wybren yn olau (hen ddihareb)

Y mae ochr oleu i bob cwmwl du (EJ). Dihareb yn ogystal â sylw ar gymylau.

4.4 Cymylau isel

4.4.1 Cymylau gwlanog (*Cumulus*)

Rhain, y cymylau gwlanog y bydd plentyn yn eu rhoi mewn llun o'r awyr, yw'r mwyaf adnabyddus a chyffredin o'r holl gymylau. Ceir amryw o fathau ohonynt a byddant yn newid o un ffurf i'r llall yn gyson fel mae'r tywydd yn gwella neu ddirywio.

Cymylau tywydd braf – dyma yw'r enw cyffredin ar y cymylau gwlanog, gwynion, gwasgaredig welir ar gefndir glas yr awyr. *Cumulus humilis* yw'r rhain ac ni cheir glaw ohonynt fel arfer.

Os y crwydra cymyl gwynion
Fe geir ambell ddydd o hinon (Cross Inn, *AWC*)

Ceir sawl enw lleol arnynt:

Seintiau tywydd braf – yn enw ar gymylau gwynion i'r gogledd dros Sir Fôn (Morris Lewis, Waunfawr)

Seintiau Aberdyfi – cymylau tywydd braf dros Fae Tremadog (Criciaeth)

Cymylau defaid – enw ar gymylau bychain gwynion gwasgaredig (cyffredin)

Defaid duon i gyfeiriad Iwerddon tua'r machlud – glaw yn y bore (Nefyn). Cymylau bychain duon yw'r rhain.

Y defaid yn dilyn eu llwybrau – weithiau bydd y cymylau *Cumulus* yn ffurfio rhesi cyfochrog yn yr awyr yn cyfeirio i'r un ffordd â'r gwynt; tebyg i resi o ddefaid yn dilyn eu harweinydd (*cloud street* yn Saesneg).

Defaid duon dan do – glaw yn fuan (Môn). Dyma ddisgrifiad o gymylau gwlanog bychain yn symud yn gyflym (am eu bod yn isel) o dan nenfwd o gymylau uwch. Am y byddant dan gysgod y cymylau uwch eu pennau byddant yn dywyll iawn – fel defaid duon. Maent yn olygfa gyffredin o dan gymylau glaw a rhwng dwy ffrynt.

Llaprynau – disgrifiad o gymylau carpiog neu dameidiau o niwl, yn llarpiau mân (*GESG*)

Llarpiau cŵn – glaw (Llaethgwm, Llandderfel ger Y Bala). Cymylau bychain crwn gwynion yn ymddangos pan fyddai'r awyr bron yn glir ac yn las.

Cymylau pennau cŵn – glaw (Llanelidan). Disgrifir y rhain fel 'cymylau bychain bach mewn awyr las'. Ond gall y cymylau bach hyn dyfu'n gymylau glaw.

Pan dyf y cymylau bychain gwynion *Cumulus humilis* a phentyrru, fe'u gelwir yn *Cumulus congestus* sydd yn edrych fel blodfresych mawr bolddu. Os daliant ati i dyfu a lledu deuant â glaw.

Gall y pennau cŵn hefyd fod yn sail i'r dywediad o ogledd Ceredigion:
Pen ci bore o wanwyn, uchel gynffon buwch cyn nos. Yma, tyfant yn gymylau terfysg.

Cŵn duon Caernarfon – glaw trwm ar ei ffordd (Llanuwchllyn). Clytiau o gymylau duon yn rhes yn y gorllewin neu'r gogleddorllewin yw'r rhain.

Cŵn duon Dinbych – cymylau bach duon a ddeuant cyn storm (Penmachno). Bydd yr awyr uwch eu pennau i gyfeiriad y gwynt eisoes wedi dechrau llenwi â haenau o gymylau glaw.

Meirch y ddrycin neu *Merlod Hafnant* yw'r enwau ar gymylau melyn bychain yn mynd o flaen y gwynt o'r gorllewin ar dywydd ystormus. (DO Jones, Padog, ym *LlG 26*). Maent yn felyn gyda'r nos a'r bore pan fo'r haul yn isel yn yr awyr.

Cymylau bychain gwlanog yn sefyll yn eu hunfan:
Yn hytrach na symud ar draws yr awyr ar adain y gwynt ceir un dosbarth arbennig o gymylau bychain, gwlanog, gwyn sy'n ymddangos fel petaent yn sefyll yn ei hunfan. Achosir hyn gan awel ysgafn yn codi'n uchel pan ddaw i gyffyrddiad â mynydd cyn disgyn yn ôl yn araf yr ochr arall. Pan fydd y don hon o aer ar ei huchaf, rai cannoedd o droedfeddi uwch copa'r bryn neu fynydd, bydd cwmwl bychan yn ffurfio. Gall arwyddo bod y tywydd un ai am setlo neu am newid:

Hen ddynes bach y Nant yn smocio – 'rhyw gymyla bach fel mwg yn troi uwchben yr Eifl' ac yn arwydd y bydd y tywydd yn setlo. (Rhos-fawr, Y Ffôr, yn *LlafG 71*)

Y Bwlff— arwydd storm (Y Lôn Goed yn Eifionydd). Yr enw hwn gan Daniel Evans, Bryn March, 'Rynys, Chwilog a'i disgrifiodd fel cwmwl yn sefyll ar ei ben ei hun, siâp fel colofn fer, yn y gorllewin.

Noder bod cymylau bychain eraill a adwaenir fel cymylau pysgod neu gymylau gwynt yn medru ffurfio yn yr un modd ac sydd hefyd yn aros yn eu hunfan; ond mae eu ffurf yn wahanol – gweler 4.5.1.

4.4.2 Niwl *(Stratus)*

Diffinir niwl fel cwmwl isel, o'r math *Stratus* fel arfer, sy'n cyffwrdd y ddaear. Cysylltir rhai mathau â ffrynt gynnes, pan fydd glaw mân yn parhau am oriau neu drwy'r dydd weithiau. Ceir mathau eraill o niwl sy'n tueddu i fod yn fwy cyffredin ar adegau arbennig o'r flwyddyn, e.e. yn gorwedd ar lawr dyffryn yn y gaeaf, neu y niwl tes a geir yn gorchuddio'r glannau yn yr haf.

Yn ardal Ffestiniog gelwid niwl yn *'gyfaill y gweithiwr'* gan rai am y gellid dianc adre o'r gwaith heb i neb sylwi.

Dywedir bod:
Y niwl yn tagu'r glaw (Pwllheli), neu: *...yn difa'r glaw* (Porthcawl). Pan ddaw niwl fe gilia'r glaw.

4.4.2.1 Niwl Ffryntiau
Tebyg bod y niwl isel glawog hwn yn gyfuniad o niwl go iawn (*Stratus*) a hefyd fod cymylau glaw (*Nimbostratus*) yn gorwedd uwch ei ben ac yn bwrw drwyddo.

Niwl Cricieth – glaw mawr anferth (Eifionydd). O'r môr neu o'r de-orllewin – yn cyfeirio at gymylau isel ddaw â glaw mân ychydig cyn i law trwm y ffrynt oer gyrraedd.

Niwl o'r môr, glaw yn stôr (DMach, CCym, Cwm Tawe), neu: *...glaw ar ei ôl* (Ceredigion a Chaerfyrddin)

Neu hyd yn oed:
Niwl Cricieth acw ddaw ar frys
Yn wregys gylch y bryniau:
Ysgrympiau trymion fory fydd
A thrennydd fellt a th'ranau.
Mae'r tai'n llawn mwg a'r merched fflwch
Mewn dryswch yn y drysau. (Karen Vaughan Jones, AWC)

4.4.2.2 Niwl y tymhorau
Mae i niwloedd y pedwar tymor eu cymeriad eu hunain:

NIWL Y GAEAF
Niwl – tywydd tyner (cyffredin). Yn y gaeaf yn arbennig bydd niwl neu gymylau isel sy'n gysylltiedig â ffryntiau o'r de-orllewin llaith a chynnes yn cadw gwres at y ddaear tra bo awyr glir yn golygu nosweithiau oer a barugog.

Niwl y gaeaf – gwas yr eira (DMach, Rhosllannerchrugog).
neu: *...arwydd eira* (Eifionydd), *...was gorau eira* (Llanrug), *...gwasarn eira* (Gwydd), *...gwrtaith yr eira* (Corwen, AWC)

Yng Nghyffylliog, Rhuthun dywedir mai *dod o flaen ei feistr* wna gwas yr eira (*AWC*)

Niwl y gaea' wasgara eira h.y. pan newidia'r tywydd gan ddod â niwl yn sgil awelon tyner o'r de-orllewin.

NIWL Y GWANWYN
Niwl y gwanwyn – gwynt (Bryncroes),
neu: *...gwas y gwynt* (*Gwydd*), *...gwas y llafrwyn*, *...gwas yr hirfrwyn* (*Gwydd*) a *...gwas y pigfrwyn* (Arthog, *AWC*) [pigfrwyn yw brwyn ifanc]
neu: *...gwasarn gwynt* a *...gwasarn irfrwyn* (*LlGSG*)

Niwl y gwanwyn gwaeth na gwenwyn (*TrafEFf 1898, L1GSG*, Morgannwg, Ceredigion). Os yw'n gysylltiedig â thywydd braf yn y gwanwyn gall yr arwydd hwn fod yn yr un dosbarth â'r arwyddion tymhorol (1.2.1 – 1.2.4) sy'n darogan bod tywydd braf yn gynnar yn y flwyddyn yn golygu tywydd gwael yn ddiweddarach.

NIWL YR HAF
Niwl yr haf – tywydd braf (Bryncroes), neu: *... – gwas da* (Penmachno); *... – tes* (Llŷn)

Niwl ar wres, gwas y tes (*LlA 103*)

Niwl y cynhaeaf – glaw neu: *...gwasarn glaw* (*LlGSG*)

Boreu niwlog ddechrau'r cynhaeaf a ddilynid yn gyffredin â phrydnawn gwresog (*LlGSG*)

Tarth mis Medi – mwg tywydd braf (Pwllheli, *AWC*)

NIWL YR HYDREF
Niwl yr hydref, gwas y llwydrew (*DMach*)

Niwl Gŵyl Fartin
Tywydd tyner yn canlyn (*TrafEFf 1898*). Mae Gŵyl Fartin ar Dachwedd 11fed. Gweler hefyd 1.2.11.

4.4.2.3   Niwl tes

NIWL Y GLANNAU
Gelwir y niwl geir o gwmpas y glannau adeg tywydd braf yn yr haf yn *niwl tes* (Llŷn), *niwlen wres* (y de), **tawch haf / tawch tywydd braf** (Dyffryn Nantlle) a *niwl y glannau* (Ceredigion). Digwydd pan fo tymheredd y môr yn uwch dros nos ac yn y bore na thymheredd y tir, sy'n golygu bod yr awyr laith sy'n llifo'n araf

o'r môr dros dir yr arfordir yn oeri a throi'n niwl. Mae'r math hwn o niwl yn fwy amlwg yn ystod tywydd braf a sefydlog yr haf, er y gall ddigwydd yn y gaeaf hefyd. Enw arno yn ardal y Fenai yw rhwd sychdwr.

'rhwd sychdwr' – niwl oer o'r môr (Bangor), yn cyfeirio at wynt llaith o'r Fenai, neu darth ar dywydd sych yn yr haf (*FClint*)

Rhwyd o'r môr – niwl trwchus o'r dwyrain gyda'r nos yn yr haf, ceid tywydd braf drannoeth (Bangor, *AWC*)

Ar ddyddiau poeth yn yr haf bydd niwl tes trwchus weithiau yn cadw'n dyn drwy'r dydd at ymyl y glannau ac yn diflannu'n sydyn rhyw filltir i mewn i'r tir – er mawr ddiflastod i'r rhai sy'n byw ar dwristiaeth o amgylch yr arfordir!

Disgrifiad R John Hughes o Nefyn ohono oedd:

'Niwl tes yn torri fel planced ym Moduan – braf ymhobman arall'

Planced o niwl yn gorchuddio'r tir o Ddinas Dinlle ar hyd glannau Môn – bydd yn ddiwrnod poeth (Capel Ucha uwchlaw Clynnog)

Niwl Ogo Gadi – arwydd tywydd braf (Bryncroes, Anelog). Fe'i gwelir uwchben Carreg Plas. Gwynt y de ddaw â'r niwl hwn o'r môr fel arfer.

Llinell o niwl ar y môr o gwmpas godre Mynydd Caergybi – tes (o Fynydd Nefyn)

Mae niwl ysgafn yn 'mwrno' tywydd teg (Porthcawl, AWC). Hynny yw, yn argoeli hynny.

Sŵn y môr yn crafu rhwng Rhiw ac Aberdaron – arwydd o niwl mewn rhyw ddau ddiwrnod, o hwnnw'n para tua tridiau (Bryncroes) h.y. pan setlith y gwynt (o'r de) gellir disgwyl niwl tes cyn bo hir.

Niwl o'r glennydd, tes mewn deuddydd (Aberystwyth)

NIWL DROS Y TIR

Gall niwl tes ffurfio dros y tir hefyd a bydd yn llifo'n araf ar hyd y dyffrynnoedd neu caiff ei wthio i fyny'r llethr a thros y bwlch neu'r grib i gwm arall. Mae'n gysylltiedig â phwysedd awyr uchel a gwyntoedd o'r de neu'r de-ddwyrain.

Niwl y pnawn yn y dyffryn – arwydd o wres (Corwen)

Tarth y pant – tes (Ceredigion, yn *HCS*)
Tes yr haf – tywydd braf (Megan Davies, Llanuwchllyn 1984). Cyfeiria at y niwl tes geir ar dywydd braf sefydlog.

Niwl Conwy – yn yr haf os bydd niwl yn dod ar hyd y glannau o gyfeiriad Llanfairfechan / Conwy mae'n arwydd tywydd braf (Môn)
Pan fydd Niwl Conwy yn dod o gyfeiriad Llanfairfechan, a niwl arall yn llifo dros Elidir (yn Eryri):
Os bydd y ddau yn cyrraedd ei gilydd – tywydd braf am sbel
Ond os erys bwlch rhyngddynt – pharith y tywydd braf ddim yn hir iawn (Môn)

Niwl gwyn Conwy ar hanner y Moelwyn, a'r copa'n glir – tywydd braf (Porthmadog, Tanygrisiau)

Niwl Conwy yn Nyffryn Lledr – arwydd tywydd braf (Dolwyddelan)

Niwl Conwy ar y Foel – braf (Dolwyddelan)

Niwl Conwy yn llifo dros Fwlch Gorddinan – braf (Ffestiniog)

Ym Mhenmachno:
Niwl yn llifo i'r cwm dros Fwlch Carreg y Frân (o'r gorllewin) *– glaw*
Ond os llifa yn ôl dros y bwlch – fe frafith

Ym Mhenisarwaun a Llanberis mae pobl yn gyfarwydd â:
Niwl o'r gogledd-ddwyrain (niwl Conwy) *– tywydd braf*
Niwl o'r gorllewin (niwl Criciath) *– tywydd gwlyb*
Yn yr haf pan fydd niwl Conwy a niwl Criciath yn cyfarfod ei gilydd – braf (h.y. niwl o'r de bryd hynny)

Yn Rhiwlas yr arwydd yw:
Edrych ar yr Elidir: Os rhed y niwl ar hyd llethrau'r mynydd o'r dde i'r chwith gelwir ef yn *niwl Criciath* – arwydd pendant o dywydd drwg.
   Os rhed y niwl i'r cyfeiriad arall, gelwir ef yn *niwl Conwy* – mae'n sicr o dywydd braf (Iolen Hughes, *Codi'r Ffôn*, Radio Cymru, 1981)

Niwl o'r de ar Garn Fadrun – arwydd o wynt
Niwl o'r gogledd ar Garn Fadrun – arwydd o sychder (Tudweiliog, AWC)

Niwl Rhys: Pe edrychid o Betws Garmon i gyfeiriad Mynyddfawr (i'r de-ddwyrain) weithiau fe welid cerpyn o niwl yn llifo heibio troed y mynydd o Lyn Cwellyn. Weithiau byddai'r niwl yn hollti'n ddau rimyn uwchben tyddyn Cwm Bychan, lle'r oedd Rhys Williams yn arfer byw. Pe holltai'r niwl yn ddau dywedid:
Mae niwl Rhys yn torri'i wddw
Mae hi'n siŵr dduwch o fwrw (Mary Austin Jones, Waunfawr, 1985)

Weithiau bydd niwl tes yn cael ei wthio i fyny cwm cul Nant Gwrtheyrn hyd nes y daw rhimyn main gwyn o niwl dros y bwlch uwchben Llithfaen. Dywedir am hwn:
Robin Nant yn smocio – yn arwydd o dywydd braf (Owen Olsen, Nefyn 1984)
Neu, dywedir bod: *'Ellis Bach yn smocio'i bibell'* (Llithfaen). [Roedd Ellis Bach y Nant yn gymeriad adnabyddus yn Nant Gwrtheyrn]

Niwl o'r mynydd, gwres ar gynnydd (*DMach, CCym* a Cwm Tawe), neu: ...*tes y glennydd* (Llanllwni)

Niwl ar y mynydd
Tes ar y glennydd (Rhydcymerau, *AWC*)

Niwl o'r tir, tywydd teg am hir (Llanbedr Pont Steffan)

Pan fydd niwl y bore yn llifo drwy'r bwlch o Fwlchderwin am Bontllyfni nes bod Y Foel fel ynys – tywydd braf sefydlog (Nebo, Llanllyfni). Mae'r gwynt o'r de bryd hynny.

Yn ardal Chwilog byddai ffermwyr adeg y cynhaeaf yn falch o weld yr arwyddion canlynol:
Niwl ar odre'r Eifl – tywydd sych
Ond gwell fyth fyddai:
Niwl tenau yn hel ar odrau Moel Hebog adeg y cynhaeaf gwair – braf am wythnosau

Cap ar Foel Siabod yn arwydd bod glaw ar ei ffordd
Ond, niwl ar y copa ac o gwmpas y gwaelodion ar yr un pryd – yn arwydd o dywydd braf (Dolwyddelan)

Niwl ar ganol y mynydd â'i ben a'i draed yn y golwg – tywydd braf (*YsgE*)

Pen yr Aran yn glir a rhyw gaenen o niwl fel siôl lwydwen am ei godreuon – tywydd braf (SCCynll)

Tridie o niwl Llanwddyn, pythefnos o dywydd sych (SCCynll), h.y. niwl o'r de-ddwyrain

Niwl o'r gogledd yn yr hwyr – tywydd teg (TrafELl 1895)

Mynydd yn glir a niwl yn y glyn
Tywydd ffein a geir 'r ôl hyn (Cwm Tawe)

Mae'r niwl glas sy' rhwng y bryniau
'N dangos na ddaw glaw am ddyddiau (EJ). Gelwir y niwl hwn: *y nudden las* (Buellt)

Os bydd niwl ar ben y moelydd,
Hin braf a thesog hafddydd.
Os bydd niwl ar Gader Idris
Yn ei thŷ bydd Lowri Lewis
 (John 'Plasau', Dinas Mawddwy) h.y. mae'n gwahaniaethu rhwng y niwl tes a welir ar y bryniau isel o gwmpas y cwm (Mawddwy) a'r niwl ar gopa'r Gader, sy'n arwydd mwy difrifol am law (gweler 4.4.3).

4.4.2.4 Niwl neu darth afonydd

Niwl yr afonydd hinon, niwl y bryniau glaw (DLl, Llanfrothen)

'Mae *Afon Dyfrdwy*, yn enwedig yn y nos, fel petae *yn tynnu niwl i ddolydd Llanfor* ac yn enwedig i'r llecyn lle lleolir maes yr Eisteddfod (1997). Ond does angen ichi ond codi ychydig cyn uched â Choleg y Bala ac fe fyddwch yn glir ohono'. (*LlafG 57*)

Llinell o niwl yn symud i fyny Dyffryn Maentwrog o aber afon Dwyryd hefo codiad yr haul yn y gaeaf – braf (Maentwrog). Bydd y niwl wedi diflannu yn llwyr erbyn canol y bore.

Tarth yn rhedeg i lawr y Teifi – braf
Tarth yn rhedeg lan y Teifi – glaw (Llanybydder)

Tarth afonydd, tywydd braf (Llŷn) h.y. niwlen wen yn gorwedd uwchben yr afon.

4.4.2.5 Niwl neu darth yn codi o'r tir / coed

Bydd tameidiau o niwl neu darth yn codi fel mwg o goed ar lethr ar ôl glaw yn arwydd bod yr awyr yn dal yn llaith iawn. Gall frafio neu arwyddo y bydd cawodydd cyn bo hir.

Tarth o'r ddaear, tes (Llŷn). Pan welir niwl yn 'codi fel mwg' ar ôl glaw, mae am frafio.

Tarth yn codi o'r dyffryn ac yn ffurfio cymylau – glaw (Corwen)

Tarth yn codi o Goedwig Clocaenog – glaw (Cyffylliog)

Niwl yn hofran yng Nghoed y Wenallt – arwydd ychwaneg o law (Llanuwchllyn)

Mynegir hyn yn dlws iawn yn y cwpled:
Y nifwl yn gwyn nofiaw
Gyflwynai glog o flaen glaw (clywyd yng Nghyffylliog)

4.4.2.6   Niwl yn codi neu ostwng

Niwl gwyn yn dŵad o'r gogledd-orllewin i ben Craig-y-Llyn, ac yn disgyn i lawr am Lyn Llymbran, byddai hynny yn arwydd tywydd braf (SCCynll)

Niwl Thomas Pierce a niwl Roger Thomas: '...yr oedd hen ŵr cyfrifol o'r enw Thomas Pierce yn byw ar y mynydd yng nghyffiniau llynnoedd Crafnant a Geirionydd, ac yn y dyffryn yr oedd gŵr anrhydeddus sef Roger Thomas yn byw.

Ar foreau gwlyb gwelid niwl gwyn yn disgyn o'r bryniau ar hyd hafn y nant a niwl gwyn arall yn codi o'r dyffryn i'w gyfarfod...a byddai rhyfel neu ymrafael i benderfynu hinsawdd y diwrnod hwnnw. Os niwl Thomas Pierce a wthiai niwl Roger Thomas yn ôl i'r dyffryn credai pobl Trefriw fod hynny yn arwydd llawer o law; ond os fel arall y try gyda niwl Roger Thomas yn gwthio'r llall i fyny...yna deuai yn hindda yn o fuan.' (*Y Geiniogwerth III, 1849*)

Fersiwn arall fwy diweddar o hon yw:
Ar fore gwlyb pan fydd niwl o lawr Dyffryn Conwy yn llifo i fyny am Crafnant a Geirionydd, bydd y tywydd yn gwella. (daw o gyfeiriad y dwyrain)
Ond pan lifa niwl y mynydd i'r cyfeiriad arall i lawr i'r Dyffryn – daw glaw (Trefriw)

Niwl y bore'n dringad y bryn – glaw cyn nos (M Thomas, Cribyn, 1983)

Os cilia'r niwl i fyny'r glyn,
Bysgotwr cer i lan y llyn (Cross Inn, AWC)

Niwl yn disgyn o'r llethrau i Lyn Tegid – tywydd braf (o'r dwyrain)
Niwl yn codi o'r llyn – arwydd glaw (Llanuwchllyn).

Niwl y gaeaf:
Os â i'r ddaear, fe ddaw yn braf,
Os cyfyd i'r awyr, daw i lawr yn law (Corwen, AWC)

Ond, ar y llaw arall:
Niwl yn dod i lawr tua'r llyn:
- *'Does ene fawr o ddaioni iddi heddiw'* (Ellis Evans, Hafod Las, Ysbyty Ifan)
- *yn arwydd glaw* (Llanuwchllyn) (daw o gyfeiriad Penantlliw i'r gorllewin)

Niwl yn disgyn, neu dorri ei wddf dros Tyrau-mawr yn sydyn – sicr o law (Arthog, AWC)

Niwl tew yn llifo (o'r de) *dros Grib Nantlle ond yn diflannu cyn cyrraedd Llynnoedd Silyn a Dulyn – glaw* (Dyffryn Nantlle)

Cymylau'r Wal Wynt – arwydd o wynt (o lannau'r Fenai). Llinell hir drwchus o gymylau, fel blanced ar dopiau'r Carneddau yw hon.

4.4.3 Capiau ar y mynyddoedd *(Stratus)*
Pan fydd awyr laith yn codi dros fryn neu fynydd gall cwmwl bychan ffurfio fel cap i orchuddio'r copa. Math o niwl a geir yma sy'n ffurfio wrth i'r awyr godi i fynd dros y mynydd. Gall ffurfio baner sy'n ymestyn am bellter tu draw i'r copa neu gall ddiflannu wrth i'r aer ddisgyn yr ochr bella iddo. Mae'n arwydd bod lleithder eisoes yn cronni yn yr awyr a bod siawns dda y bydd yr awyr yn llenwi hefo cymylau glaw cyn hir.

Mae'n un o'r arwyddion tywydd mwyaf adnabyddus a cheir ugeiniau o fersiynau ohono. Un rhigwm sy'n cyfleu'r ystyr cyffredinol yw:

Os oes coel ar bennau'r moelydd
Buan daw yn chwerw dywydd (HB, DMach)

Ceir llawer o rigymau a dywediadau bach tlws sy'n cyfeirio at foelydd a mynyddoedd penodol:

Pan fo'r Eifl yn gwisgo'i chap
Does fawr o hap am dywydd. (Gwynedd)

Yng Ngwynedd, yn lle'r Eifl yn y rhigwm hwn, gellir ffeirio'r **Garn** (Garn Fadrun), **Rhiw** (sef Mynydd Rhiw yn Llŷn) y **Moelwyn, yr Aran** (Llanuwchllyn), **Arennig, Cilgwyn** (o Ddyffryn Nantlle), **Craig y Garn** (Garndolbenmaen) **Y Foel** (o Waunfawr, Deiniolen, Bethel) ayyb.

Dyma fwy o enghreifftiau o wahanol ardaloedd ar hyd a lled Cymru:

Mae Aran fawr yn gwisgo'i chap
Does fawr o hap am degwch (DWIH)

Os bydd cap ar ben Moel Hebog
Mae hi'n siŵr o law cynddeiriog (Llanfrothen)

Cap nos ar ben Pumlumon gyda'r hwyr – glaw trannoeth (HCS)

Pan mae'r Frenni yn gwisgo cap
Fe fydd yn law chwap (TrafELl 1895)

Pan mae'r Fenni yn gwisgo'i chap
Bydd y glaw yn dilyn chwap (Morgannwg)

Pan weli pen Moel Caera'
Yn gwisgo cap y bora
Odid fawr cyn hanner dydd
Ceir ar ei grudd hi ddagra' (Cadrawd, yn CA). Ceir fersiynau niferus o hon drwy yr hen Sir Forgannwg, e.e.:

Cyfeirir at '...*Garth Ucha'* (sef Mynydd y Garth) mewn fersiwn yn *Hanes Pontypridd.*

Pan welir pen Moelgeilia
Yn gwisgo clog y bora,
Odid fawr cyn canol dydd
Bydd ar 'i grudd hi ddagra. (TrMorg).

Pan fyddo Mynydd Caera'
A'i gap yn cuddio'i gopa
O niwlyn tew, – am hynny taw
Mae ynddi wlaw mi brofa. (Cadrawd, yn CA)

Weithiau ceir y dywediad syml bod cap o gwmwl yn arwydd glaw:

Capiau ar y *Mynydd Du* (o Gwm Twrch), *Craig y Llyn* (o Hirwaun), *y creigiau uwch Llyn y Fan* (o flaenau Cwm Tawe), *Fan Gyhirych* a'r *Fan Hir* (o Grai) ayyb. (*HPDef*)

Os bydd pen Fan Gyhirych a'r Fan Hir yn gwisgo eu capiau gwynion yn y boreu, arwyddion sicr yw hynny i bobl Crai fod glaw i ddyfod cyn nos (*HPDef*)

Fŵel Ery yn gwishco'i chapan (Cwm Gwaun). Sonnir am Foel Eryr yn y Preselau er, ys dywed Ieuan James, Pen-y-groes, Crymych 'nad yw'r Fŵel yn fŵel pan fo'n gwishco'i het!'

Moel Eilio yn gwisgo cap – glaw (Llanrug 1988). Hefyd am *Yr Aran / Aran Fawddwy* (Llanuwchllyn, Maldwyn), *Mynydd Twr* (Caergybi), *Mynydd Bodafon* (gogledd Môn), *Moelfre* (Ardudwy), *Moel Fama* (Sir Fflint a Dyffryn Clwyd), *Moel Siabod* (Dyffryn Conwy), ayyb.

Arennig Bach yn gwisgo 'i chap – 'does ene fawr o ddaioni ynddi heddiw' (Ellis Evans, Hafod Las, Ysbyty Ifan)

Moel Siabod yn gwisgo cap cyn deg y bore – bwrw cyn nos (Llangernyw)

Weithiau cyfeirir at niwl neu gwmwl yn hytrach na chap:

Niwl ar y Rhinog, hin ddrycinog

Pan fydd niwl ar ben y Moelfre
Glaw yn siŵr gawn cyn y bore (*LlA 103*)

Niwl ar ben y Trawle
Glaw cyn y bore (Ponterwyd), neu: *...aml gawode* (Tregaron)

Niwl ar Foel Groes, glaw cyn nos
Niwl ar Foel Rudd, glaw cyn dydd
Niwl ar yr Aran, glaw yn bur fuan (*SCCynll*)

Niwl ar ben Moel Hebog – ddim yn argoeli'n dda am y diwrnod hwnnw
Niwl ar fynyddoedd Nantlle a ddim ar Foel Hebog – siŵr o godi'n braf
(Cwrt Isa, Cwm Pennant)

Pan fo niwl ar Gader Idris
Yn ei thŷ ceir Lowri Lewis (HB, DMach)

Cymylau ar Eryri yn y bore – glaw cyn nos (Sir Eflint)

Cwmwl ar ben y chwarel – smwclaw (Llanberis). Smwclaw yw glaw mân.

Mast teledu Blaen-plwyf â'i ben mewn cwmwl – arwydd glaw (Llanfarian). Dywedir yr un peth am fastiau teledu eraill hefyd.

PLUEN YN EI HET:
Weithiau bydd cap o niwl yn ymestyn o gopa mynydd ymhell allan i'r awyr. *Cwmwl baner* yw'r term am hynny neu bod y mynydd â phluen yn ei het neu gap. Mae'r rhagolygon yn dibynnu ar gyflwr yr awyr uwchben:

a) os yw'r awyr yn las uwchben: *Yr Eifl hefo pluen yn ei het – gall fod yn arwydd tywydd braf* (Chwilog)
b) os yw'r awyr yn llwyd uwchben: *Crib Nantlle â phluen yn ei het – arwydd bod yr awyr yn dechrau llenwi cyn glaw* (Dyffryn Nantlle)

4.4.4 Haenau isel *(Stratocumulus)*
Haen isel o gymylau sydd fel arfer yn ffurfio rhwng tua 2,000 a 6,500 troedfedd. Mae'n ffurfio pan fydd llawer o gymylau *Cumulus* unigol yn ymuno i greu haen sydd fwy neu lai yn ddi-dor, gydag ambell fwlch bychan yma ac acw. Mae'n llawer llai unffurf na'r haenau niwlog *Stratus,* oherwydd ei bod yn dal yn bosib adnabod y *Cumulus* unigol ynddi, a'u lliwiau'n amrywio o wyn i lwydlas i lwydwyn a llwyd-ddu.

Dywedir:
Yr awyr yn llenwi – mae'n hel am law (cyffredin)

Nid yw'r *Stratocumulus* ei hun yn rhoi fawr mwy na glaw ysgafn, ond gall guddio cymylau glawog eraill, fel *Nimbostratus* a *Cumulonimbus* uwch ei ben fydd yn achosi i law ddisgyn drwyddo. Os oes cymylau glaw fel y rhain uwchben y *Stratocumulus* bydd ei liw yn llwyd tywyll gweddol unffurf yn hytrach na'r clytiau llwyd a gwyn arferol.

4.5 Cymylau uchder canolig

4.5.1 Haenau toredig *(Altocumulus)*

Bydd y rhain yn ffurfio rhwng tua 6,500 a 18,000 troedfedd a cheir sawl math ohonynt. Un o'r ffurfiau mwyaf cyffredin yw nifer fawr o gymylau bychain crwn sydd bron â chyffwrdd ei gilydd, fel praidd o ddefaid yn llenwi'r awyr:

Preiddiau annwn – cymylau yn hel am law

Cymylau fel defaid Jeriwsalem – cawodydd (Cwm Gwendraeth)

Defaid Jacob – cawodydd (Cwm Tawe). Defaid Jacob am eu bod yn ddeuliw, sef yn ddywyll ar eu hochr gysgodol a gwyn yn wyneb yr haul:

Defaid Jacob yn mynd i'r dŵr – arwydd eira / storm (Ceredigion, Sir Gaerfyrddin). Cymylau bychain gwynion crwn yn dod o'r gogledd / dwyrain ac yn un o'r arwyddion cyntaf bod y tywydd yn dechrau dirywio o flaen eira neu ddrycin gaeafol.

Defaid Jacob dros Sir Fôn – glaw (Caernarfon).

Defaid Joseff yn llenwi'r awyr (de Ceredigion)

Gyda'r nos ac ar doriad gwawr bydd arlliw gochaidd neu felynaidd ar y preiddiau awyrol hyn.

Wrth i'r ffrynt glaw ddynesu bydd y 'defaid' unigol yn closio; bydd y glas rhyngddynt yn graddol ddiflannu a deuant i edrych yn fwy fel *cnu dafad* ar ôl iddi gael ei chneifio ac yna yn troi'n fwy unffurf neu yn *ceulo fel caws a llaeth* wrth i'r math nesa o gwmwl, sef *Altostratus* ffurfio – gweler 4.5.2.

Traeth awyr – yn ffurfio llinellau amlwg, tebyg i'r patrwm rhesog a welir ar dywod y traeth ar drai. Ar yr uchder canolig hwn bydd y llinellau yn weddol fras o'u cymharu â'r math mwy arferol o draeth awyr uchel (*Cirrocumulus*) gyda'i resi culion, gweler 4.6.1.

Cymylau gwynt — math hawdd i'w adnabod yw *Altocumulus lenticularis*, sydd ar ffurf lens, cneuen almon neu, fel sydd yn gyffredin ar lafar yng Nghymru – fel 'pysgodyn'. Ffurfir cymylau *lenticularis* pan gaiff yr aer ei godi'n uchel gan wynt cryf i fynd dros fryn neu fynydd. Bydd y pysgod *lenticularis* yn ffurfio yn uchel yn yr awyr a pheth pellter yng nghysgod neu y tu ôl i'r mynydd ac yn ymddangos fel eu bod yn aros yn eu hunfan. Maent yn ffurfio'n hawdd mewn ardaloedd mynyddig ac felly'n eitha cyfarwydd yng Nghymru. Enw cyffredin arnynt yw *cymylau gwynt* a *physgod awyr*. Fe'u gwelir weithiau'n unigol ac weithiau'n glwstwr fel nifer o grempogau ar bennau ei gilydd. Gallant hefyd fod fel platiau – yn berffaith grwn – sydd, o bryd i'w gilydd, wedi arwain rhai i'w camgymryd am soseri ehedog o'r gofod!

Cymylau gwynt – mae gwynt cryf yn yr entrychion a thebygolrwydd o storm (Nefyn)

Cymylau pigog du uwchben y gorwel – tywydd mawr (Criciech)

Cymylau ar ffurf eog – glaw (Ll*A* 103)
Cymylau pysgod awyr – storm (cyffredin)

Samons yn y gorllewin – glaw (LlLlF), h.y. cymylau hir, main, tywyll tebyg i siâp pysgodyn.

Samons uwchben Bae Caernarfon – tywydd garw (Waunfawr)
Samons yn yr awyr (Dyffryn Teifi, *HPLlPh*)

Gleisiaid awyr – cymylau gwynion mân (*HCS*). Gleisiad yw eog blwydd oed.

4.5.2 Yr awyr yn ceulo *(Altostratus)*
Nid yw'r cymylau hyn fel arfer yn fawr mwy na haenau llwydion sy'n dueddol o dewychu nes bo'r haul yn graddol ddiflannu wrth i'r awyr dywyllu a llenwi â chymylau glaw *Nimbostratus*. Ceir sawl disgrifiad o'r modd y mae'r haul, neu'r lleuad yn y nos, yn diflannu'n raddol wrth i'r haenau dewychu:

Yr haul (neu'r lleuad yn y nos) *yn boddi – glaw cyn bo hir* (cyffredin)

Yr awyr yn ceulo – glaw yn fuan (Gwynedd)

Yr awyr yn ceulo dros Enlli (i'r de-orllewin) *– glaw* (Bryncroes)

Bydd yn siŵr o law pan fo'r cymylau'n ceulo dros Ynys Enlli (Mynytho)

Weithiau ceir patrwm arbennig i'r haenau *Altostratus* hyn:

Os bydd 'caws a llath' ar y wybr, glaw yn agos (*TrafELl* 1895, *HPLlPh*)

Awyr caws llaeth – *glaw* (Porthcawl, Tanygrisiau). Dywedir *...caws a maidd* hefyd.

O grwybr i wynt, ac o wynt i law (DLI). Os cwyd y gwynt pan fo cymylau â phatrwm tebyg i grwybr mêl arnynt fe ddaw glaw yn fuan iawn.

Neu, ychydig funudau cyn iddi lawio gwelir ffurflau arbennig ar waelod y cymylau:

Clytiau tonnog – dyma'r ffurf a elwir yn *Altostratus undulatus*

'Bronnau' yn crogi o waelod y cwmwl – dyma *Altostratus mamma*

Disgrifiad arall ohonynt yw: *yn dorrog* o law neu eira (Erwyd Howells, gogledd Ceredigion). Cymylau boliog llawn glaw.

4.5.3 Cymylau glaw *(Nimbostratus)*

Hwn yw'r cwmwl glaw go iawn (*nimbus* yw cwmwl glaw). Mae'n anodd cyfleu darlun addas o'r *Nimbostratus* heblaw mai haen ddiffurf ydyw sydd, yn ddieithriad, yn dod â glaw, eira, cenllysg neu hyd yn oed yn arllwys hen wragedd a ffyn.

Dyma'r mwyaf o'r cymylau haenog a gall fod yn eithriadol o drwchus a thywyll – weithiau yn ymestyn o tua 2,000 o droedfeddi hyd at 18,000 troedfedd ac yn medru gorchuddio rhai miloedd o filltiroedd sgwâr ar y tro. Mae'n symud yn weddol araf ac nid yw fel arfer yn gysylltiedig â'r stormydd terfysg sy'n deillio o'r *Cumulonimbus*. Bydd stormydd a therfysg y *Cumulonimbus* yn llawer gwaeth ond yn gymharol fyrhoedlog.

4.6 Cymylau Uchel

4.6.1 Traeth awyr *(Cirrocumulus)*

Bydd y cymylau hyn yn ffurfio clytiau neu haen uchel o gymylau mân sydd, yn aml iawn, wedi eu gosod yn llinellau tebyg i batrwm y crychau a welir ar dywod adeg y trai. Dyna pam y'u gelwir yn *draeth awyr* yn y gogledd. Dywed Myrddin Fardd amdanynt yn *GESG*: 'Taen gymylau llwyd-wyn, un ffunud mewn ffurf ac ymddangosiad ag ôl tonau ar dywod-draeth wedi i'r môr fod yn ymdoni arno dan awel y gwynt, yr hwn yr ystyrid yn flaenarwydd sicr, gan werin syml y dyddiau fu, fod ystorm gerllaw.'

Enwau eraill arnynt yw *croen macrell* (sy'n cyfateb i'r *'mackrel sky'* Saesneg) *a ffedog y ddafad* yn y de. Maent yn aml yn arwydd bod ffrynt gynnes yn dynesu ac y bydd y tywydd yn dirywio nes ceir glaw ymhen rhyw hanner diwrnod.

Awyr draeth, glaw drannoeth (cyffredin). Os ydynt yn ymddangos gyda'r nos bydd yn glawio erbyn y bore.

Traeth awyr, glaw drennydd (*SCCynll*)

Hwyr draeth, glaw drannoeth (Llanfair Mathafarn Eithaf)

Cymylau traeth – glaw (Ystalafera)

Awyr fel croen macrell – gwynt a glaw ymhen chwech awr (Y Bermo)

Ffedog y ddafad – glaw cyn bo hir (ar lafar yn y de)

Yr awyr yn frith o fân gymylau yn y bore neu'r p'nawn – glaw yn fuan (*HPDef*)

Cofier, bydd y patrwm traeth awyr a ffurfir gan y cymylau *Cirrocumulus* uchel yn weddol fân. Cymharer â'r patrwm tebyg, ond brasach a geir o dan *Altocumulus*, 4.5.1

4.6.2 Biew geifr *(Cirrus)*

Dyma gymylau sy'n hawdd iawn eu hadnabod. Maent fel blew hirion yn gorwedd i'r un cyfeiriad â'r gwynt fel arfer â'u blaenau un ai yn syth neu yn cyrlio at i fyny rywfaint. Y rhain yw'r cymylau uchaf gweladwy ac, yn wahanol i'r cymylau is, grisialau rhew yn hytrach na diferion bychan o ddŵr yw'r rhain.

Fe'u gelwir yn *flew geifr* (cyffredin); *gwallt y forwyn* (*GESG*, Meirionnydd); *rhawn y gaseg* (Meirionnydd); *cynffon y gaseg wen* (Llanrhaeadr, Dyffryn Clwyd) a *cynffon ceffyl* (*CNW*).

Maent yn aml yn arwydd bod ffrynt yn dynesu yn enwedig os bydd y blew yn graddol gynyddu ac yn ymuno gan newid i haen o *Cirrocumulus* neu draeth awyr. Bryd hynny gall y blew geifr fod yn arwydd da fod ffrynt yn dynesu, pryd y gellir disgwyl i'r glaw gyrraedd o fewn 12 – 18 awr.

Blew geifr, glaw geir (Gwynedd)

Cymylau blew geifr gyda'r nos – glaw erbyn y bore (Llanuwchllyn)
Gwallt y forwyn – tywydd ansefydlog (Llanllwni, Buellt, Llandyrnog, Meirionnydd)

Cymylau gwallt y forwyn – glawio ymhen ychydig ddyddiau (Ysg Pontrobert)

Os nad yw'r blew geifr yn ymuno a thewychu gallant fod yn gysylltiedig â thywydd braf. Bryd hynny fe'u disgrifir fel: *Clos Gwyddelod yn y gwynt.*

4.6.3 Cylch pell am yr haul / lleuad (*Cirrostratus*)

Nid yw'r *Cirrostratus* yn fwy na haen uchel o niwl tenau a di-ffurf sydd, onibai am roi rhyw arlliw llwydwyn i lesni'r awyr, bron yn anweledig. Ond am ei fod yn un o gymylau uchaf yr awyr bydd y gronynnau dŵr ynddo wedi rhewi yn risialau mân o rew. O ganlyniad caiff goleuni'r haul ei hollti gan y grisialau i greu enfys a welir yn gylch o amgylch yr haul, yn enwedig pan fo yn lled isel yn yr awyr – rhyw ddwyawr cyn y machlud neu ar ôl iddi wawrio.

Gwelir yr un math o gylch o gwmpas y lleuad llawn yn y nos er mai cylch gwyn a welir bryd hynny am nad yw adlewyrchiad y lloer yn ddigon cryf i ffurfio lliwiau.

Bydd y cylch arbennig hwn yn weladwy gryn bellter o'r haul neu'r lleuad, ar ongl o 22° neu led llaw agored a ddelir hefo'r bawd a'r bysedd ar led o'r haul. Mae'n bosib, dan amodau arbennig, i weld ail gylch – yn gyflawn neu yn rhannol – tua'r un pellter y tu draw i'r cylch cyntaf weithiau. Mae'r cylch / cylchoedd pell hyn yn wahanol i'r llewyrch tebyg i enfys a welir yn cyffwrdd â wyneb yr haul neu'r lleuad ac a elwir yn gylch agos. Fe achosir y cylch agos gan lwch yn uchel yn yr awyr ac mae, fel arfer, yn arwydd tywydd braf. I wahaniaethu rhwng y ddau fath o gylch, y pell a'r agos, dywedir:

Cylch ymhell, glaw yn agos
Cylch yn agos, glaw ymhell. (cyffredin, de a gogledd)

Neu: ***Rhod ymhell..., / rhod yn agos...*** (*LlA 103*)
Cwmpas pell..., / cwmpas agos... (Ceredigion, yn *HCS*)

Mae'r arwydd hwn yn un eitha sicr – dros 90% cywir (*RSN*) – y bydd ffrynt gref yn cyrraedd ymhen rhyw 24— 48 awr, storm fel arfer, yn dibynnu ar gryfder y gwynt.

Y mwya'r cylch – gwaetha'r tywydd (cyffredin), h.y. y mwyaf amlwg yw'r cylch.

Pytiau o enfys – weithiau, yn hytrach nag enfys ar ffurf cylch crwn cyflawn am yr haul, gwelir pytiau bychain o enfys ar yr un lefel â'r haul ar bellter o 22° oddi wrtho. Gelwir y rhain yn *gaseg ddrycin* (Llanbedrog); *ci drycin* (yn lled gyffredin yng Ngwynedd a Môn), neu hyd yn oed *gyw drycin***. Eu henw gwyddonol yw *parahelion* ac yn Saesneg: *sun dog*. Gallant arwyddo bod tywydd drwg ar ei ffordd ond nid yw eu gweld mor ddibynadwy â gweld cylch cyflawn.

** Rhaid cofio bod yr enw *cyw drycin* yn y cyswllt hwn efallai braidd yn gamarweiniol am fod siawns ei fod wedi ei gymysgu â'r enw am 'bwt o enfys sydd â'i chynffon yn y môr', gweler 3.14.2.

4.7 Cymylau terfysg *(Cumulonimbus)*

Bydd cymylau terfysg yn ffurfio pan fydd corff o awyr yn cael ei gynhesu gan ddaear gynnes fel a geir ar dywydd poeth yn yr haf. Bydd hynny yn peri i gerrynt o aer ddechrau dringo a chreu cylchdro o awyr sy'n codi'n uchel i'r entrychion gan ffurfio cymylau mawrion uchel *Cumulonimbus*. Yn rhannau uchaf y cymylau hyn bydd y defnynnau glaw yn rhewi'n genllysg a bydd y rheiny, yn eu tro, yn taro yn erbyn ei gilydd gan greu tensiwn trydanol rhwng gwaelod a phen y cwmwl. Bydd hynny, weithiau, yn ddigon i greu storm o fellt a tharanau.

Ceir amryw o enwau lleol ar gymylau terfysg tal gwynion *Cumulonimbus* sy'n dueddol o ddod â glawogydd trymion ac yn aml fellt a tharanau yn ogystal, er nid bob tro chwaith. Enwau eraill arnynt yw cymylau t'ranau (cyffredin yn y gogledd); tarangymylau (GPC); cymylau tyrfe (Cwm Tawe) a cymylau trawste (Dyffryn Teifi). Ym Môn, Llŷn, Eifionydd a Meirion fe'u cyffelybir i esgobion a byddigion rhwysgfawr:

4.7.1 Esgobion a Byddigion

Esgobion Bangor yn y dwyrain – arwydd o law trwm neu derfysg (Llŷn).

Esgobion Bangor yn eu gwenwisg – terfysg (Rhoshirwaun)

Esgobion Bangor yn marchogaeth (Tudweiliog). Cymylau mawrion yn dod o'r môr ac yn mynd dros yr Eifl.

Esgobion Bangor dros Fôn (i'r gogledd) / *neu Eryri* (i'r dwyrain) – *storm o law*

Esgobion Sir Feirionnydd os ydyn nhw i'r de (Mynydd Nefyn)
Esgobion Tyddewi, ymhell dros y môr i'r de (Neigwl, Nefyn)

Yn Sir Fôn, ffurf wreiddiol iawn ar y dywediad hwn am gymylau terfysg yw:
Mae Esgobion Bangor wedi bod yn yfad eto – fe ddown nhw i biso am em pennau ni cyn bo hir

Yr *'hen bersoniaid'* yn derm arall amdanyn nhw yn ardal Cricieth / Rhos-lan (Wil Sam Jones)

Byddigions Cricieth yn dod ar eu hald – glaw trwm (Meirion, Llŷn). Yn ardal Abersoch fe'u disgrifir fel cymylau mawr gwynion yn dod o gyfeiriad Cricieth ar ddiwrnod poeth gan argoeli terfysg cyn bo hir.

Ceir hefyd:
Cymylau gwyn Cricieth
Glaw mawr anferth (Talwrn, Môn)

4.7.2 Cymylau a gwyntoedd yn mynd yn groes i'w gilydd
Wrth i gymylau terfysg ffurfio dros y tir neu wrth i'r *Cumulonimbus* mawr sy'n gysylltiedig â ffrynt oer ddynesu byddant yn tynnu gwyntoedd a chymylau isel atynt yn y gwaelod ac yn ymledu yn yr uchelderau. Disgrifir hynny yn yr arwyddion canlynol:

Dau wynt – y cymylau uchaf yn mynd i un cyfeiriad a'r cymylau isaf yn mynd i gyfeiriad arall: sicrwydd o law trwm (DWIH)

Pan gyfarfydda dau gwmwl yn yr awyr gellir disgwyl taranau (EJ)

4.8 Cymylau artiffisial

Yn ogystal â'r mathau o gymylau uchod ceir cymylau sy'n tarddu o weithgaredd dynol. Gellir dehongli ffurfiau y rhain hefyd fel arwyddion tywydd.

4.8.1 Llwybr awyren
Pan fydd awyrennau jet yn hedfan yn uchel uwch ein pennau byddant yn gadael llwybr gwyn hir yn llinell ar eu holau (*contrail*). Mae'r modd y bydd yr olion hyn yn parhau neu'n diflannu yn ddadlennol:

Llwybr awyren yn diflannu'n raddol o fewn awr neu ddwy – braf

Llwybr awyren yn aros ac yn ymledu – tywydd drwg ar ei ffordd ymhen diwrnod neu ddau

4.8.2 Mwg neu stêm o drên neu gorn ffatri
Roedd arwyddion am fwg trên yn gyffredin yn nyddiau'r trenau stêm ond erbyn hyn maent yn gyfyngedig i ardaloedd lle ceir 'lein bach', e.e. Ffestiniog, Y Bala, Llanfair Caereinion ayyb

Mwg trên yn darfod yn gyflym – braf
Mwg trên yn chwyddo'n fawr ac yn hir cyn diflannu – glaw (CSyM)

Mwg trên yn fyr – braf
Mwg trên yn hir – glaw

Gall y cyfeiriad y bydd y mwg yn cael el chwythu fod yn arwydd da o gyfeiriad y gwynt ac mae hynny yn arwydd tywydd ynddo'i hun. (gweler Cyfeiriad y Gwynt, 5.4)

4.9 Y Cymylau a'r awyr pan ddaw ffryntiau glaw

Bydd y rhan fwyaf o'r cymylau a grybwyllwyd uchod (4.3 – 4.8) yn ymddangos yn gyfres led bendant pan fydd ffryntiau glaw yn mynd heibio. Mae'n werth edrych sut y bydd y cymylau'n graddol newid wrth i'r ffrynt gynnes a'r ffrynt oer agosáu a mynd heibio uwchben ac i ddadansoddi be arall a welir yn yr awyr ar yr un pryd. Hynny yw, gall yr hyn a welir rhwng y cymylau roi arwyddion tywydd inni a allent fod yr un mor ddefnyddiol â'r cymylau eu hunain ar adegau.

4.9.1 Beth yw ffryntiau glaw?
Pan ddaw corff o awyr gynnes yn erbyn corff o awyr oerach bydd yr awyr gynnes yn codi dros yr awyr oerach gan ffurfio yr hyn a elwir yn 'ffrynt gynnes'. Fe'i nodweddir gan gyfres o wahanol gymylau sy'n ffurfio ar wahanol uchderau uwchben y ddaear wrth i'r aer gynnes oeri'n raddol wrth ddringo. Gellir adnabod ffurfiau'r gwahanol gymylau hyn a dirnad ohonynt hynt y ffrynt wrth iddi ddynesu a mynd heibio.

Bydd y ffrynt gynnes yn weddol estynedig ac yn cymryd hyd at ddiwrnod i fynd drosodd. Pan gyrhaedda'r cymylau glaw sydd

Y PRIF GYMYLAU SY'N GYSYLLTIEDIG ÂFFRYNTIAU

ynddi bydd y glaw yn weddol ysgafn ond yn parhau am rai oriau. Wedi i'r ffrynt gynnes fynd heibio bydd yr awyr yn clirio rhywfaint ond bydd tarth neu niwl ysgafn yn dal yn yr awyr a mân gymylau bol dywyll yn gwibio heibio.

Ychydig oriau yn ddiweddarach daw corff o awyr oer arall heibio gan ffurfio ail ffrynt, sef ffrynt oer. Bydd hon yn ymwthio rhywfaint o dan yr aer gynnes ond, yn bennaf, bydd yn ei hysgubo o'i blaen. O ganlyniad bydd cymylau'r ffrynt oer yn pentyrru uwchben ei gilydd yn golofn uchel a thywyll sy'n arwain at law llawer trymach na'r ffrynt gynnes ond sydd ddim yn parhau cyn hired. Wedi i'r ddwy ffrynt fynd heibio, bydd yr awyr yn glasu – tan y gyfres ffryntiau nesa. Dengys y diagram (gyferbyn) y prif fathau o gymylau sy'n gysylltiedig â ffryntiau a dilynir hynny gan yr arwyddion tywydd sy'n gysylltiedig â phob un:

4.9.2 Ffryntiau yn mynd heibio:

Bydd y cymylau sy'n nodweddu blaen y ffrynt yn cyrraedd mewn trefn, hefo'r cymylau uchaf yn cyrraedd gyntaf, a'r gweddill yn gyfres sy'n dod yn is ac yn is gan raddol lenwi'r awyr.

4.9.2.1   Trefn ymddangosiad cymylau y ffrynt gynnes

CIRROSTRATUS – nid yw'r haen uchel, denau hon, â'i chylch pell o enfys o amgylch yr haul neu'r lleuad yn weladwy o flaen pob ffrynt gynnes ond pan ddigwydd gellir bod yn eitha sicr y bydd y ffrynt yn un ddwys a bod siawns dda iawn o storm o wynt a glaw ymhen 18 – 48 awr. Dywedir:
Cylch ymhell – glaw yn agos

CIRRUS – dyma'r ail gwmwl gweladwy ar flaen y ffrynt gynnes. Bydd yn glawio ymhen 12 – 18 awr.
Blew geifr – glaw geir

CIRROCUMULUS – bydd haenau uchel yn dechrau llenwi'r awyr o gyfeiriad y gwynt a gwelir patrwm llinellog ar eu gwaelod. Glaw ymhen 6 – 12 awr.
Awyr draeth – glaw drannoeth (os y'i gwelir gyda'r nos)

ALTOSTRATUS / NIMBOSTRATUS – fel mae'r ffrynt yn dynesu bydd yr awyr yn llenwi â chymylau llwydion gyda phatrwm tebyg i laeth yn ceulo cyn iddynt golli eu ffurf yn gyfan gwbwl wrth i'r awyr dywyllu a llenwi â chymylau isel ac i'r glaw gyrraedd. Bydd yr haul yn diflannu neu foddi wrth i'r cymylau hyn ffurfio. Gellir disgwyl glaw yn fuan neu o fewn ychydig oriau.

Yr haul neu'r lleuad yn boddi
Yr awyr yn ceulo
Awyr caws a llaeth ayyb

STRATUS / STRATOCUMULUS – dyma gymylau glaw y ffrynt gynnes. Bydd y goleuni yn y bylchau rhwng y mynyddoedd yn diflannu wrth i gymylau isel a niwl lenwi'r awyr. Ceir disgrifiad tlws iawn o hyn o Faldwyn:

Llygad y cwm wedi cau – cyfeiriad at gau'r goleuni tua'r gorllewin yng Nghwm Banwy. Mae yn arwydd sicr bod glaw ar ei ffordd (Evelyn Davies, Llangadfan). Gweler 4.9.2.2 am arwyddion y bylchau yn goleuo drachefn wrth i'r glaw fynd heibio.

Mae'r ffenest ar gau ym Mwlch y Nant,
Hen ddiwrnod go ddiflas gawn ni heddiw, blant (Selwyn Griffith). Cyfeirio at Nant Peris wna.

Bydd y glaw yn parhau ac yn weddol gyson am rai oriau ond yn lled ysgafn. Yna daw'r glaw cyson i ben yn raddol a throi'n gawodydd wrth i'r ffrynt fynd heibio.

4.9.2.2 Ffenest i gyfeiriad y gwynt

Pan fydd cymylau glaw'r ffrynt gynnes yn cilio, er y gellir disgwyl cawodydd am beth amser eto, bydd yr awyr yn dechrau goleuo a'r cymylau yn codi i wastad uwch. Un o arwyddion cynta hynny yw y bydd y bylchau rhwng y mynyddoedd yn dechrau dod i'r golwg unwaith eto o dan nenfwd y cymylau. Mewn rhai ardaloedd gelwir y bylchau golau hyn yn ffenestri. Ceir sawl dywediad sy'n cyfleu hynny:

Ffenest i gyfeiriad y gwynt – bydd yn brafio (cyffredin)
Ffenest yn cau – y tywydd yn dirywio

Os oes ffenest yn y Pas – mae'n debygol o law (Llanberis)

Pan fo goleuni yn y Pas
Ni cheir ond bras gawodydd (Fachwen)

Enw arall ar y ffenest yn y Pas gan chwarelwyr Llanberis oedd *Ffenest y glaw* a phan y'i gwelid byddent yn mynd â legins efo nhw i'w gwaith (Llanrug)

Mae'r bwlch rhwng Elidir a'r Wyddfa weithiau i'w weld fel ffenest olau – tywydd cawodlyd (Penisarwaun)

Ffenest y Bwlch / Ffenest y Pas (Llanberis) / *Ffenest Bwlch y Nant* (Nant Peris) *yn goleuo – tywydd yn gwella*

Ffenest Bwlch Stwlan – mae cyflwr hon (i'r de-orllewin) *yn goleuo neu dywyllu, yn arwydd tywydd ddefnyddiol ym Mlaenau Ffestiniog*

Twll Anti Jên yn glasu – mae'n brafio (Bryn Glas, Nefyn). Enghraifft o arwydd lleol iawn gan un o deuluoedd Bryn Glas, Nefyn, h.y. pan welir glesni yn dechrau ymddangos rhwng y cymylau i'r de-orllewin (heibio cyrion Garn Boduan a Garn Fadrun). Yn y cyfeiriad yna mae Anti Jên yn byw.

Bwlch Drws Ardudwy yn goleuo – brafio (Bronaber)

Golau yn Nhwll Robin – arwydd o hindda (Megan Davies Llanuwchllyn). Y niwl yn goleuo yng ngwaelod y bwlch i gyfeiriad Dolgellau.

Yr adwy fawr yn goleuo – bydd yn brafio (Llanbedrog). Y bwlch rhwng Garn Fadrun a Garn Boduan

Os yw'n goleuo yn Nhwll Daniel mi ddaw'n braf (ardal y Lôn Goed). Mae twll Daniel i'r gogledd-orllewin, sef ysgwydd Bwlch Mawr i gyfeiriad Capel Uchaf. Roedd rhyw hen greadur o'r enw Daniel wedi cuddio arian yn nhwll Daniel yn rhyw oes (Garndolbenmaen).

Yn goleuo i gyfeiriad Rhyd-ddu – brafio (fferm Fron Fedw). Yn goleuo i gyfeiriad y de.

Os bydd yn ole lan am Bwlch Ungwr adeg y cynhaea gwair – mae'n arwydd o dywy' da (Mynachlog-ddu)

4.9.2.3 Rhwng y ddwy ffrynt: defaid duon dan do a physt dan yr haul

CYMYLAU BYCHAIN
Wedi i'r ffrynt gynnes fynd heibio bydd y cymylau yn teneuo a daw'r haul i'r golwg unwaith eto er ei fod yn edrych yn wan a chlafaidd drwy haenau o darth neu niwl yn yr awyr ac efallai haenau o gymylau tenau uchel. Bydd clytiau o *Stratocumulus* a

mathau o *Cumulus* yn teithio drwy'r tarth gan ddod â chawodydd yn eu sgil. Dywediadau sy'n disgrifio hynny yw:

Defaid duon dan do – glaw (Môn). Cymylau tywyll bychain yw'r rhain yn symud yn gyflym fel arfer o dan yr haenau o gymylau llwydion.

Cymylau fel defaid Jeriwsalem – cawodydd (Pencader, Llanllwni). Cymylau bychain crwn fel gyrr o ddefaid ac yn gywir yn darogan mwy o law wyth gwaith allan o bob deg.

Cymylau bach gwyllt yn symud ar draws awyr gymylog – tywydd garw (Ystalafera, *AWC*)

PYST DAN YR HAUL

Nodwedd amlwg arall o'r awyr rhwng y ffryntiau cynnes ac oer yw bod yr haul yn edrych yn glafaidd neu'n wan a bod ei belydrau yn ffurfio colofnau hardd sydd yn edrych fel petaent yn ymestyn fel gwyntyll o'r haul i'r ddaear rhwng y cymylau. Bydd y rhain yn symud yr raddol i'r un cyfeiriad â'r gwynt a'r cymylau:

Pyst dan yr haul – arwydd glaw (Gwynedd, Dyffryn Conwy, Dyffryn Clwyd, *TrafELl 1895*)

'Pyst dan yr hoil – arwydd eich bod rhwng cawodydd' (I James yn *LlafG 77*)

Pyst dan yr haul – yn codi dŵr (Bethel), h.y. yn codi dŵr ar gyfer glaw.

Pyst dan haul boed hwyr neu fore
Tywydd garw gawn ar y gore (Cwm Tawe)

Pyst yr heulos
Glaw yn agos (*DLl*)

Os pyst dan yr haul
Cawn law yn ddi-ffael (Cross Inn, *AWC*)

Yr haul â physt oddi tano cyn y machludiad – glaw bob amser (*HPDef*)

Pen Llŷn yn agos, a hi ar nosi,
A'r 'polion' gwelwon am law'n argoeli. (Dic Jones, Machlud uwch cae ŷd)

Enwau eraill ar y pyst yw: *Pyst awyr* (Bangor); *Ysdol Jacob* (Llŷn); *Llafnau* (Tanygrisiau); *pileri* (Llanfachreth, Meirionnydd); *polion* (Ceredigion, yn *FWl*).

Haul gwyn gwan a chlytiau haul

Haul gwyn gwan,
Daw yn law yn y man. (Llŷn, Eifionydd, Llanuwchllyn).
O dan un o'r pyst haul bydd yr haul yn tywynnu yn glafaidd amoch rhwng y cymylau – hwn yw'r 'haul gwyn gwan'. Buan y daw cwmwl unwaith eto a bydd siawns o gawod. Daw glaw trwm cyn bo hir beth bynnag pan gyrhaeddith yr ail ffrynt, sef y ffrynt oer.

Pan welwch waelod rai o'r pyst haul yn ymlwybro ar draws bryn a dôl gan oleuo'r wlad â chlytiau o lewyrch gwantan fe'u gelwir yn *gywion haul* neu *glytiau haul:*

Cywion haul yn rhedeg ar hyd Hiraethog – arwydd glaw pendant (Ysbyty Ifan).

Clytiau haul ar y bryniau – glaw (Y Bala). Mae'r rhain yn arwydd glaw pan fyddant yn gysylltiedig â physt dan yr haul ond ceir math arall o glytiau haul hefyd: gweler 4.9.2.5, isod.

Bwrw'n ole, bwrw hir (Cribyn). 'Bwrw, a 'bach o haul gydag e, fe fwrith trwy'r dydd ambell waith.'

Os ceir haul rhwng cawodydd gellir ei ddisgrifio fel a ganlyn:
Yr haul yn codi'i bais i biso (Llanfachreth, Meirionnydd)

Pan fo'r haul yn isel yn yr awyr bydd:
Y tarth rhwng y cymylau yn adlewyrchu'n felynaidd – arwydd glaw (Dolgellau)

4.9.2.4 Llinell wen, sêm wen neu hem wen dros y môr

Yn hen siroedd Meirionnydd ac Arfon yn benodol ceir nifer fawr o amrywiadau lleol ar ddywediad sy'n darogan glaw fel arfer. Mae'n cyffelybu llinell olau ar odre cymylau tywyll â'r hem neu sêm a geir ar waelod dilledyn: Ceir sawl dehongliad arno:

a) Pan ddaw cymylau duon tuag atoch bydd awyr oleuach neu hem wen i'w gweld oddi tanynt. Bydd y cymylau duon yn arwydd ei bod ar fin glawio a'r hem wen yn dangos mai cawod fydd hi – ond gall olygu cawodydd am y dydd ac efallai drannoeth hefyd.

b) I bobl Ardudwy mae sêm wen / felen Criccieth i'w gweld wrth edrych dros Fae Ceredgion i gyfeiriad Llŷn adeg y machlud (*AWC*). O dan nenfwd o gymylau tywyll bydd y gorwel yn weddol glir a'r machlud yn felynaidd a gwan (gweler 3.7.2).

c) Gall gyfeirio at linell neu res wen isel o gymylau glaw yn dynesu o'r de-orllewin.

ch) Gall sêm wen hefyd olygu band golau yn y dwyrain a phob man arall yn ddu. Mae'n arwydd bod tywydd glawog yn dod a bron iawn â goresgyn y fro, a haul y bore yn goleuo oddi tano i greu sêm wen. (Llŷn ac Eifionydd, *AWC*)

Llinell wen Cricieth – arwydd glaw (Rhyd, uwchlaw Llanfrothen)

Lein wen Cricieth, glaw mawr dranweth / drannoeth (Ardudwy)
Neu: *...siŵr o law dranweth* (*DMach*)

'Yr hen lein wen Criciath ddiawl 'na!'. Sylw yn Garndolbenmaen adeg y cynhaeaf.

Rhes wen Cricieth, cawod fawr anferth (*YsgLl*)

Sêm wen Cricieth, glaw mawr anferth (Eifionydd, Llŷn)
neu: *...glaw yn agos* (Eifionydd)
...glaw mawr drannoeth (Eifionydd)

Sêm wen Harlech, glaw mawr anferth (Beddgelert)
Sêm wen Clynnog, glaw mawr cynddeiriog (Pontllyfni)
Sêm wen Afon-wen, glaw mawr dros ben (*LlLlE*)

Hem wen Cricieth, glaw mawr anferth (Ardudwy, Llŷn), neu: *...trannoeth* (*DG*)

Mae hi'n hemio tua Sir Fôn 'na – arwydd glaw (Bethesda)

Sêm felen Cricieth, glaw mawr drannoeth neu: *...glaw mawr anferth* (*LlA 103*)

Ar y llaw arall os yw'n glasu i'r gorllewin / de-orllewin o dan odreuon y cymylau mae'n arwydd bod hindda ar ei ffordd:

Sêm felen Enlli, glaw yn unlle (Ardudwy). Pan fyddo'r machlud a'r gorwel yn glir

Hem wen i gyfeiriad Harlech – arwydd hindda (Gwytherin, yn *LlafG 55*).

Os bydd y sêm wen yn suddo i'r môr – arwydd o dywydd gwael Ond os coda – arwydd o dywydd gwell (Pwllheli, ar raglen Codi'r Ffôn, Radio Cymru, *AWC*)

CODI PAIS

Yng Ngheredigion, os gwelir llinell olau i'r gorllewin, o dan nenfwd o gymylau tywyll, fe'i cyffelybir â chodi pais. Mae'n arwydd mwy calonogol na'r sêm wen:

Mae'n codi pais wen uwchben y dŵr – y tywydd yn hinddanu (Dilys Parry, Hwlffordd). Arwydd gan ei thaid o Gwmbrwynog, gogledd Ceredigion

Pan fydd yn codi pais wen uwchben y dŵr – mae'n hinddanu' (Ceredigion)

Yr haul yn codi ei bais i biso (Llanfachreth, Meirionnydd). Os yw'n haul am gyfnod byr rhwng cawodydd.

Dywed y Parch DG Williams, Ferndale yn *TrafELl 1895*:
'*...i flaen y gwynt yr edrycha'r Sais am arwydd o hindda, tra edrycha'r Cymro i'w fôn. Os bydd yn clirio tua'r bôn, credir yn ein sir fod y glaw ar fyned heibio'*.

4.9.2.5 Y Ffrynt oer

Wrth i'r ffrynt oer ddynesu bydd cyfeiriad y gwynt yn newid yn groes i'r cloc (gweler 5.2.3) a bydd y llif awyr ar yr wyneb rhwng yr aer cynnes ac oer sy'n ffurfio'r ffrynt yn codi yn weddol syth i fyny i'r entrychion gan ffurfio cymylau *Cumulonimbus* enfawr. Bydd y rhain, wrth iddynt symyd ar draws gwlad, yn arllwys glaw trwm, llawer trymach na glaw'r ffrynt gynnes ond heb barhau cyhyd. Yn yr haf, os yw'r gwahaniaeth mewn tymheredd a phwysedd yr awyr yn fawr rhwng y naill ochr a'r llall i'r ffrynt oer gall storm o fellt a tharanau neu derfysg ddigwydd tra yn y gaeaf bydd cenllysg trwm yn gyffredin.

[Noder: gall cymylau *Cumulonimbus* ffurfio yn yr haf pan fydd llif aer cynnes yn codi o ganlyniad i wyneb y ddaear neu'r môr gynhesu yng ngwres y dydd (gweler 4.7 uchod).

4.9.2.6 Wedi i'r ffrynt oer fynd heibio

CLYTIAU GLEISION

Wedi i'r ffrynt oer fynd heibio bydd y cymylau yn goleuo a bydd clytiau gleision yn ymddangos rhyngddynt. Bydd y cymylau'n gwasgaru yn gyflym a'r awyr ddaw i'r golwg yn las clir. Ceir llawer o ddywediadau lliwgar i ddisgrifio ymddangosiad y clytiau o awyr las, a'r sicrwydd y bydd yn brafio'n gyflym:

Clytiau gleision, arwydd gwella (Llanuwchllyn), neu: *...arwydd hinon (LlafG* 5, tud 8)

Bydd yn brafio os bydd digon o las yn yr awyr:
  i wneud crys i Wyddel (Arfon, Gaerwen)
  i wneud clos Gwyddel (Bodffordd)
  i wneud clos pen glin i glagwydd (Nefyn)
  i wneud clos i ddynes (Cwm Main ger Corwen)
  i wneud cwt crys (Abergwili)
  i wneud gwisg llongwr (Ceredigion)
  i wneud gwasgod llongwr (LlLlF)
  i wneud trywsus llongwr (Llanrug, Bryncroes, Talwrn)
  i wneud trywsus morwr (Dolwyddelan)
  i wneud gwasgod eliffant (Dolwyddelan) h.y. mwy o las na thrywsus morwr
  i wneud cadach pocad (Llanuwchllyn)
  i wneud barclod gof (Dinas, Llŷn)
  i roi patsh ar drywsus Dytshman (Nefyn)

Bydd yn brafio os bydd awyr las:
  gymaint â gwasgod Tomos (Chwilog). Pwy bynnag oedd Tomos?
  gymaint â chledr llaw (Garndolbenmaen, Llanuwchllyn)
  gymaint â gwasgod dyn (Ardudwy)

'*Os bydd awyr las seis tin britsh am un ar ddeg, bydd yn glir prynhawn*' (Ceredigion, yn *FWI*). Tin britsh yw pen ôl trowsus.

'Ar adeg cynhaeaf yng ngorllewin Sir Gâr byddai'n brafio os byddai tamed bach o las tua Bar Aberteifi: '*Y mae cymaint â britis Cardi...yn y golwg*" (*TrafELl 1895*)

Awyr las gymaint â chlos
Mae'n siŵr o ddŵad yn braf cyn nos (Dyffryn Conwy)

Clos Gwyddel – arwydd hindda (Ellis Evans, Hafod Las, Ysbyty Ifan; Llansannan), h.y. 'llannerch o awyr las yng nghyfeiriad y gwynt'.

'*Mae rhyw glos Gwyddel yn fan'cw, fe ddaw'n braf yn y munud*' (Eric Williams, Llanrwst)

Ym Môn, **'tin clos Gwyddel'** ddywedir a'r esboniad, yn ôl yr Athro Bedwyr Lewis Jones, oedd y byddai'r nafis o Iwerddon a ddeuai i drwsio'r ffyrdd â phatsus ar eu trywsusau. (*LlafG* 5, tud.8)

Clos Dafydd Jones – dyma'r enw ar y clytiau gleision ym Mhenmachno.

CLYTIAU HAUL / LLYGADAU POETHION

Byddai llewyrch yr haul drwy'r clytiau gleision yn eu tro yn creu clytiau o oleuni ar y tir a'r rheiny'n symud i'r un cyfeiriad â'r gwynt. Ni cheir 'pyst dan yr haul' yn gysylltiedig â'r rhain (gweler 4.9.2.3 uchod) am mai arwydd tywydd braf ydynt a byddant yn graddol gynyddu yn eu maint a'u nifer nes bydd y rhan fwya o'r tir yn mwynhau heulwen ac awyr las. Bellach mae'r ffryntiau glaw wedi ymadael.

Mae hi'n clytio ar y Cennin – yn brafio (Garndolbenmaen). Clytiau o oleuni ar Fynydd y Cennin i'r de-orllewin.

Llygedyn o haul yng Nghraig-y-Tân – brafio cyn nos (Llanuwchllyn)

Enwau eraill arnynt yw: *llygadau haul* (Clynnog); *llygadau poethion* (*DMach*) a *cywion haul* (Ysbyty Ifan).

Cywion haul yn rhedeg ar hyd Hiraethog yn y pnawn – gellir disgwyl tywydd gwell (Ysbyty Ifan).

Pennod 5

Y Gwynt

Beth yw y gwynt
Ond aer ar ei hynt?

Y Gwynt sy'n cyfrif am bob newid yn y tywydd (Hen ddihareb yng Ngaeleg yr Alban)

Mae'r gwynt yn bwysicach na dim i benderfynu sut y bydd y tywydd (Mary Jones, Tan-y-bwlch, Capel Uchaf, Clynnog)

Symudiad yr aer sy'n rhoi'r gwynt inni ac rydym yn ymwybodol ohono am ei fod gyda ni beunydd – yn symud y cymylau uwch ein pennau; yn siglo'r dail ar y coed; yn llenwi hwyliau llongau ac yn dadwreiddio coed pan fydd yn dangos ei rym eithaf. Yr hyn a'i crea yw'r broses fyd-eang sy'n ailddosbarthu egni'r haul rhwng un rhan o'r byd a'r llall. A'r rheswm pam mae'r aer, a cherrynt y môr hefyd o ran hynny, yn gyfrwng mor ddefnyddiol i gyflawni hynny yw bod aer yn symudol iawn ac yn chwyddo wrth gynhesu. O ganlyniad, pan gyfyd tymheredd unrhyw gorff o awyr, mae'n dueddol o godi a symud gan greu cylchred wrth iddo raddol oeri, suddo'n ôl i'r ddaear, ailgynhesu a chodi eto.

Ar raddfa fyd-eang mae'r duedd hon i sefydlu cylchredau yn creu patrwm hinsoddegol pendant iawn gyda chyfundrefn o wyntoedd gweddol gyson yn llifo ar wahanol ledredau rownd y byd. Ceir patrymau cyfatebol yn llifeiriant cerrynt y moroedd yn ogystal; hynny yw, o fewn y cyfyngiadau a osodir arnynt gan y prif gyfandiroedd a'r tirwedd tanforol.

Mewn rhai rhannau o'r byd, yn enwedig dros y cefnforoedd trofannol, gwelwn fod gwyntoedd yn llifo megis cyfres o wregysau a bod ongl eu cyfeiriad yn newid rhwng un gwregys a'r llall. Troelliad y ddaear sy'n achosi hyn. O ganlyniad ceir yr hyn a elwir yn wyntoedd cyson, ond *trade winds* yn Saesneg am eu bod, yn oes y llongau hwyliau, mor gwbl ddibynadwy. Er enghraifft, drwy hwylio yn weddol agos at y cyhydedd gellid llenwi'r hwyliau â gwyntoedd teg fyddai'n eich cario i'r gorllewin. Yna, drwy hwylio i'r gogledd at y lledredau canol gellid dal gwyntoedd y gwregys nesa i'ch cludo adre i'r dwyrain. Roedd hyn yn eithriadol bwysig yn hybu y berthynas fasnachol a ddatblygodd rhwng Ewrop ac

America o'r 16g i'r 19g a hefyd ym Môr India.

Rydym ni yng Nghymru yn digwydd bod mewn rhan o'r byd lle mae gwyntoedd sy'n llifo o'r gogledd yn dod i wrthdrawiad â gwyntoedd cynhesach o'r de. Hyn sy'n arwain at y patrwm hinsawdd arbennig a welir yn ein rhan ni o'r byd lle ceir cyfresi o ffryntiau glaw yn symud o'r gorllewin tua'r dwyrain ar draws gogledd Môr Iwerydd.

Yn ogystal â hyn, effeithir arnom gan wahaniaethau tymhorol amlwg iawn a'r rhain sy'n cyfri am y newidiadau blynyddol rhwng gwanwyn, haf, hydref a gaeaf. Digwydd hyn o ganlyniad i wyriad yn echelin cylchdro dyddiol y ddaear sy'n golygu ein bod fwy dan ddylanwad yr haul yn yr haf nag yn y gaeaf.

Ac os nad yw hyn yn ddigon beth am y gwahaniaethau rhanbarthol a lleol a achosir gan natur arwyneb y ddaear ei hun o ganlyniad i:
a) yr amrywiaethau rhwng tir a môr yn eu gallu i amsugno, adlewyrchu a throsglwyddo gwres yr haul.
b) y dylanwad mawr gaiff y tir a'r môr ar batrwm llif yr aer dros wyneb mynyddig y tir a cherrynt y dyfroedd dan wyneb y moroedd.

5.1 Cyffredinol

Morys y gwynt ac Ifan y glaw
Daflodd fy nghap i ganol y baw (Hwiangerddi)

Ceiliog y gwynt – wyddech chi mai'r Pab Nicholas 1af yn y nawfed ganrif a bennodd y dylsai pob prif eglwys godi ceiliog y gwynt ar ei thŵr? Gwnaeth hyn er mwyn i'r bobl ddarllen y tywydd yn well ac i'w hatgoffa am Pedr yn gwadu'r Iesu deirgwaith cyn caniad y ceiliog.

5.1.1 Dywediadau, gwirebau a geirfa

Rhedeg â'i wynt yn ei ddwrn (cyffredin). Ar frys gwyllt

Piso yn erbyn y gwynt (cyffredin). Disgrifiad o weithred ddiwerth, a'r gweithredwr yn aml yn cael y gwaetha ohoni!

Ni chwyth un gwynt na ddaw â da i rywun (*Diarhebion Cymru*, William Hay) Mae rhywun yn siŵr o elwa o anffawd eraill.

**MORYS Y GWYNT AC IFAN Y GLAW
DAFLODD FY NGHAP I GANOL Y BAW**

(Hwiangerdd)

Rhaid edrych o ba gyfeiriad mae'r gwynt yn chwythu cyn yngan gair wrtho heddiw (EbN). Dywediad am rywun anwadal.

Roedd y pedwar gwynt yn taro yno (poncen gerllaw Felin-fach, Ceredigion). Ymadrodd i gyfleu bod y safle yn agored iawn i'r gwynt a'i bod yn gallu bod yn arw iawn yno.

Mor anwadal â'r gwynt (Mynydd Nefyn), *Mor gyfnewidiol...* (HPDef)

Does dim digon o wynt i sychu sidan (Abergwili)

Hen wynt diog ydy hwn – yn mynd drwyddet ti yn lle mynd rownd ti (Maldwyn). Yn ddisgrifiad o wynt oer iawn.

Yn mynd drwyddot ti fel cyllell (Gwynedd). Disgrifiad o wynt oer.

Yn nannedd y gwynt – lle noeth a digysgod (cyffredin)

Gwynt i oen a haul i fochyn
A thywydd teg i blwms a rhetyn (ArDG). Mae gwynt cymhedrol yn fendithiol i ddefaid ac ŵyn yn yr haf am ei fod yn cadw pryfed plagus draw. Ond mae noethni mochyn yn peri iddo osgoi unrhyw wynt. I ffrwythau rhaid cael tywydd braf adeg blodeuo ac fe ffynna rhedyn ar wres.

Mae mochyn yn medru gweld y gwynt. Mae mochyn mor synhwyrus i oerfel gwynt nes ei fod yn ymateb iddo ynghynt na'r un creadur arall.

Hyfryd meichiad pan fo gwynt (hen ddihareb). Meichiad yw un sy'n edrych ar ôl moch ac mae, fel arfer, yn drewi o oglau'r creaduriald – heblaw am ddiwrnod gwyntog pan chwythir y drewdod ymaith.

Nid yw'n oer heb wynt (DLl)

Os na ddaw gwynt trwy un drws, fe ddaw drwy ddrws arall (DLl)

Chwythodd hi erioed am ddim (Ardudwy). Mae gwynt sy'n codi yn rhybudd bod tywydd drwg ar fin cyrraedd.

Bydd plant yn fwy afreolus nag arfer yn yr ysgol adeg gwynt cryf (sylw cyffredin ymysg athrawon)

I hyfforddi ci defaid – adeg glaw yw'r gorau am y bydd y defaid yn llonyddach eu natur a'r ci yn fwy parod i wrando. Byddai'r defaid 'yn llawn cythrel pan oedd y gwynt yn chwythu oherwydd ei fod yn codi ysbryd yr anifeiliaid nes oedd hi'n anodd iawn cael trefn ar yr un na'r llall'. (Marvin Morgan. Cwm Tawe yn *FfTh, 22*)

GEIRFA WYNTOG:

Awel – gwynt ysgafn iawn
Awel dro – chwa o wynt yn chwirlïo dail neu godi llwch
Corwynt – gwynt cryf iawn. Defnyddir y gair i ddisgrifio storm drofannol enbyd yn ogystal, e.e.: Hyricên, Teiffŵn ayyb
Cwyn eira – sŵn y gwynt yn suo'n ysgafn cyn eira (Sir Ddinbych)
Chwa – pwff sydyn o wynt
Chwthwm / chwythwm – hyrddiad sydyn o wynt. Ar lafar: hwthwm (De)
Cyw glaw – corwynt bychan neu wynt tro adeg y cynhaeaf gwair (Rhos-lan)
Drycin – tywydd drwg, storm o wynt a glaw. Daw o 'drwg – hin'.
Gostegu – grym y gwynt yn lleihau ar ddiwedd storm, 'mae hi wedi gostegu.'
Gwynt – aer yn symud.
Gwynt coch y Mwythig – gwynt oer dwyreiniol sy'n crino popeth yn y gaeaf (Maldwyn)
Gwynt fferllyd – yn ddigon i'ch fferu
Gwynt ffroen yr ych – gwynt llaith a chynnes o'r de (Llanfwrog ger Rhuthun)
Gwynt main – gwynt oer yn mynd drwy popeth
Gwynt sychiad sach – byddai sychiad sach yn gyfeiriad at allu'r gwynt i sychu. Roedd 'tri sychiad sach' (h.y. yn ddigon i sychu sach dair gwaith drosodd) yn ddywediad cyffredin yn Llŷn ac Arfon os byddai'n sychu'n dda, tra yn Llanbedrog sonnid am saith sychiad sach! Mae'n rhaid bod y gwynt yn eithriadol o gryf yno neu bod y sachau yn deneuach!
Gwynt sychu stacs – awel fain sy'n ddelfrydol i 'sychu brig y llafur mewn stacanau (*FWI*)
Gwynt sythu brain – awel oer iawn sy'n treiddio hyd at yr asgwrn (*FWI*)
Gwynt traed y meirw – gwynt y dwyrain
Gwynt tro – pwff o wynt sy'n chwirlïo dail neu yn achosi llwch i droelli'n golofn
Hwrdd / hyrddiád – codi'n wynt yn sydyn, gwynt cryf iawn fedr godi'n gyflym adeg storm.

Hindda – tywydd da. O 'hin – dda'. 'Fe ddaw yn hindda toc'
Hinddanu – pan mae'r tywydd yn gwella. 'Mae'n hinddanu' (y de)
Meirch y Migneint – sŵn gwynt o'r gorllewin a glywir cyn storm
    (Cwm Eidda)
Oerwynt – gwynt oer!
Poethwynt – gwynt poeth yn yr haf
Rhewynt – gwynt oer sy'n rhewi popeth
Rhuthr Cynllwyd – gwynt o'r de-ddwyrain sy'n creu lluwchfeydd
    eira (Llanuwchllyn)
Sgadli – gwyllt a garw (Penfro), tewy' sgadli
Sgarllad – garw (Ceredigion), tywydd sgarllad
Sgeler – tywydd milain o oer a gwyntog, diwrnod sgeler
    (Ceredigion, yn *FWl*)
Sgowlio – yn chwythu'n gryf, disgrifiad o wynt cryf gan forwyr Llŷn
Sgythrog – am dywydd gwyntog neu stormus (Gwynedd, yn
    CBAm)
Sgybarlachu – pan fo gwynt cryf yn ei gwneud yn amhosib cael y
    gwair i fwdwl (Môn, yn *CBAm*); sgybyrlachu (yn *GPC*)
Storm – pan geir cyfnod o wynt cryf a glaw neu eira; hefyd storm o
    fellt a tharanau. 'Roedd hi'n andros o storm'
Snêr – 'hen snêr oer', gwynt oer (Dinas Mawddwy)
Stryllwch – storm o wynt a glaw (Dyffryn Conwy)
Troellwynt – gwynt sy'n troelli'n gyflym, tornado bychan
Tymestl – storm enbyd

Ifan yn y storm
'Roedd Ifan o Aberdaron yn y 'crow's nest' adeg storm fawr ym Mae Biscay. Roedd y llong yn gwyro drosodd cymaint y naill ochr a'r llall yn y dymestl nes oedd Ifan druan yn gwlychu godre ei gôt yn gynta ar yr un ochr fel y cyffyrddai'r môr, ac yna yr ochr arall fel y gwyrai i'r cyfeiriad arall!' (*LlafG 11*)

Dodwy
Roedd hi mor wyntog nes bu raid i'r iâr ddodwy yr un ŵy ddwywaith (Cynwyd)

Y brain yn gorfod cerdded
'Roedd hi'n storom (o wynt) mor ofnadw yng Ngwdig, Sir Benfro, un tro: ro'dd y brain hyd'nod yn ffaelu hedfan nôl i Gwernowain – ro'n nhw'n gorfod cer'ed bob cam' (un o straeon Shemi Wâd, yn *LlafG*, 13, 1986)

Waeth i ti heb...
Roedd Bob Jones, Pant-gwyn ar ei ffordd i Beniel un noson pan gyfarfu â Joseph Thomas, Y Rhos.
'Ble'r ei di heno Bob?' gofynnodd Jo.
'I Beniel, fachgien, i'r cyfarfod gweddi i ofyn am well tywydd i gael y cnydau i mewn.'
'Dyw,' meddai Jo, 'waeth iti heb yr un dam, Bob bach, tra bo'r gwynt fan lle mae o.'

Coelion
Ceir amryw o goelion bod rhai gweithredoedd yn mynd i dynnu storm o wynt:
- gosod cyllell yn yr hwylbren ar fordaith
- lladd mochyn
- chwibanu ar fordaith
- cath yn crafu ei hewinedd ar y carped / dodrefn neu ar bostyn

5.1.2 Newid tywydd

Rhaid edrych i lygad y gwynt i wybod be wnaiff y tywydd (Llanllyfni)

Yr awyr yn clirio yn erbyn y gwynt – tywydd braf (Dolgellau), h.y. i'r cyfeiriad o ble chwytha'r gwynt.

Arwydd gwynt – brain ar hyd y lôn yn pigo graean ar gyfer balast (Gwilym Carreg Fawr, Uwchmynydd), h.y. byddant angen llyncu digon o bwysau i osgoi cael eu chwythu ymaith!

Cyflog y gwynt ydi glaw (Bethel). Bydd gwynt cryf yn codi'n sydyn cyn glaw.

Gwyntoedd sydyn, glaw i ganlyn (YsgE)

Dail yn troi wyneb i waered – glaw (cyffredin, a gweler 2.1.16)

Dywedir bod *'chwythiad glaw ynddi'* pan fo'r gwynt yn chwythu'r dail tu chwynab allan (*LlLlE*).

'Does dim hôps am dywydd ffein
Os lapia blwmars rownd y lein' (Pwllheli, ar *Rhaglen Hywel Gwynfryn* 1997). Os yw'r gwynt yn ddigon cryf i chwyrlïo'r dillad am y lein ddillad yna mae hi'n gyfnod ansefydlog 'fydd ddim yn setlo am sbelan'.

Gwynt troi – troi tywydd (Clynnog)
Corwynt – troi tywydd (Chwilog)
Gwynt tro yn chwirlïo dail, arwydd storm (Llanuwchllyn)

Awel dro'n galw'r glaw – 'Adeg y cynhaeaf gwair yn aml ceid awel dro yn cyrlio'r rhibynnau ac ambell waith yn eu codi'n grwn nes bod y gwair yn chwyrlïo uwch y ddaear cyn disgyn lathenni i ffwrdd. Derbynnid hyn fel arwydd sicr o law a byddai angen prysuro i gael y gwair dan gwlwm.' (*FWI*, tud 69)

Gwynt yn codi llwch oddi ar y ffordd – daw glaw i'w ostwng (Pwllheli)

Mwg taro – arwydd glaw (cyffredin yn y dyddiau pan fyddid yn llosgi glo â'r mwg yn cael ei chwythu yn ôl i lawr y simdde i'r gegin!). ...*taro 'lawr* (Rhosllannerchrugog)

Gwynt oer i rewi, gwynt oerach i feirioli (*DMach*)

O farrug i wynt, o wynt i law (Ponterwyd)

Os daw'r gwynt o flaen y glaw,
Cwyd dy galon, hindda ddaw (Ystalafera, *AWC*)

Gwynt crwydrol, tywydd sefydlog (Llŷn)

Ceir mwy o wynt pan fydd llawer o ddŵr ar y ddaear (Llanrwst, yn *LlafG* 55)

Y lleuad yn goch – arwydd y daw gwynt cryf (gweler amrywiaethau eraill yn 3.8.6)

Mam storm ydyw diwrnod braf yn y gaeaf (Cricieth, *AWC*)

5.1.3 Y dydd a'r tymor:

Bydd gwynt yn codi gyda'r wawr a mynd i gysgu gyda'r machlud (Caerfyrddin). Ar ddiwrnod braf a distaw, ychydig cyn y wawr bydd yr awyr yn yr entrychion yn cynhesu gyntaf gan chwyddo a chodi a chychwyn symudiad awyrol. Digwydd y gwrthwyneb gyda'r machlud.
Ar y llaw arall:
Y gwynt yn codi ganol dydd ac yn gostegu nos a boreu, sydd arwydd tywydd da (*EJ*)

Gwynt canol dydd, sychu beunydd (*DLI*)

Dwyrain am dridiau, dwyrain am dair wythnos (FClint). Unwaith y setlith gwynt y dwyrain fe bery am gyfnod hir.

Niwl y gwanwyn – gwas y gwynt (Ardudwy). Gweler amrywiadau eraill yn 1.3.1

Gwyntoedd Hydref – enw ar stormydd oddeutu cyhydnos yr Hydref

Cyfeiriwyd eisoes at nifer o amrywiaethau ar ddywediadau am wyntoedd tymhorol yn 1.2, e.e. *Chwefror a chwyth...* (yn 1.2.2); *Gwynt mis Mawrth...* (yn 1.2.3); *Lle chwyth y gwynt ar noswyl y meirw...* (yn 1.2.11) ayyb

Gwyntoedd iachusol – gweler 2.7.1.2

5.2 Cyfeiriad y gwynt

'Ac efe a ddywedodd hefyd wrth y bobloedd, pan weloch gwmwl yn codi o'r gorllewin, ... y dywedwch, y mae cawod yn dyfod: ac felly y mae. A phan weloch y deheuwynt yn chwythu, y dywedwch, y bydd gwres: ac fe fydd.' (Luc 12, 54, 55)

O bob cwr o'r awyr y chwyth y gwynt y daw y glaw (AM 1870, hen ddywediad). Yn dechnegol gywir efallai, ond fel y gwelwn isod mae rhai cyfeiriadau yn fwy glawog na'i gilydd.

Ceir nifer fawr iawn o arwyddion lleol yn datgan bod gwynt o ryw gyfeiriad arbennig yn arwyddo math gweddol benodol o dywydd. Mae llawer o'r rhain yn gyffredin dros ardal eang ond mae'n wir dweud hefyd y byddai gan bron bob fferm, tyddyn a thŷ eu harwyddion eu hunain am gyfeiriad y gwynt, yn enwedig ar gyfer adegau pwysig o'r flwyddyn, fel y cynaeafau gwair ac ŷd.

Gellir dirnad cyfeiriad y gwynt drwy:

1. Rhoi bys yn eich ceg ac yna'i ddal i fyny uwch eich pen – bydd yr ochr lle chwytha'r gwynt i'w theimlo'n oerach.
2. Edrych o ba gyfeiriad y daw'r cymylau.
3. Edrych ar y ceiliog gwynt ar ben eglwys neu adeilad.
4. Gweld i ba gyfeiriad y mae mwg, baner, dillad ar y lein ayyb yn cael eu chwythu.

O ystyried y patrwm tywydd a llifeiriant aer cyffredinol a geir yng ngogledd-orllewin Ewrop gellir cysylltu gwyntoedd o'r gorllewin neu'r de-orllewin, sydd yn llawn lleithder o'r môr, â thywydd ansefydlog a ffryntiau glaw. Ar y llaw arall gall gwyntoedd o'r dwyrain fod yn gysylltiedig â phwysedd awyr uchel antiseiclonig dros gyfandir Ewrop a nodweddir gan gyfnodau o dywydd sefydlog a braf. Gall gwyntoedd y gogledd a'r de ddod â mathau amrywiol o dywydd ond fe'u cysylltir yn bennaf â newid yn y tywydd.

Mae gan bob gwynt ei dywydd ei hun (O Olsen, Nefyn)

Gwynt y dwyrain – eiraog,
Gwynt y gorllewin – cawodog,
Gwynt y gogledd – rhewllyd,
Gwynt y deau – glawog. (*ArDG*)

Gwynt o'r de, glaw cyn te
Gwynt o'r môr, glaw yn stôr
Gwynt o'r tir, tywy' teg cyn hir (Porthcawl, AWC)

Y mae'n perthyn i Hwn'rwd Fuellt bedwar gwynt: gwynt y De, gwynt y North, gwynt Sir Aberteifi, a gwynt Lloegr (*DLl*)

Gwynt y gogledd ar ei geffyl a'r dwyrain ar ei ffon. (*Radio Cymru*, 1997). Gall gwynt y gogledd fod yn eitha bywiog ac yn dod o flaen tywydd garw tra bo gwynt y dwyrain yn araf a llesg.

Gwynt o'r môr, glaw yn stôr,
Gwynt o'r tir, tywy' teg cyn hir (Porthcawl, AWC)

Yn ardal Bwlchderwin (ym Mhlwyf Clynnog) dywedir bod y tywydd yn dibynnu ar y canlynol:
Môr wynt, marw wynt a glaw Bwlchderwin (D Hughes, Bwlchderwin). O'r gorllewin y daw'r môr wynt, marw wynt yw'r dwyrain ac mae glaw Bwlchderwin yma drwy'r amser.

Mae gwynt y Dwyrain yn sychu cymaint mewn awr ag a sych gwynt y de mewn pedair awr, a gwynt y gogledd yn sychu cymaint mewn awr ag a sych gwynt y de mewn tair. (*DLl*)

5.2.1 Enwi'r gwyntoedd

Ceir sawl math o enw ar y gwyntoedd ond, yn gyffredinol, gellir eu rhannu'n dri phrif ddosbarth:

1. cyfeiriad y cwmpawd – pan fydd angen trafod y tywydd yn gyffredinol, e.e., *Os newidith y gwynt i'r de-orllewin fe fydd yn siŵr o fwrw.*

2. cyfeiriad daearyddol – wrth drafod cyfeiriadau'r gwyntoedd mewn ardal arbennig peth cyffredin iawn yw eu henwi ar ôl y pentrefi, y mynyddoedd neu nodweddion daearyddol eraill y byddant yn chwythu ohonynt, e.e., yn Nolwyddelan dywedir:
Gwynt o Stiniog – glaw (o'r de-orllewin)
Gwynt o Benmachno – tywydd oer a stormus (o'r de-ddwyrain)
Gwynt o Gapel Curig – cawodydd (o'r gogledd-orllewin)
Gwynt o Gonwy – tywydd braf (o'r gogledd / gogledd-ddwyrain)
3. ceir enwau arbennig i wyntoedd sy'n chwythu o rai cyfeiriadau penodol, e.e. *Gwynt traed y meirw* yn enw ar wynt o'r dwyrain; *gwynt o dwll y glaw* yn enw ar wynt o'r de- orllewin.

Mae'r enghreifftiau lleol o enwi'r gwyntoedd fel hyn yn eithriadol o niferus ac yn aml yn dangos cryn ddychymyg. Isod cyflwynir rhyw ychydig o enghreifftiau cynrychioliadol o enwau'r gwyntoedd gan ddilyn, er symlrwydd, drefn cyfeiriadau'r cwmpawd.

5.2.1.1 Gwynt y dwyrain
'Dyma wynt sy'n newid bron bob awr; dyma pam ei fod yn wynt mor beryglus i'r rhai sydd mewn cychod o amgylch y glannau.' (*CNW*)

Enwau eraill am wynt y dwyrain yw:
Gwynt y dwyrain, gelyn milain (*DLl*)
Gwynt milain y Sais (gogledd Maldwyn)
Gwynt o'r hen Bengwern (gogledd Maldwyn, *YEE*)
Gwynt traed y meirw (cyffredin) – am y bydd y meirw'n cael eu claddu â'u traed tua'r dwyrain (*YEE*).
Gwynt deifiol Nefyn (Morfa Nefyn). Gwynt oer a sych o'r dwyrain, e.e. gaeaf 1987
Gwynt o dwll y menyn budr (Uwchaled, yn *LlG 94, tud. 20*)

Gwynt coch Amwythig,
Pob peth o chwithig (Maldwyn) am y daw ag oerni eithriadol yn y gaeaf a sychder yn yr haf. Fe'i gelwir yn wynt coch am ei fod yn crino'r borfa.

Ma' gwynt y dwyrain yn shafo (Ceredigion, yn *FWl*), neu: *...yn deifio'r cwbwl.* (*FClint*). Cyfeiriad at fileindra gwynt y dwyrain yn y gwanwyn wrth iddo ddifa'r borfa.

Enwir yr isod ar ôl y pentrefi y chwyth o gwynt ohonynt ac fe'u cysylltir â thywydd sych a braf:
Gwynt Llannefydd – tywydd sych (Llangernyw)
Gwynt Llanbrynmair – tywydd braf (Comins Coch)
Gwynt Ysbyty Ifan – tywydd braf (Penmachno)

A hefyd:
Gwynt o Carreg Cennen – tywydd braf (Llandeilo)
Gwynt o'r Berwyn – tywydd braf (Y Bala)
Gwynt Llandudno – tywydd braf (Biwmares)
Gwynt o'r Preselau ddaw a thywy' braf i Dreletert (*LlafG* 77)

Cysylltir gwynt y dwyrain â thywydd antiseiclonig fel arfer, ond nid felly bob tro. Pan fydd storm o wyntoedd cryfion yn cylchdroi am ganolbwynt cyfundrefn dywydd bwysedd isel, a honno yn ein pasio i'r de, gall gwyntoedd cryfion dwyreiniol ein taro, fel a ddisgrifir yn yr arwydd hwn:

Gwynt rhech – gwynt o'r dwyrain fydd ddim yn para'n hir ond yn gwneud llawer o ddifrod ar doeau (Ardudwy, Blaenau Ffestiniog)

Gwynt traed y meirw yn y gaeaf / gwanwyn yn dda i ddim i bysgota â phlu am nad ydy'r pryfed yn codi (Gwilym Jones, Llan Ffestiniog, 1991)

Dwyrain clir – eira yn y gaeaf / terfysg yn yr haf (Chwilog. Clynnog)

Os yw'r gwynt yn dilyn yr haul – bydd yn brafio (Penmachno). Yn dilyn yr haul o'r dwyrain.

Os bydd yr haul yn gyrru'r cymylau o'i flaen i'r gorllewin – teg yfory (AM 1870)

5.2.1.2 'Os cyll y glaw...'
Pan fydd pwysedd aer uchel yn sefydlu dros wledydd Llychlyn bydd ei wyntoedd dwyreiniol yn dod â thywydd sych a braf inni yma yng Nghymru. Ceir dywediadau am hynny yn datgan y bydd y gwyntoedd dwyreiniol hyn yn rhoi cyfnod braf inni fydd yn rhoi terfyn ar gyfnod glawog. Ar y llaw arall mae siawns hefyd mai terfysg o'r dwyrain ddaw i roi terfyn ar y cyfnod braf.

Os cyll y glaw, o'r dwyrain y daw
Os cyll yr hindda o'r dwyrain y daw yntau (Bryncroes, Rhos-lan,

Llanuwchllyn) neu ...*daw gynta* (*Gwyddon III*, tud. 506); ...*oddi yno y daw yntau* (Llanberis, Penmachno)
Neu: *Os collir y glaw*... (Arthog, Llanllwni)

Pan gollir y glaw, o'r dwyrain y daw
Pan gollir yr hindda, o'r gogledd daw gynta (Cross Inn, *AWC*)

Fersiwn arall o ail linell yr uchod yw:
Hir heb law, o'r Dwyrain y daw (*LlA 103*)
Hir heb law, o Loegr y daw (Cwrtycadno)

Os collais y tes, o'r dwyrain y'i ces
Os collais y glaw, o'r dwyrain y daw. (*DMach*, Llanuwchllyn)
Os daw y glaw, o'r dwyrain daw (RJ Hughes, Nefyn). Ar ôl cyfnod sych.

5.2.1.3 Gwynt y de-ddwyrain

Gwynt o Langynnog – newid tywydd (Y Bala)
Gwynt o Fryn Gwynt – siawns y daw hwn ag eira yn y gaeaf (Nefyn)

Gelwir gwynt o'r de-ddwyrain yn *'rhuthr Cynllwyd'* yn Llanuwchllyn ac mae'n aml yn achosi lluwchfeydd (Megan Davies, *AWC*)

'*Y sowth easterlies yn iawn i bysgota plu yn yr Hydref*' (Gwilym Jones, Llan Ffestiniog 1991)

Gwynt cynhaeaf mawr (Ardudwy). O'r de-ddwyrain yn yr haf.

5.2.1.4 Gwynt y de

Gwynt ffroen yr ych – enw ar wynt llaith a chynnes o'r de. (Llanfwrog ger Rhuthun)

Fe'i gelwir yn *wynt yn y detha* yn Ardudwy. (*LlA 103*)

Bydd (gwynt y de) *yn weddol ysgafn, ond yn cynyddu yn ei nerth tra bydd yno* (*CNW*)

Gwynt o'r de, glaw cyn te (Porthcawl, *AWC*)

Os i'r de y try y gwynt,
Dos, bysgotwr, ar dy hynt – storm (*DMach*)

Gwynt y de yn sicr o ddod â glaw am ei fod yn dod dros arwynebedd mawr o fôr, dyma ddywed yr hen bobl:

Pan gwynt y de a ddaw
Y mae yng ngenau'r glaw (Mrs MG Williams, Bethel, *AWC*)

Mae gwynt y de yn dod *'o dwll y glaw'* i bobl Bethel, Llanfachreth a Chwm Penmachno

Gwynt Gwytherin – hwn ddaw â glaw i ardal Llangernyw.

Wrth sôn am eira:
'Mae'r gwynt yn iawn heno ond iddi beidio troi i'r de' (Jimi Trenholme, Nefyn)

'O'r de, neu o dwll y glaw (de-orllewin) *y mae'r eira mawr yn dŵad – cofia stormydd mawr 1981 – 82'* (Jimi Trenholme, Nefyn)

Byddai ffermwyr yn mynd i'r mynydd wedi storm o eira er mwyn gwneud yn siŵr na fyddai defaid dan y lluwch, ond petai'r gwynt yn troi i'r de fe gawsent fynd adre am ei fod yn arwydd bod y tywydd am wella (LlA 103)

Llwch coch ar y ceir – weithiau pan geir pwysedd awyr uchel (antiseiclon) cryf dros Ffrainc bydd y gwynt yn dod â llwch mân iawn yr holl ffordd o'r Sahara. Gwynt deheuol sy'n dod â hwn fel arfer, e.e. Ionawr 15fed, 2000.

Wedi tywydd poeth a'r gwynt o'r de, daw niwl (*YEnlli*)

5.2.1.5 Gwynt y de-orllewin
Oherwydd mai o'r de-orllewin y daw'r glaw fel arfer, gelwir y cyfeiriad hwn yn *'dwll y glaw'*. I'r canlynol twll y glaw yw:

O'r Eifl – i bobl Caernarfon / Llandwrog / Pontllyfni / Clynnog
O'r Moelwyn, neu Bwlch y Moelwyn – i bobl Ffestiniog
O Waunfawr – i bobl Llanberis
O Enlli – i bobl Llŷn
O Langollen – i bobl Rhosllannerchrugog
O Borth Neigwl – i bobl Mynytho
O Garn Boduan – i bobl Nefyn
O Donfannau – i bobl Dyffryn Ardudwy ayyb
O Ruthun neu Loggerheads – i bobl Yr Wyddgrug
O Lanrwst – i bobl Llangernyw
O Fetws-y-coed – i bobl Llanrwst
O Gorwen – i bobl Llandegla
O Nantglyn – i bobl Dinbych

O Gaerdydd – i bobl Cwmbrân a Chasnewydd.
O Fwlch y Gwynt – i bobl Eglwyswrw
Gwynt o'r llyn, neu o'r Aran – glaw (Y Bala)
Gwynt Cwm Nedd – tri diwrnod o law (Cwm-twrch)
Gwynt Pontyberem – glaw (Cross Hands)
Gwynt y Fŵel ddaw â glaw i Grymych
Gwynt Llys-y-Frân ddaw â glaw i Fynachlog-ddu a Maenclochog
Gwynt Carn Ingli ddaw â glaw i Ty'dreth

Pan ddaw gwynt o Gwm Cynllwyd i'r Bala dywedir:
Gwynt o Gynllwyd
Glaw dychrynllyd

I bobl Malltraeth a Bodorgan mae clywed sŵn y tonnau yn torri ar graig yn y môr a elwir yn Gaseg Falltraeth yn argoeli glaw. Dywediad i'r un perwyl o Langefni yw bod **Caseg Falltraeth yn gweryru** ac yn argoeli tywydd mawr. (*LlafG 65*)

Disgrifiadau eraill o wynt y de-orllewin yw:
Gwynt o dwll y cwm (Cwm Penmachno)
Gwynt o geg y fegin – daw yn ddrycin (Maldwyn Thomas, Dolgellau). Daw'r gwynt o gyfeiriad Nant y Gwyrddail.

'Twll y diawl' yn ddu am Y Bala – glaw (Cynwyd)

'*Mae yna le ym mynydd Bwlch Mawr y tu ucha i Hafod–y-Wern. Crochan Josaff maen nhw'n ei alw fo. Ac os bydd hi'n dywyll yng Nghrochan Josaff mae hi'n bownd o fwrw.*' (Mary Jones, Tan-y-bwlch, Capel Uchaf, Clynnog)

Glaw Castell-nedd – yn parhau drwy'r dydd (Cwm Llynfell)

'*Gwyntoedd sowth westerlies yn berffaith i bysgota plu – y pryfed yn codi*' (Gwilym Jones, Llan Ffestiniog 1991)

5.2.1.6 Gwynt y gorllewin
Er nad yw cyn sicred, ystyrir y gorllewin yn dwll y glaw gan rai yn ogystal â'r de-orllewin.

Fe all (gwynt y gorllewin) ***fod yno am amser maith, ond er hynny ni fydd ond yn chwythu yr un faint gydol ei arhosiad yno*** (*CNW*)

Gwynt o Drwyn Porth Dinllaen – glaw (Nefyn)

Gwynt o Borth Colmon yn y gaeaf yn iawn (Berth Aur, Llangwnnadl)

Gwynt o'r creigiau yn arwydd eira (Ysbyty Ifan). Gwynt oer o Eryri yw hwn.

O Sir Gaernarfon y deuai pob gwynt oer (Llannefydd)

5.2.1.7 Gwynt y gogledd-orllewin

Pan aiff y gwynt i'r gogledd mae'n chwythu yn ei fan gryfaf, a gostegu wna tra bydd yno (CNW)

Gwynt Lloyd George – gwynt oer iawn yn y gaeaf (LlA 103). Daw o gyfeiriad Cricieth.

Mae'r gwyntoedd hyn yn nodedig am eu hoerni yn y gaeaf hefyd:
Gwynt Sir Fôn (Llangwnnadl, Llŷn)
Gwynt o'r Giât Wen (Nantyr, Dyffryn Ceiriog).
Gwynt Conwy (Llangernyw)

5.2.1.8 Gwynt y gogledd / gogledd-ddwyrain

Gwynt o'r gogledd
Rhew chwe troedfedd (Sir Gaerfyrddin, Ceredigion)

Yr hen *'wynt du'* o'r gogledd yn dda i ddim i bysgota yn y gwanwyn am y byddai'r awyr yn gymylog a'r llyn yn troelli ar ei wyneb. Golyga hynny na fyddai'r cogyn (y pryf y bydd y pysgod am ei ddal) yn codi i'r wyneb (Gwilym Jones, Llan Ffestiniog, 1991)

Oerni heb law, o'r Gogledd y daw (Hwiangerddi)

Glaw Llanrwst – glaw ymhobman
Eira Llanrwst – gaeaf caled. (DO Jones, Padog, yn LlG 26). Mae'n cyfeirio at Gwm Eidda.

Gwynt y gogledd yw y gwynt oera',
Gwynt cryf a gwynt croch o Rwsia. (Tregaron, AWC)

Gwynt gwyllt o'r gogledd yn wynt tri sychiad sach (Llanfwrog, Rhuthun; AWC)

5.2.2 Cyfeiriad – i fyny, i lawr neu allan

Bydd rhai yn defnyddio ymadroddion arbennig, sydd wedi mynd braidd yn anghyffredin erbyn hyn, i ddisgrifio cyfeiriad y gwynt. Gwaetha'r modd ceir rhywfaint o anghysondeb yn nehongliad gwahanol ardaloedd ac efallai hyd yn oed gamgymeriadau ynghylch eu hystyron. Nodaf yma enghreifftiau a godais o lyfrau ac oddi ar lafar:

Mae'r gwynt yn mynd i lawr i'r gogledd, ond yn mynd i fyny i bob rhan arall o'r cwmpawd (FClint)

Ym Mryncir:
Gwynt i fyny – mi ddeil y tywydd (o'r gogledd-orllewin)
Gwynt i lawr – daw i lawio (o'r de-orllewin)

Yn hir heb law, o fini daw (Tre-lech, Caerfyrddin)

Y gwynt lan – tywydd ffein (o'r gogledd)
Y gwynt lawr – tywydd garw (o'r de neu dde-orllewin) (Cwmtwrch)

Yn Nyffryn Ardudwy:
Y gwynt allan – mi wellith rŵan (o gyfeiriad Pen Llŷn sydd i'r gogledd-orllewin)
Y gwynt i lawr – glaw (o gyfeiriad Tonfannau sydd i'r de-orllewin neu o dwll y glaw) (Wil Jones, 1987)

(gweler hefyd 'i fyny' ac 'i lawr' yng nghyswllt y machlud, 3.7.1)

5.2.3 Newid cyfeiriad

Yn hemisffer y gogledd bydd y gwyntoedd sy'n cylchdroi o gwmpas system dywydd o bwysedd isel yn troelli yn groes i'r cloc neu, mewn geiriau eraill, wrth edrych i lawr o'r gofod tua'r ddaear, bydd y llif awyr yn gwyro i'r chwith bob gafael wrth gael ei sugno i mewn tua'r canol i lenwi'r pwll o bwysedd isel. Bydd gwyntoedd o system dywydd bwysedd uchel yn llifo allan o'r canol gan droelli i'r dde bob gafael, neu i'r un cyfeiriad â symudiad bysedd y cloc. Mae hi'n wahanol yn hemisffer y de, gan fod cyfeiriad y gwyntoedd o amgylch pwysedd isel yn troelli yr un ffordd â'r cloc, ac yn groes i'r cloc o gwmpas pwysedd uchel.

Felly, fel yr aiff y systemau tywydd heibio, gall y newidiadau a welwn yng nghyfeiriad y gwynt ddweud llawer wrthym am natur a chyfeiriad y system dywydd ei hun, e.e.:

Pwysedd isel yn dynesu o'r gorllewin:
Bydd cyfeiriad y gwynt yn newid o'r de i'r de-orllewin wrth i system o bwysedd isel ddynesu, â'i ffryntiau glaw cysylltiedig.

Bydd yn symud rownd i'r gogledd-orllewin / gogledd wedi i lygad y ddrycin fynd heibio.

Pwysedd uchel yn sefydlu dros y cyfandir:
Bydd y gwynt yn newid yn groes i'r cloc gan newid ei gyfeiriad o'r de i'r dwyrain.

Yn naturiol bydd hyn yn dibynnu ar ddatblygiad a llwybrau'r systemau tywydd, a gall y patrwm fod yn wahanol os yw'r system bwysedd isel yn mynd heibio i'r gogledd neu i'r de o Gymru. Yn yr un modd, os yw pwysedd uchel yn sefydlu i'r de-orllewin dros yr Ynysoedd Dedwydd oddi ar arfordir gogledd Affrica gall patrwm cyfeiriad y gwyntoedd fod yn wahanol i system sy'n ymsefydlu i gyfeiriad y dwyrain / gogledd-ddwyrain dros gyfandir Ewrop.

Sefwch â'ch cefn i'r gwynt, ac os yw'r cymylau uchaf yn symud:

a) *o'r chwith i'r dde – bydd y tywydd yn gwaethygu 9 gwaith allan o 10.*

b) *o'r dde i'r chwith – bydd yn gwella 9 gwaith allan o 10.*

c) *i'r un cyfeiriad – bydd y tywydd yn aros fel y mae.* (Pwllheli)

Y gwynt a'r haul yn croesi cyn glaw (cyffredin). Os yw cyfeiriad y gwynt yn newid yn groes i'r cloc, e.e. o'r gorllewin tua'r de-orllewin, mae ffrynt yn cyrraedd.

Gwynt o gythra'l (*LlA 103*). Enw yn Ardudwy am wyntoedd croes, h.y. yn newid i gyfeiriad sy'n groes i'r cloc ac yn arwydd y bydd ffrynt law yn cyrraedd yn fuan.

Pan fo'r gwynt a'r haul yn croesi
Cawod law geir yn ddioeti (Dafydd Guto, Ardudwy 1973)

Y gwynt yn troi gyda hyddad y wialen, h.y. yn symud o'r gogledd i'r dwyrain ac yn ei flaen i'r de, sydd arwydd am dywydd da a pharhaus (*EJ*)

Y gwynt yn newid cyfeiriad o'r Main Dam (gogledd-orllewin) *i'r gorllewin – glaw* (Trawsfynydd)

'Os bydd y gwynt yn y de (Bwlch Mawr) ac os aiff o'r fan honno i'r môr, mae o'n sicir o fynd rownd i'r mynydd a daw glaw wedyn.' (Mary Jones, Capel Uchaf, Clynnog)

Byddai pobl yn gwylio *ceiliog y gwynt* yn ofalus:
'Os byddai'n mynd allan i'r dwyrain, yna iawn, ond os byddai'n

mynd allan 'lwyr ei din', hynny yw am y north, ac yn newid yn erbyn cyfeiriad y cloc roedd hynny'n arwydd glaw'. (Dic Jones, Blaenannerch, yn *LlG 49*)

Blaen gogledd a diwedd de. Cyn i wynt y gogledd newid i'r de rhaid iddo ostegu gynta ond gall newid o'r de i'r gogledd ddigwydd yn sydyn (Vaughan Jones, Rhiw, 1987).

Gwynt y gaeaf yn symud i'r de-ddwyrain – peryg o eira mawr yn lluwchio (Cricieth, AWC)

5.3 Arwyddion cyfeiriad y gwynt

Ceir llawer iawn o arwyddion lleol yn seiliedig ar sŵn yn cael ei gario o ryw gyfeiriad arbennig gan y gwynt. Fel arfer bydd sŵn o'r gorllewin neu'r de-orllewin yn arwydd glaw a sŵn o'r dwyrain yn arwydd tywydd braf. Mae'r amrywiaeth o wahanol synau yn rhyfeddol:

'Arwydd saff o dywydd gwlyb oedd clywed y trên yn pwffian o Bencader at Cross Inn Fach ac yn chwiban cyn cyrraedd y stesion. Yr oedd Cross Inn Fach, neu Bryn Teifi erbyn hyn, tua phum milltir fel eheda'r frân. Byddai'r gwynt y pryd hwnnw'n chwythu o'r de-ddwyrain i Bren-gwyn, a deuai'r gwynt hwnnw â 'glaw tinwyn Abertawe – a hwnnw'n law gwlyb iawn', meddai'r hen bobl... Byddai clywed sŵn rhod ddŵr Coedfoel yn dod â'r un fath o law yn union... Pan ddeuai sŵn hwter ffatri Gernos i'r groesffordd, byddai'r gwynt wedi symud i'r gorllewin ac nid oedd ond cawodydd trymion i'w disgwyl.' (*Hafau fy Mhlentyndod*, Kate Davies, (1970), tud.75)

Weithiau ceir enwau penodol ar fathau arbennig o sŵn gwynt: 'Sŵn a adnabyddir fel **Meirch y Migneint** fyddai sŵn gwynt nerthol i'w glywed yn y pellter ac yn araf ddynesu o gyfeiriad y gorllewin o flaen tywydd stormus.' (DO Jones, Padog yn *LlG 26*)

5.3.1 Sŵn corn neu saethu yn y chwarel

O Waunfawr:
*Corn Chwarel Llanberis i'w glywed yn glir – braf
Corn y bryniau, Rhostryfan i'w glywed yn glir – glaw
Cyrn chwareli Ffestiniog i'w clywed ym Mhenmachno – glaw*

Corn Gwaith Mawr, Trefor i'w glywed yn glir – glaw (Clynnog, cyn i'r gwaith gau ddiwedd y l950au)

Saethu yng Ngwaith Mawr, Trefor i'w glywed yn glir – glaw (Clynnog, 1950au)

Cyrn Nantlle i'w clywed – tywydd braf (D Hughes, Bwlchderwin). Tan y 1960au.

Clywed saethu yn Chwarel Trefor – braf (Nefyn)

Hwter gwaith glo'r Hafod, pan oedd hwnnw'n mynd, yn arwydd glaw (Rhosllannerchrugog)

Sŵn saethu yn Ffatri Cooks, Penrhyn i'w glywed yn agos – glaw (Ffestiniog, Maentwrog)
Sŵn saethu yn Cooks i'w glywed yn glir ym Mhorthmodog – braf.

Sŵn corn gwaith y Laundry yn Rhuthun – arwydd tywydd braf (Llanelidan). Deuai'r sŵn o'r gogledd.

5.3.2 Sŵn y trên

Aeth dibynnu ar sŵn hwter neu glecian olwynion trên ar y cledrau yn llawer llai cyffredin wedi i Beeching ddileu cymaint o'r rhwydwaith rheilffordd yn 1964. Eto fyth deil mor ddefnyddiol ag erioed mewn rhai ardaloedd ac adferwyd rhai rheilffyrdd, megis yn Eryri a Llangollen. I gymryd lle sŵn y trenau daeth dwndwr y traffig ar y ffyrdd, gweler 5.3.8.

Yn Carreg Hollt (rhwng Phwyfi Llanarthne a Llan-non), pan ddeuai'r trên o Gaerfyrddin i Landeilo:
Sŵn y trên i'w glywed yn glir – y tywydd yn iawn (gwynt o'r dwyrain)
Os nad oedd sŵn – tywydd glawog (gwynt o'r môr, o'r gorllewin).
'Heddiw does dim trên, ac anodd fydde 'i chlywed beth bynnag uwch sŵn y traffig'. (Jacob Davies, Cross Hands, 1983)

Sŵn chwiban y trên o gyfeiriad Dyffryn – glaw
Sŵn chwiban y trên o gyfeiriad Pen-sarn – braf (LlA 103)

Chwiban y trên (lein Afon-wen – Caernarfon) *neu sŵn yr injan stêm i'w clywed yn glir pan fyddai'n mynd rhwng Bryncir a Phant-glas yn y 1950au – gwynt y dwyrain, tywydd braf* (byddid yn gwrando yn arbennig amdani adeg y cynhaeaf, ardal Capel Uchaf, Chynnog)

'Sŵn y trên, yn glir, yn gyrru draw dros bont Llangadog, yn arwydd o dywydd teg, drannoeth' (DJ Williams, *Hen Dŷ Fferm*, tud 23)

Ers talwm bydde whit y traen (chwiban trên y Cardi Bach) *o'r dwyrain yn arwydd tywy' braf* (*LlafG 77*)

Trên i'w chlywed yn Llandderfel – braf
Trên i'w chlywed yn Llanuwchllyn – glaw (Llaethgwm ger Y Bala)

Sŵn y trên o Lanbrynmair – glaw (Llangadfan)

Sŵn trên y gwaith glo yng Nghwm Gwendraeth yn dangos cyfeiriad y gwynt, ond erbyn hyn sŵn ceir ar yr M4 yw'r arwydd. (Donald Williams, Bancffosfelen)

Sŵn olwynion y trên yn clecian ar y cledre i'w glywed yn eglur o Johnstown, heibio Pwll yr Hafod – yn arwydd o law (Rhosllannerchrugog)

Sŵn y trên bach yn glir ar draws y llyn o Langywer (Y Bala)

Hwter trên bach i'w chlywed ym Mhentre'r-felin – tywydd braf (Betws-y-coed)

5.3.3 Tanio milwrol

Gynau mawr yn tanio yn Nhrawsfynydd ers talwm – byddai'n siŵr o dynnu glaw (Y Bala)

I bobl Cwm Eidda byddai sŵn saethu gan y fyddin yn Rhiw-goch, Trawsfynydd am 4.00 y pnawn yn arwydd glaw. Deuai'r gwynt o'r de-orllewin.

5.3.4 Sŵn gwynt / chwiban yn y gloddfa

Sŵn y gwynt yn suo drwy ddail y coed – glaw yn fuan (cyffredin)

Gwynt yn chwythu drwy y shetin yn y gaeaf – arwydd eira (gogledd Maldwyn). Sŵn chwibanu dwfn wrth i'r gwynt chwythu drwy'r gwrych yn hytrach na mynd drosto.

Ym mhwll glo Diserth cyn storm o wynt fe glywir sŵn fel 'bagpipes', neu haid o wenyn, yn dod o'r pwll. Mae'r sŵn yn arafu cyn i'r glaw ddechrau. (*RSN*, tud. 328). Byddai pwysedd yr awyr yn disgyn yn gyflym cyn storm gan dynnu aer allan o'r pwll a byddai hefyd yn gwneud i nwy ddianc o'r graig.

Chwiban i'w chlywed yn rhai o agorydd tanddaearol chwareli Blaenau Ffestiniog – glaw / storm ar ei ffordd

5.3.5 Clychau

Cloch Eglwys Clynnog i'w chlywed yn glir ym Mhontllyfni / Capel Uchaf – glaw

Cloch Eglwys Clynnog i'w chlywed yn glir yn Gurn Goch / Trefor – tywydd braf

Cloch yr Eglwys i'w chlywed yn glir ym Mhentre'r-felin – tywydd braf (Betws-y-coed)

Cloch Eglwys y dref (Pwllheli) *yn swnio'n agos – glaw mawr yn ymyl* (Aber-erch)

Cloch Hafodunos i'w chlywed yn glir i'r dwyrain – tywydd braf (Pandy Tudur)

Cloch cloc Broom Hall i'w chlywed yn taro – glaw [gwynt o'r de] (Chwilog)

Cloc Broom Hall yn taro – braf [gwynt o'r dwyrain] (Aber-erch)

Sŵn cloc Llannerch yn taro ar noson glir – tywydd braf (Llanelwy)

Cloc y Stiwt i'w glywed yn fwy eglur nag arfer – glaw (Rhosllannerchrugog)

Sŵn clychau Tŷ Ddewi yn arwydd adnabyddus yng ngogledd-orllewin Penfro

5.3.6 Injan Oel

O 1916 hyd ganol y 1950au roedd injan oel go anghyffredin yn Nhŷ Mawr, Rhoshirwaun – un Detroit fawr a wnai sŵn clecian aruthrol. Os clywid hon o Enlli fe'i hystyrid yn arwydd o dywydd braf (h.y., byddai'r gwynt o'r dwyrain), ***ond os clywid hi o Rhydlios arferai trigolion yno ei gaddo hi'n arw oherwydd bod yr hen injan yn tynnu glaw!*** (Mr Jones, Tŷ Mawr)

5.3.7 Sŵn plant a phobl

Sŵn plant yn 'hware fin nos o faes carafanau Tre-fach – glaw (Mynachlog-ddu)

Sŵn plant yn chwarae ar iard yr ysgol – tywydd braf (Ty'n Pant, Nebo, Dyffryn Nantlle)

Llais ar y 'Tanoy' yn ffatri drelars Ifor Williams yn cario – tywydd braf (Cynwyd)

Dywediad tlws o ardal Gwytherin yw:
Pobl y gorllewin yn rhy uchel eu cloch – glaw
Pobl y gorllewin wedi tawelu – hindda (*LlafG* 55)

Sŵn y dorf yn gwaeddi o'r cae pêl-droed pan fydd Nantlle Vale wedi sgorio – glaw (Carmel)

Seiniau persain Band Nantlle wrth iddynt ymarfer yn y cwt band – glaw (Nantlle)

Mae clywed caneuon y ffydd yn glir o Gapel gerllaw yn arwydd cyffredin arall.

5.3.8 Sŵn y briffordd

Daeth dwndwr traffic ar y ffyrdd yn arwydd amlycach nag erioed o gyfeiriad y gwynt yn hanner ola'r ugeinfed ganrif a ganed sawl arwydd lleol yn sgil gwneud ffyrdd osgoi newydd, e.e. yr A55 newydd ar draws Môn ac arfordir y gogledd, a'r M4 ym Morgannwg a Chaerfyrddin.

Pan glywir sŵn y briffordd o Glynderwen i Grymych, mae'r gwynt o'r dwyrain ac yn golygu tywydd da am dridie, pwysig iawn adeg y cynhaea gwair (Maenclochog)

Sŵn traffig o'r A5 o gyfeiriad Cerrigydrudion – braf (Cwm Eidda)

Sŵn traffordd yr M4 a'r A470 yn ddefnyddiol erbyn hyn i lawer o bobl ar hyd Bro Morgannwg a Gwent i roi cyfeiriad y gwynt.

Traffig ar y lôn newydd i'w glywed yn gliriach nag arfer – glaw (Llanllyfni, 2006)

5.3.9 Mastiau teledu a pheilonau

Sŵn gwynt yn rhuo drwy'r gwifrau sy'n cynnal Mast Nebo – gwynt o'r gorllewin, siawns am law, ac os na cheir glaw mae'n arwydd gwynt! (Nebo, Dyffryn Nantlle)

Chwiban y gwynt o fast Blaen-plwy yn arwydd glaw (Blaenplwyf, Ceredigion)

Os clywid y gwynt yn chwibanu drwy'r peilons – arwydd tywydd mawr (Bryn'refail)

5.3.10 Rhaeadrau a lli'r afon
Ym mlaen Dyffryn Nedd mae Cwm Gwared, a phan glywid yr afon yn is i lawr y cwm dywedid:
Pan fo Cwm Gwared yn rhuo
Mae hi'n siŵr o wlawio

Mae 'na Gwm Gwared arall uwchlaw pentre Gurn Goch, Arfon:
Pan glywid rhaeadr Cwm Gwared o ffermydd Hafod-y-Wern a Phenrallt ar y topiau uwchben Clynnog – byddai'n arwydd sicr o law (gwynt o'r gorllewin)

Pistylloedd a rhaeadrau'r afon yn llafar – glaw (Bethel)

Sŵn Rhaeadr Glyn Artro ar Afon Nantcol i'w glywed – glaw (Annie Davies Evans, Llanfair, Harlech)

Clywed y lli yn dod i lawr y cwm – glaw (Cwm Tawe)

Ffrwd Cwm-du yn canu'i chrwth – arwydd glaw (*GlossDD*)

Rhaeadr y Pandy i'w glywed yn amlwg – braf (Trawsfynydd)

Sŵn Rhaeadr Mwy i'w glywed yn glir – mae'n galw am law (Megan Davies, Glanrafon, Llanuwchllyn 1984). Mae Glanrafon wrth droed Carndochan a Rhaeadr Mwy i'r gorllewin, tua milltir i fyny'r cwm.

5.3.11 Sŵn y môr
Pan glywir y môr yn crochlefain yn flin,
A'r cwmwl yn duo ar ben Castell Pen-llin;
Os gwir r'hen ddihareb – mae cawod o wlaw
Yn magu'n y wybren, a'i syrthiad gerllaw. (*Cymru'r Plant, Tachwedd 1895*)

Twrf ac aflonyddwch Porth Neigwl y sy ragfynegiad o wynt y gorllewin a glaw (*LlGSG*)

Cynnwrf Aber Sela yn nhraeth Castellmarch sy gennad hedd (*LlGSG*)

Sŵn y môr wedi trechu sŵn y gwynt yn arwydd bod tywydd gwell i ddod (Traeth Coch, Môn)

Adsain uchel pell glan môr Aber-erch tra yn ymrolio ar y Rô Hir – tywydd sych

Ond twrf hir barhaol glan y môr o enau Afon-wen hyd Gricieth –
tywydd gwlyb (LlGSG)

Bach Penychain yn crafu – glaw
Bach Cilan yn crafu – gwynt o'r gogledd (LlGSG)

Y Fawnog Ddu ar dir Abercin ym mhlwy Llanystumdwy –
dywediad llafar: 'Ni chanodd y Fawnog Ddu erioed am ddim'.
(LlGSG). Clywir sŵn y môr o'r tu draw iddi, sy'n arwydd glaw.

Sŵn y môr yn crafu o'r Wig – braf
Sŵn y môr yn crafu o Swnt Enlli – niwl
Sŵn y môr yn crafu o Borth Samdde – glaw (Miss Hughes, Rhoshirwaun)

Crafu o Borth Neigwl – tywydd mawr
Crafu o'r de – braf (JO Hughes, Mynytho)

Y môr yn rhuo ger Llandanwg – tywydd garw
Y môr yn grwnian tua Harlech – braf
Crochan y môr yn corddi, a'r sŵn yn cario o Mochras neu geg Afon
Artro – storm
Crochan Bennar Fawr yn berwi ger Sarn Badrig – tywydd garw
(Annie Davies Jones, Llanfair ger Harlech)

Crochan y Bennar yn berwi
Glaw mawr eto fory. (Wil Jones, Croesor)

Berw crochan Bennar Isaf – storm o wynt (CCO)

Sŵn y môr yn crafu:
O Borthdinllaen – glaw
O Aberafon – tywydd braf
O Pistyll – tywydd gwell fyth (R J Hughes, Nefyn), h.y. gorau po
bellaf i'r sŵn gario.

Pan fydd y môr yn rhuo ym Mhwll y Borthyn – ceir glaw (Pennant,
Ceredigion)
Môr yn crafu yn ochrau glan môr Y Wern – tywydd mawr
(Mynydd Nefyn)
Clywed y môr yn crafu o'r Greigddu, Morfa Bychan – storm
(Dolbenmaen)
Sŵn y môr yn crafu rhwng Rhiw ac Aberdaron yn arwydd niwl
mewn rhyw ddau ddiwrnod, a hwnnw'n para tua tridiau (Bryncroes)

Os bydd 'twrw môr' yn Swnt Enlli, 'dan ni'n siŵr o gael tywydd mawr (Aberdaron)

5.3.12 Awyrennau

Clywed yn gliriach sŵn awyrennau yn codi a glanio ym maes awyr Caerdydd – glaw (Y Barri a Phenarth).

Ceir arwyddion tebyg yn ymwneud â meysydd awyr Y Fali, ym Môn; Dinas Dinlle ger Caernarfon a Llanbedr ger Harlech.

5.3.13 Llestri godro

'O Glyn Mai, ger Eglwys Wen, Crymych bydde *sŵn y bwcedi godro* o Rosmaen Fach i'r de yn arwydd glaw, a'u sŵn o Penrallt Fach i'r gogledd-ddwyrain yn arwydd tywy' braf.' (I James, yn *LlafG 77*)

5.3.14 Arogl yn cario

Arogl yn cario o waith nwy Seiont i Gaernarfon – glaw
Arogl yn cario o waith Ferodo i Gaernarfon – tywydd braf. Erbyn hyn mae'r gwaith nwy a Ferodo wedi cau a thipyn gwell arogl yng Nghaernarfon na chynt!

'Ogla Ferodo i'w glywed ym Môn – glaw' (Llanfairpwll)

Aroglau mwg trên yn cario i gyfeiriad Chwilog – gwynt y de, glaw

Arogl y becws i'w glywed yn y pentref yn gryf – glaw (Llanaelhaearn)

Arogl gwaith olew BP o'r de – glaw cyn hir (Abertawe)

Arogl purfa olew Llandarcy i'w glywed ym Maesteg – glaw

Arogl ffatri Cortaulds yn cario i'r tir, a hyd yn oed gwaith olew Stanlow – tywydd sych (Sir Fflint)

'Oglau chwalu slyri yn gry' iawn ar y morfa – glaw' (Llanfrothen)

'Oglau Harbwr Pwllheli – glaw cyn nos' (Goodman Jones, Aber-erch)

'Oglau heli – yn aml cyn storm o fellt a thranau' (Traeth Coch, Môn)

'Oglau drwg y mwd ar Forfa Glaslyn – glaw' (Minffordd)

Aroglau llaid yn aber Afon Ddyfrdwy yn gryf – tywydd sych (Sir y Fflint)

Oglau drwg gwaith Monsanto – tywydd braf oer yn y gaeaf Erbyn hyn ogla siocled o ffatri Cadburys glywir. (Merfyn Jones, Pontfadog, Dyffryn Ceiriog).

Arogl y ffatri jam i'w glywed – glaw (Maentwrog). Y ffatri jam yw'r gwaith trin carthion.

5.3.15 Mwg yn codi

Mwg o gyrn tai yn codi'n syth i'r awyr – tywydd braf (cyffredin)

Byddai sut yr oedd mwg yn codi o simnai dal y gwaith brics nid nepell o borthladd Abergwaun yn arwydd da o'r tywydd (DJ Bowen 1995)

Os byddai'r mwg yn mynd gyda'r trên i Ddinbych, yr oedd am law (Llandyrnog)

Mwg a stêm o gyrn gwaith dur Shotton a gweithfeydd eraill dros y ffin yn arwydd o gyfeiriad y gwynt (Sir Fflint)

Gweld mwg y gwaith (stêm o gorn gwaith Blaenhirwaun):
yn mynd i'r chwith – teg yfory (gwynt y dwyrain)
yn mynd i'r dde – yn wlyb yfory (gwynt y gorllewin) (Jacob Davies, yn sôn am ardal Carreg Hollt rhwng Plwyfi Llanarthne a Llan-non)

Mwg gwaith brics Llwyneinion a gwaith glo'r Hafod yn arwyddion yn Rhosllannerchrugog:
– *codi'n syth – tywydd braf*
– *cael ei yrru gan wynt Llangollen fyddai o dwll y glaw*

Mwg o gorn gwaith Alwminiwm Môn:
– *yn mynd i'r gorllewin – braf*
– *yn mynd i'r dwyrain – glaw* (Môn ac arfordir gogleddol Arfon)

5.3.16 Baner yn chwifio

Baneri'r Eisteddfod Genedlaethol (1987), ar dir ger Tremadog, yn chwifio i gyfeiriad Porthmadog (gwynt o'r gogledd-orllewin). Sylw WRP George oedd:
'Mi ddeil yn iawn ond iddi beidio troi i'r de-orllewin'

5.3.17 Melinau gwynt

Melinau gwynt Cemais yn troi'n gyflym – mae'n wyntog! (Môn)

Pennod 6

Glaw a Hindda, Eira, Oerfel a Thes

Canolbwyntia'r bennod hon ar ffrwyth y berthynas gymhleth rhwng tymheredd, pwysedd yr awyr a gwahanol ffurfiau dŵr.

6.1 Glaw

Mae glaw yn gynnyrch un o'r prosesau cylchredol pwysicaf sy'n cynnal bywyd ar y ddaear: proses sy'n ailgylchu'r dyfroedd bywiol rhwng y moroedd, yr awyr a'r tir.

Er bod llu enfawr o arwyddion tywydd yn ceisio darogan glaw, prin yw'r rhai sy'n cyfeirio at y glaw ei hun; hynny yw fel arwydd o beth ellir ei ddisgwyl a hithau eisoes yn bwrw.

Os daw gwynt o flaen y glaw
Cwyd dy galon, hindda ddaw;
Os daw glaw o flaen y gwynt
Tywydd mawr sydd ar ei hynt (Ystalafera, *AWC*)

Glaw ysgafn yn para'n hir – ffrynt gynnes yn mynd heibio
Glaw trwm am ysbaid ferrach – ffrynt oer yn mynd heibio

Arwyddion o draw
Mor agos yw'r glaw (Cross Inn, *AWC*), h.y. mae'n bosib darllen arwyddion yr awyr a gweld y glaw yn dynesu o bell.

Gellir gweld glaw yn y pellter – yn disgyn fel llenni o gwmwl glaw (cyffredin). Bydd cawodydd trymion yn fwy gweladwy na rhai ysgafn.

Mae'n bosib arogli glaw a hefyd eira (cyffredin) e.e.: *'Mae 'na hogla glaw / eira ynddi'*

Fe droith glaw mân yn glapia' (Mynydd Nefyn). Cyfeiriad at flaen cawod pan geir glaw mân fydd yn troi'n law trymach cyn bo hir. Mae'n aralleiriad o'r dywediad cyfarwydd: 'Torri glo mân yn glapiau'.

Y glaw yn casglu'n ddiferion ar y lein ddillad – y glaw yn cilio (Arthog). Bydd y gwynt wedi gostegu erbyn hyn.

Ond, ar y llaw arall:
Diferion yn aros ar wifrau – glaw (*HCS*)

Glaw tinwyn Abertawe – tra par y dydd fe bery yntau neu: *...– tra pery'r dydd* (cyffredin yn Sir Gaerfyrddin a gorllewin yr hen Sir Forgannwg).

Ceir sawl disgrifiad o law tinwyn Abertawe:
- yn *ardal Buellt* golygai law trwm o'r de-orllewin yn disgyn yn llenni, ond ym Mhorth-cawl golyga law ysgafn sy'n para drwy'r dydd ac yn dod o gyfeiriad Abertawe.
- yng *Nghwrtycadno* dywedir: "...glaw adeg y cynhaeaf fel niwl gwlyb gyda rhyw wawr olau arno; nid o'r de-orllewin ond o'r de-ddwyrain. (Glyn A Williams).
- i bobl *Penfro a Chaerfyrddin* daw hwn o'r dwyrain bob tro, ac fe'i nodweddir â diferion breision hirion 'fel penbylied yn dangos eu cynffone'. Fe ddechreua yn y bore, a dyna paham, gyda'r haul y tu cefn iddo, y mae'n oleuach na'r cyffredin neu'n dinwyn, ond yn dueddol o aros drwy'r dydd. (I James yn *LlafG 77*)

Glaw tinwyn y de – glaw trwm a yrrir yn donnau mawrion o flaen gwynt isel o'r de *(EJ)*

Glaw Castell-nedd – yn parhau trwy'r dydd (Cwm Llynfell)

Glaw Cefn Sidan – glaw trwm o orllewin y sir (Tŷ Croes, Sir Gaerfyrddin)

Glaw Llanrwst – glaw ymhobman (Cwm Eidda). Daw o'r gogledd.

Yn rhai rhannau o Ddyffryn Ceiriog gelwir glaw o'r de-ddwyrain yn law Pen Pwll Hir:
Glawio'n hir
O Ben Pwll Hir (Gwenith Gwyn, *AWC*)

Bwrw haul – glaw a hithau'n olau haul ar yr un pryd. Golyga gawodydd ysgafn yn mynd heibio'n fuan. (cyffredin)

Os yw'n glawio drwy'r haul – glaw drannoeth (Corwen). Cawodydd, sydd efallai am bara am ddyddiau.

Clychau ar wyneb pwll o ddŵr – arwydd ei bod am stopio bwrw cyn bo hir (Cemais, Môn)

Glaw ar yr Arddu
Braf pnawn yfory (Nanmor). Anaml y bydd glaw'n para'n hir iawn; siawns na fydd yn brafio yfory.

6.1.1 Llên y glaw

Er maint sydd yn dy gwmwl tew
O law a rhew a rhyndod,
Fe ddaw eto haul ar fryn
Nid ydyw hyn ond cawod (HB)

Os bydd hi'n bwrw glaw yn rhywle
Fe fydd hi'n bwrw'n Abertawe;
Ond am law, mae lle mwy enwog:
Glywsoch chi am law Ffestiniog?

Ni ddwed neb ond gŵr celwyddog
Ei bod hi'n bwrw yn Ffestiniog.
Yno mae yr haul yn t'wynnu
Yn fwy nag unrhyw le yng Nghymru. (Ar DG)

Bobol annwyl roedd hi'n bwrw;
Oedd mewn difri'r diwrnod hwnnw.
Roedd hi'n tywallt 'fel o grwc'
Ond roedd Noa a fi yn yr arch wrth lwc. (Mrs J Hughes, Dolwyddelan 1984)

Diwrnod Dyrnu

Peth cas yw gwynt yn chwythu
A chasach glaw a gwlychu,
Y casaf peth gen i mewn bod
Yw cawod ddiwrnod dyrnu. (Einion Edwards, Tyddyn Ronnen, Llanuwchllyn)

Pan ddaw'r glaw goleuwyn
I siglo dros Eglwys Llanrhychwyn;
Waeth rheg na phader wedyn
Pe bai modd, peidio ni fyn.

6.1.2 Geirfa a dywediadau

Ceir llawer iawn o ddisgrifiadau o law a nifer fawr o enwau ar wahanol fathau ohono. Mae hynny yn gwneud synnwyr, yn sicr, o ystyried ein bod ni'n byw mewn rhan o'r byd a fendithiwyd â hinsawdd laith a glawog. Yn ôl y sôn mae gan bobl yr Innuit yng ngogledd Canada a'r Ynys Las dros gant a hanner o eiriau am wahanol fathau o eira, ac mae hynny eto yn gwneud synnwyr o ystyried cyflwr eiraog eu cynefin arbennig nhw. Yn yr adran hon cawn weld faint o eiriau a dywediadau sydd gennym ni'r Cymry yn ymwneud â glaw.

Arllwys – yn glawio'n drwm iawn, 'yn arllwys y glaw' (y de)
Breithin – tywydd anwadal (*GPC*)
Briwlan – glaw mân mân (Caerfyrddin)
Brochus – tywydd stormus, yn frochus (Dyffryn Conwy), y môr yn frochus (Rhos-lan)
Bwrw – pan fo glaw / eira / cenllysg ayyb yn disgyn o'r awyr
Bwrw clychau – glaw trwm nes bod swigod ar wyneb dŵr (Cemais, Môn)
Bwrw cyllyll a ffyrc – glaw trwm iawn (Pentreuchaf, Llŷn)
Bwrw haul – yr haul yn tywynnu a hithau'n glawio yr un pryd
Bwrw hen wragedd a ffyn – glaw trwm iawn
Bwrw sgipia' – cawodydd byr ysgafn, 'yn bwrw sgipia drwy'r bora' (Meirion), gw. sgipan
Cau / cau iddi – yn bwrw'n drwm heb argoel o wella'n fuan, 'mae hi wedi cau o law'
Cawod – glaw am ysbaid fer; cawed (Penfro); cafod (Arfon)
Cawodog / cawodlyd – tywydd pryd ceir cyfres o gawodydd
Cynnos o law – glaw trwm (Ceredigion, yn *HCS*)
Chwiwio bwrw – glaw hefo gwynt enbyd (*FClint*)
Chwyslaw – glaw mân mân neu niwl sy'n peri ichi deimlo fel petai eich wyneb a'ch dillad yn chwysu (Llanberis)
Dafn / defnyn – un o'r unedau dŵr unigol sy'n ffurfio a disgyn o'r awyr i greu glaw
Dafnio / dafnu bwrw – pan fydd dafnau mawr o law yn disgyn (Llanuwchllyn)
Dagrau – dywedir ei bod hi'n 'taflu dagrau' pan fydd yn pigo bwrw
Diferyn – un o'r unedau dŵr sy'n ffurfio glaw, yn taflu diferion
Dilyw – y storm law eithaf!
Diwel – bwrw glaw yn drwm, yn diwel y glaw (Ceredigion, yn *FWl*)
Dowchal – ffurf lafar ar dymchwel, 'yn dowchal bwrw glaw', 'dowchal fel o grwc' (*GESG*)
Drycin – storm o wynt a glaw
Drycin y cyhydedd – ffurf ar ddrycin y cyhyd-ddydd (*LlGSG*, Bethel), pan fo oriau nos a dydd cyhyd, h.y. Mawrth 21ain a Medi 21ain

Drycin y cyhydnos – yn y cyfnodau pan fo'r nos a'r dydd cyhyd
Dryslaw – glaw trwm sy'n drysu eich cynlluniau, tebyg ei ystyr i smitlaw.
Dymchwel – glaw trwm iawn, 'yn dymchwel y glaw'
Ecrwch – tywydd garw neu hegar (*FClint*)
Eira dŵr – disgwyl eira ond cael glaw oer yn ei le, e.e. cael eira ar y topiau ond glaw yn is i lawr (Mynydd Nefyn).
Eirlaw – glaw sy'n gymysgedd o rew a dŵr neu eira hanner toddedig
Ffrechen – cawod ysgafn o law neu eira (Morgannwg)
Ffwgen – glaw mân, cawod ysgafn (De Ceredigion); ffogen (Penfro)
Garwyno – pan fo'r storm yn gwaethygu (Erwyd Howells, Ponterwyd)
Glaw – defnynnau o ddŵr sy'n disgyn o gymylau
Glaw bras – defnynnau mawr (*GPC*), sgrympiau
Glaw Castell-nedd – glaw sy'n para drwy'r dydd (Cwm Llynfell)
Glaw Cefn Sidan – glaw trwm o'r gorllewin yn para drwy'r dydd (Caerfyrddin)
Glaw drysu – glaw sy'n drysu eich cynlluniau (Nefyn), dryslaw
Glaw gochel – glaw trwm sydd raid gochel rhagddo (Penmachno), smitlaw
Glaw gola – glaw â'r awyr yn olau i'r dwyrain – sydd yn arwydd drwg (Llanfairfechan)
Glaw gyrru – glaw yn cael ei yrru gan y gwynt (*GPC*)
Glaw gwlychu – glaw treiddgar sydd yn mynd i'ch gwlychu yn fuan iawn
Glaw lladd chwain – ym Mai; ac yn un o rinweddau glaw Mai
Glaw llygad yr ych – yn peri swigod ar wyneb dŵr (Cwm Tawe)
Glaw Mai – cesglir glaw Calan Mai (neu'r Hen Galan Mai ar Fai 13eg) a'i gadw mewn poteli ar gyfer golchi'r llygaid, gwneud ffisigau ac ar gyfer batri'r car
Glaw malwod – glaw tyner ym Mehefin ac yn hoff gan falwod yn y nos (Nefyn)
Glaw mân – glaw ysgafn gyda defnynnau mân
Glaw mynydd – glaw mân parhaus
Glaw Stiniog – mae Ffestiniog yn enwog am ei glaw
Glaw tapioca – cenllysg gwlyb, 'hen law tapioca ar y ffenast' (Mynydd Nefyn)
Glaw tinwyn Abertawe – rhan o ddywediad adnabyddus yn y de: 'Glaw tinwyn Abertawe – tra pery'r dydd fe bery yntau'
Glaw t'ranau – glaw trwm sy'n gysylltiedig â therfysg neu storm o fellt a tharanau

Glaw trawstau – glaw taranau, glaw tryste (Dyffryn Teifi)
Glaw tyfu – ym Mai / Mehefin ac yn hwb i dyfiant y borfa
Glaw tyrfe – enw yn y de am law taranau
Glaw ŵyn bach – glaw bach tyner ym Mawrth sy'n help i'r ddafad eni ac yna lanhau'r oen bach (Nanmor)
Gwlith gwair – niwl gwlyb ddiwedd Mai / ddechrau Mehefin sy'n dda i'r gwair dyfu (Nefyn)
Gwlithlaw – glaw mân (*FClint*)
Gwlypin – tywydd gwlyb, hin wlyb (*GPC*)
Hemo – yn pistyllio bwrw, 'yn hemo'r glaw' (Morgannwg, yn *GPC*)
Hemio – hem wen neu linell wen tua'r gorwel o dan nenfwd tywyll o gymylau glaw.
Hinddrwg – tywydd gwael e.e. 'gwell hinddrwg na hindda yn Chwefror'
Hogles glawio – glaw mân (Dyffryn Ceiriog)
Horslaw – yn tywallt y glaw, 'horslaw mawr na welis i 'mo'i drymach 'rioed' (*FClint*)
Isgell – eira gwlyb fydd yn toddi wrth ddisgyn, eirlaw (*GESG*)
Lleigio – bwrw mor drwm nes bod swigod ar wyneb dŵr (Môn, Llŷn)
Lli Awst – y glaw trwm sy'n achosi llifogydd yn Awst
Llygad yr ych – swigod ar ddŵr adeg storm (*DLl*, Ceredigion)
Odlaw – glaw sy'n gymysgedd o rew a dŵr (Treffynnon), eirlaw
Pistyllio / 'styllio – glaw trwm, fel dŵr yn arllwys o bistyll, 'pistyllio bwrw'
Pigo bwrw – ambell ddiferyn o law
Piso bwrw – glaw trwm, 'yn bwrw fatha piso buwch' (Arfon)
Rhyslaw – glaw trwm (*FClint*), ffurf ar horslaw neu ddryslaw tybed?
Sgipan – cawod fer ysgafn, 'dim ond sgipan ydi hon' (Emrys Evans, Blaenau Ffestiniog), 'sgipen o gawod' (Caerfyrddin, Morgannwg, *CBAm*)
Sgithen – cawod ysgafn (Sir Gaerfyrddin)
Sgrempan – cawod fechan yn gorffen ar ddim (Eifionydd)
Sgrwmp – cawod drom, 'sgrwmp ar ôl sgrwmp drwy'r dydd' (*FClint*)
Sgrympiau codi tatws – cyfeirio at y cawodydd trymion geir yn y tymor codi tatws ddiwedd yr hydref a gwyliau Diolchgarwch (Abergele)
Sgrympiau Gŵyl y Grog – cawodydd trymion ganol Medi

Sgrympiau penwaig – cawodydd trymion ar ôl Gŵyl Ddiolchgarwch a oedd i fod i yrru'r penwaig tua'r lan (Llŷn, Môn)
Sgwithin – cawod ysgafn (Penfro)
Sgwm o law – cawod ysgafn (Dinbych, yn *CBAm*)
Sioch – cawod drom o law (*CBAm*)
Slabog / slabrog – tywydd budr (*GlossDD*, Cwm Gweun)
Slatian – storm o law neu eirlaw, 'mae hi'n slatian' (Trawsfynydd)
Slwta – tywydd budr, 'tewy slwta' (*GlossDD*)
Smit / smitlaw – glaw sy'n gorfodi'r gweithiwr i roi'r gorau iddi, 'mae'n smit' (Chwarelwyr Blaenau Ffestiniog, *CBAm*)
Smwc / smwclaw – glaw mân neu niwl. 'Ysmwclaw...ydyw awelwlaw neu ysgafnwlaw, sef Smwcan bwrw – glaw mân,' (Mair Williams, gogledd Môn, 2008)
Smwllach – glaw mân (*CBAm*)
Smwrllwch – glaw mân (*CBAm*)
Smwt – diwrnod smwt annifyr yw 'diwrnod trymaidd iawn yn llawn o smwclaw a glybaniath' (*FClint*)
Stido bwrw – yn bwrw'n drwm iawn.
Storm / storom – pan geir cyfuniad o wynt cryf a glaw trwm., storom yn y de, Storom Awst
Stryllwch – drycin neu storm sy'n achosi difrod neu lanastr. (Mallwyd, Dyffryn Conwy)
Swigod t'ranau – swigod ar wyneb dŵr adeg taranau (*FClint*)
Taflu dafnau – pigo bwrw, yn enwedig pan fydd yn dechrau bwrw (Gwynedd)
Taflu dagrau – pan fydd yn dechrau bwrw, 'mae hi'n taflu dagrau' (Gwynedd)
Tatsian – glaw yn taro'n drwm ar ffenest, 'mae hi'n tatsian' (y de, Blaenau Ffestiniog)
Treshio bwrw – bwrw'n drwm iawn. (Gwynedd)
Tywallt y glaw – bwrw'n drwm iawn
Tywydd / tywydd mawr / tywydd garw – dywediad a glywir pan fo storm: 'Ew, mae hi'n dywydd'
Tywydd budr – tywydd glawog sy'n para am hir nes bo'r caeau'n fwdlyd
Tywydd cachu deryn – glaw heb lawer o wynt (Llŷn)
Tywydd ffair – am y tybid y ceir cyfnod glawog oddeutu dydd Ffair Flodau Dolgellau (Ebrill 21ain) a Ffair Llan Ffestinioig (Tachwedd 13eg); Tywydd Ffair Borth; Tywydd Primin Môn

ayyb ac yn enghraifft Gymraeg o 'ddeddf diawlineb'!

Tywydd grifft – tywydd niwlog gwlyb a thyner yn y gwanwyn pryd y gwelir llawer o lyffantod ar y ffyrdd yn y nos ac yn y pyllau.

Tywydd mwygil – tywydd mwll a glawog (Ysbyty Ifan)

Tywydd smwclyd – glaw mân neu smwclaw (Eifionydd)

Tywydd wigil – tywydd mwll neu drymaidd (Bangor)

Wigil – tywydd anffafriol neu gawodlyd, 'diwrnod digon wigil, yn haul yn gweithio ambell shifft rhwng cawodydd' (Môn), ffurf ar mwygil: gweler tywydd mwygil

Cyfanswm y geiriau glawllyd uchod yw oddeutu cant a deg.

DYWEDIADAU:

Yn ardal Llanberis dywedir bod dau fath o law:
1) *glaw o'r awyr neu'r cymylau*
2) *glaw gwynt hanner llyn* – h.y. pan fo gwynt cryf o'r gogledd-orllewin yn chwipio dŵr oddi ar wyneb Llyn Padarn a'i ollwng fel glaw.

'*Mae pawb angen dŵr ond neb eisiau glaw*' (y Prifardd WJ Gruffydd)

Heb law heb lesni (Glyndyfrdwy)

'*Cei di hoil, cawad yw hon*' (HCS). Llinell o gynghanedd gaiff ei hadrodd i awgrymu mai dros dro y mae'r glaw.

Pan fo hi'n bwrw potas does gen i ddim cwpan i'w ddal o. (Llanrug). Pesimistiaeth ar ei waetha.

Cawod oedd y dilyw (DLI)

Pan fo'r tywydd yn dirywio a'r awyr yn tywyllu o flaen glaw, dywedir: *mae golwg glaw arni* neu ei bod:
    yn clafychu am y glaw (Porth-cawl)
    yn hel am law (Gwynedd)
    yn cau am law (cyffredin)
    yn copri cyn glaw (Cwm-twrch)
    yn salwino (Ceredigion, yn HCS)
    yn bwgwth (Ceredigion, yn HCS)
    yn mwrno (Porth-cawl)

Ceir sawl disgrifiad o fwrw'n drwm:
    Yn bwrw glaw fel dannedd og (Dewi Jones, Benllech)

YN BWRW HEN WRAGEDD A FFYN

(cyffredin)

Yn bwrw fel ffyn grisiau (cyffredin)
Yn bwrw fel bysedd (gogledd Ceredigion)
Yn bwrw fel o grwc (Ardudwy, Llanrug)
Yn bwrw fel piso buwch (Clynnog)
Yn bwrw'n festistiffol (Llanfrothen)
Yn bwrw'n llenni
Yn bwrw cyllyll a ffyrc (Maentwrog, Llŷn)
Yn bwrw ogau â'u dannedd i fyny, a'r moch i'w tynnu (*GESG*)
Yn glawio'n rhidyll (*CBAm*)
Yn bwrw digon i bydru cerrig (Erwyd Howells, gogledd Ceredigion)
Yn bwrw'n ddwys (Arfon, *FClint*)
Yn bwrw hen wragedd a ffyn (cyffredin)
Yn bwrw cŵn a chathod (Ceredigion, *HCS*). O'r Saesneg 'raining cats and dogs'.
Yn pistyllio neu 'styllio bwrw
Yn stido bwrw
Yn studio bwrw (gogledd Ceredigion)
Yn tywallt y glaw
Yn hemo'r glaw (Morgannwg, *GPC*)
Yn treshio bwrw
Yn tatsio bwrw (Dinbych)
Yn tatsian y glaw
Yn arllwys y glaw (y de)
Yn dymchwel y glaw
Yn dowchal y glaw
Yn chwipio bwrw
Yn piso bwrw
Yn gwrs o law (Cwm Gwendraeth)
Yn 'i diwel hi (Penfro)

'*Fatha hwyliau Meri Watkin*' – pan fo dillad ar y lein wedi cael cawod fe'u cymherir â hwyliau'r hen long hwyliau ar y glaw (Nefyn 1995)

Ar ôl cael trochfa o law byddwch wedi:
Gwlychu 'd at yr asgwrn
Gwlychu'n domen
Gwlychu'n sopan dail doman
Gwlychu'n llipryn

'Ro'n i ma's yn y glaw nes 'ro'n i'n tshwps' (Llanelli)
Neu: *'...nes 'r o'n i'n socan potsh'* (Cwm Tawe)
Neu: *'...nes o'n i'n wlyb diferyd / wlyb socian'* (y gogledd)
I osgoi'r glaw dywedir:
Glaw, glaw, dos ochr draw
Hindda, hindda, tyrd ochr yma (Llanbedrog). Rhigwm fyddai'r plant yn ei ganu ar ddiwrnod gwlyb a hwythau yn gaeth i'r tŷ. Gweler fersiwn o Gwm Tawe ar gychwyn Pennod 4.

6.1.3 Ofergoelion – tynnu glaw / storm

TYNNU GLAW
Credid bod rhai gweithredoedd yn peri iddi fwrw neu yn tynnu glaw:
- *Sathru ar chwilen ddu* (Clynnog). Fe'i gelwir yn chwilen y glaw ym Meirionnydd (*DMach*)
- *Poeri ar falwen ddu* (gwlithen ddu) (Blaenau Ffestiniog)
- *Lladd pry cop* (Blaenau Ffestiniog)
- *Llnau ffenestri* (Blaenau Ffestiniog)
- *Gadael ffenest ar agor* (Dyffryn Nantlle)
- *Canu'n aflafar* (Llŷn, Ysbyty Ifan). Dywedir: 'Paid! Mae hi'n siŵr o fwrw!'

Cloddio am drysor – pe buasech yn cloddio am drysor mewn rhai mannau arbennig mae coel y deuai storm fawr o fellt a th'ranau i'ch atal:
Dinas Emrys, Beddgelert
Carndochan, Llanuwchllyn
Tomen y Mur, Trawsfynydd.
Pan fo storm, mae dywediad: 'Maen nhw'n cloddio yn Nhomen y Mur 'na eto.' (ardal Penrhyndeudraeth)

Defod i dynnu glaw – ar adeg o sychder, pe cerddid allan ar hyd sarn arbennig i Lyn Dulyn, Dyffryn Nantlle, at garreg goch a elwid yr Allor Goch, a thywallt dŵr am ei phen, fe geid glaw cyn nos. (*SGAE*)

Cyfeiria Marye Trevelyan yn *FFSW* (1909) at goel o Forgannwg y *byddai rhywun diarth i'r plwy yn tynnu glaw yn fuan*. Mae'n sôn am ryw seindorf Almaenig oedd yn teithio'r ardal ac yn dod â glaw byth a beunydd!

Pan ddigwydd rhywbeth anarferol dywed rhai fod hynny yn mynd i gael effaith ar y tywydd. Er enghraifft, wedi imi dorri fy

ngwallt un tro, ymateb un wraig o Faentwrog oedd:
'O 'rargian! Mae hi'n mynd i fwrw eira!'

Os digwydd i ryw gymeriad arbennig roi dillad ar y lein i sychu:
'Mae'n siŵr o fwrw – mae ....wedi rhoid dillad allan'

Cyn gynted ag y bydde John Evans, Cwm Canada (gogledd Maldwyn) **yn gwisgo'i het wellt fe fydde'r tywydd yn siŵr o dorri** (Mrs Evelyn Davies, Llangadfan). Byddai het wellt yn yr haf yn ffasiwn ddechrau'r ugeinfed ganrif.

Robert Jones yn llewys ei grys – glaw (Emily Hughes, Rhostryfan)
'Roedd blynyddoedd 1915-1918 yn lawog iawn a rhoddwyd y bai am hynny gan bobl Dyffryn Conwy ar y **tanio cyson gan y milwyr** ar Faes Tanio Trawsfynydd.

CAEAU GLAW
Ceid coel gyffredin y byddai torri gwair mewn rhai caeau arbennig yn siŵr o dynnu glaw:
Cae'r glaw yn enw ar fferm ger Gwalchmai, Môn (*Wel Dyma Fo...*, Charles Williams, (1983), tud 69)
Weirglodd y glaw yn Nhyddyn Mawr, Trawsfynydd (*DMach*)
Cae corgoch yn fferm Glyddau Mawr, Y Ffôr
Cae main yn Castellcoed, Chwilog – 'cyn wiried â'ch bod chi'n dechrau torri gwair yno, mae hi'n siŵr o fwrw' (Richard Lloyd)
Fferm Pant Gwyn, Cross Hands, Sir Gaerfyrddin – 'pan fuase'r fferinwr yno yn dechrau ar y gwair buase'n sicr o fwrw.' (Jacob Davies, 1983)
Cae'r Ardd, Nant-yr-ehedydd, Mawddwy – byddai'n siŵr o dynnu glaw hyd yn oed os y'i torrid ar y tywydd brafiaf. (Tegwyn Pughe Jones, yn *LlafG 47*)

Y MÔR
Ceir llawer iawn o goelion yn ymwneud â'r môr:

Taro neu sticio cyllell yn yr hwylbren – tynnu storm (cyffredin)

'Os deuai lleian, offeiriad neu beilot awyr ar fwrdd llong – deuai tywydd mawr.' (Capt. William Edward Williams, Cricieth, Ar dâp AWC)

AMRYWIOL

Ffermwr o Sir Benfro yn cywain gwair ar y Sul ac yn dweud, oherwydd sŵn tyrfe yn y pellter: *'rhaid rhoi'r gore iddi bois, mae hi wedi ein gweld ni!'* (*AWC*)

Maen nhw'n claddu Cristion. (Arfon). Dywediad os yw'n bwrw glaw adeg angladd.

Y cyfiawn gaiff wlaw ar ei elor (de Ceredigion, yn *HPLlPh*)

Bydd tywydd garw bob amser lle byddai cotiau duon (*HPDef*, tud 334)

Os breuddwydiwch chi am rywun sydd wedi marw, mae hi'n siŵr o dywydd mawr (Nefyn, Penfro)

Os yw'n fore garw adeg priodas – gwraig anynad (*HPLlPh*)

Chwech o ferched yn siarad â'i gilydd – storm
Chwech o ferched yn ddistaw – daeargryn (Ystalafera)

6.1.4 Straeon glawllyd

Tywydd smit
Yn Chwarel Graig Ddu, Blaenau Ffestiniog roedd yn smit glaw, neu yr rhy lawog i fedru gweithio. Yn y Caban roedd yr hen Breis yn edrych drwy gil y drws i weld os oedd y glaw yn llacio.
'Ydi hi'n well Preis?' holodd un.
'Ydi,' meddai Preis, er nad oedd hi ddim chwaith.
'Be 'di dy feddwl di yn d'eud bod hi'n well?!'
'Wel, mae'n bwrw'n well!' Hynny yw, doedd yr hen Breis ddim ishio mynd allan beth bynnag. (Emrys Evans, Blaenau Ffestiniog)

Maddau inni
Gordon Jones, Glanyrafon ger Cynwyd, Corwen yn dweud ar ei weddi yn y Capel wedi haf gwlyb iawn: "Maddau inni Arglwydd, fel yr ydan ni yn maddau i Ti."

Digon yw digon
Ceir stori debyg, eto o ardal Cynwyd, am gyfarfod gweddi a gynhaliwyd un gwanwyn i weddïo am law wedi hir sychdwr. Wel, fe ddaeth y glaw ond roedd o'n ddi-baid a'r cynhaeaf gwair erbyn hyn mewn peryg. Dyna gynnal ail gyfarfod gweddi, i ofyn am hindda y tro hwn, ac un yn gweddïo fel hyn: 'Dan ni'n gwybod inni ofyn am law y tro diwetha Arglwydd, ond iwsia dy reswm.'

O sgwrs i rigwm
'Cafodd fy mam ei magu yng Nghae Melyn, Garnswllt a stori a adroddwyd wrthyf droeon oedd hanes y sgwrs hon a fu rhwng rhai o drigolion yr ardal yn ôl tua dechrau'r ganrif ddiwethaf. Dyma sut aeth y drafodaeth honno am y tywydd rhwng pedwar ohonynt:

'Mae'n bwrw'n ddi-stop.'
'Felly, felly.'
'O, fe slacith o hyn i heno.'
'Gadewch iddi wneud fel mae'n dewis.'

Does dim yn rhyfeddol yn hynny, meddech ch'ithau. Nac oes – tan i un o'r cwmni sylweddoli pwy oedd wedi dweud beth. Mewn amrantiad, trodd y sgwrs bob dydd yn rhigwm gwlad sy'n dal i gael ei adrodd gan yr hen drigolion hyd heddiw:

'Mae'n bwrw'n ddi-stop,'
Meddai Twm Siop;
'Felly, felly,'
Meddai Jenkins Abergelli;
'O, fe slacith o hyn i heno,'
Meddai Jeffreys Llwyn Gwenno;
'Gadewch iddi wneud fel mae'n dewis,'
Meddai Ffrydwen Davies. (Arianwen Parry, yn *LlafG 80*)

Llifogydd Aberdaron
Yn 1956 daeth cyfuniad o lanw mawr a llifogydd yn yr afon â dŵr dros y pentre. Pan edrychodd William Jones o ffenest y llofft at ddrws yr efail gwelodd yr engan yn nofio'n braf allan drwy'r drws.

6.2 Gwlith

Gwlith yn Ebrill a wna i'r amaethwr ganu (DLl)

Gwlith mis Mai yn gwaredu brychni haul (Mrs Elen Roberts, Y Felinheli, *AWC*)

Llawer o wlith ar y borfa ar ôl diwrnod braf – yn argoeli diwrnod braf arall (DMach)

Gwlith y bore'n arwydd tywydd teg,
Ond os yw'r borfa'n sych ar fore o haf daw'n law (Miss M Owen, Llangefni)

Os na fydd gwlith na gwynt, rhaid i wlaw ddilyn (CE Arthog, Corwen, AWC)

Bore di-wlith – pnawn o law (Pwllheli, AWC)

Gwlith yn ddagrau ar y borfa – tywydd braf (Uwchaled)

Dagrau glaw yn aros yn hir ar frigau coed – braf (cyffredin), neu: *perlau glaw...*

Ond:
Perlau glaw yn aros ar y brigau yn y gaeaf – yn arwydd eira (Megan Davies, Llanuwchllyn)

Dagrau ar ddrain y gaeaf yn darogan rhew (Ponterwyd, Aberystwyth)

Myrdd o berlau gwlith
Tywydd da am flith (Cross Inn, AWC)

Oni ddaw gwynt, glaw a gwlith,
Digynnyrch fy nghod gwenith. (Harlech, AWC)

Tair noson o wlith – braf am bythefnos (Arthur Jones, garddwr Plas Tan y Bwlch, 1985) Ceir dywediadau tebyg am farrug, 6.3.1.

Mae'n dylu i godi gwlith (Ystalafera, AWC)

Barugo / b'rugo – pan fydd y nosweithiau yn oeri yn yr hydref fe geir llawer o wlith yn ffurfio erbyn y bore.

6.3 Barrug a rhew

6.3.1 Barrug

Ar nosweithiau oer a braf yn y gaeaf bydd aer oer yn llifo i lawr y llethrau ac yn cronni fel llyn mewn pant a dyffryn. Yn y bore bydd haen drwchus o farrug gwyn yn gorchuddio popeth. Dyna pam y lleolir perllannau ac, yn ddiweddar yng Nghymru, winllannoedd ar lethrau yn hytrach nag ar lawr dyffryn.

Pan fo tref neu ddinas boblog, llawn llygredd o geir a ffatrïoedd, yn gorwedd mewn pant barugog, gall yr aer oer yno greu mwrllwch sy'n andwyol i iechyd pobl.

Llwydrew

Yn oer drwch ar dir uchel – daw â'i gen
  Wedi Gŵyl Fihangel
A daw i'r coed fel lleidr cêl,
Gan eu diosg yn dawel. (Evan Jenkins)

Os b'rigith yn drwm am un noson – tynnu glaw
Os b'rigith dair noson – deil y tywydd yn sych am sbel (Bryncroes)

Barrug cyn nos, glaw cyn y bore (cyffredin), neu: *...cyn y bore*

Barrug am dair noson, braf am dair wythnos (Ardudwy)

Barrug dri bore, heb law – tywydd braf i bara (Niwbwrch)

Ar y llaw arall:
Os barrug ar dri boreu welwch
Boreu wedyn glaw ddisgwyliwch (Tal-y-bont, AWC)

Llwydrew cyn nos
Ar fin y rhos;
Glaw cyn dydd
Ar y mynydd. (EJ)

Os ceir bore braf ar ôl barrug yn y nos a glaw yn dilyn y prynhawn dywedir ei bod yn:
'bwrw'r barrug' neu ei bod wedi *'methu dal y barrug'* (DMach)

Mae barrug yn 'tynnu glaw' (Nefyn). Os yw eira yn aros yn ystod tywydd braf, ac yna'n dechrau barugo, mae'n dangos ei bod yn cynhesu ac am lawio.

Cerrig yn suddo i'r ddaear dan eich traed – mae'n dadmer (cyffredin). O ganlyniad i farrug bydd cerrig yn codi ac wrth iddi feirioli byddant yn suddo yn eu holau dan eich traed.

Niferus y sêr pan yn rhewi (Ardudwy)

O farrug i wynt, o wynt i law (Ponterwyd)

Glaw yn dilyn rhew neu lytrew – tywydd garw (Cwm-twrch)

Tair nos, oes llwydrew (LlGSG)

Barrug gwyn iawn, glaw (Cyffylliog, Rhuthun)

Os llwydrew cyn storm:
Po wynned y meysydd agosed y storm (YG)

Arwydd pendant o law oedd y barrug yn sgaldio (Huw Selwyn Owen yn *LlG 28*). Sgaldio barrug yw'r barrug yn newid ei liw fel petai rhywun wedi taflu dŵr drosto a'r gronynnau rhew wedi mynd yn feddal.

Gwynt oer i rewi,
Gwynt oerach i feirioli (Bethel). Mae bob amser yn teimlo'n oerach pan fydd yr eira'n dadmer.

Glaw at y croen
Barrug at yr asgwrn (Llan Ffestiniog)

6.3.2 Rhew

Rhew cyn dydd, glaw cyn nos (Llanfrothen)

Ceir amryw o ddywediadau tymhorol yn darogan bod rhew cyn y Nadolig ayyb yn mynd i erthylu'r gaeaf – gweler 1.2.12.

6.3.3 Geirfa barrug a rhew

Arien – barrug, pan fo'r ddaear yn wyn dan farrug (*GPC*)
Barrug – crisialau rhew ar y borfa neu unrhyw arwyneb soled arall pan fo wedi rhewi.
Barugo / b'rugo – pan fo barrug yn ffurfio. Ond defnyddir y gair hwn hefyd am oeri yn y nos, yn enwedig yn yr hydref pan fydd llawer o wlith yn ffurfio dros nos.
Barugog – wedi ei orchuddio â barrug, 'mae'n fore barugog'.
Deifio – pan fo'r borfa yn melynu o ganlyniad i wynt sych a rhewllyd yn y gaeaf. Dywedir 'llosgi' am hyn hefyd.
Fferllyd – tywydd oer iasol sydd yn eich fferru.
Chwipsych – tywydd chwipsych, pan fo'r ddaear wedi rhewi'n gorn (JR Owen, Cricieth)
Glasrew – haen o rew ar y ddaear wedi i'r glaw rewi
Glasrewi – y ddaear wedi ei gorchuddio â rhew (*FClint*), rhewi'n ysgafn (*GPC*)
Gwynnu – pan fo'r ddaear yn wyn dan farrug, 'mae hi wedi gwynnu'.
Iâ – dŵr wedi troi'n soled neu wedi rhewi pan ddisgyn y tymheredd o dan 0°C
Ias o rew – ychydig o rew sydyn ar ôl diwrnod oer (*LlLlE*)

Iasoer / iasol – teimlad o oerni yn ymdreiddio i'r corff
Llorrew – rhew ar wyneb y ddaear, [llawr + rhew] (*GPC*)
Llosgi – y borfa'n melynu o ganlyniad i wynt sych a rhewllyd yn y gaeaf, sgaldio
Llwydrew – crisialau rhew ar unrhyw arwyneb soled pan fo'n rhewi
Llwydrewi – pan fo barrug / llwydrew yn ffurfio
Llytrew – ffurf Cwm-twrch ar 'llwydrew'
Pibonwy – 'pigyn(nau) crog o iâ a ffurfir pan fo dŵr yn diferu ac yn rhewi' (*GPC*)
Plisgyn o rew – haen denau o rew
Plymen – haen drwchus, 'yn blyman o rew ar y llyn'; plomen (Sir Ddinbych)
Rhew – cyflwr dŵr yn ei ffurf soled o dan 0°C
Rhew bargod – pigyn o rew yn crogi o'r bargod, pibonwy, rhewyn
Rhew du – glaw wedi rhewi ar wyneb ffordd; gall fod yn beryg bywyd i deithwyr mewn ceir.
Rhewi – pan fo dŵr yn newid o'i ffurf hylifol i'w ffurf soled pan ddisgyn y tymheredd o dan y pwynt rhewi ar 0°C
Rhewin – tywydd rhewllyd (*GPC*) (rhew a hin)
Rhewyn – pibonwy (y de)
Rhewynt – gwynt sy'n rhewi popeth
Sglent – haenen denau o rew ar lechwedd (*CBAm*)
Siôn Barrug / Jac Barrug – enw ar farrug sy'n cyfateb i 'Jack Frost' yn Saesneg (*GA*)
Stania – rhew ar wyneb y ffordd wedi i law rewi (rhew du), o 'staen iâ' (y de)
Syr Barrug – enw ar farrug (*GA*)

Dywedir ei bod:
Yn chwipio rhewi
Yn rhewi'n ffyrnig
Yn rhewi'n gethin, neu: *yn oer gethin* (cethin yn golygu caled)
Yn rhewi'n filen (Sir Ddinbych)
Yn rhewi'n gorn
Yn rhewi'n gòg (Ceredigion)

6.4   Eira a chenllysg

Os mai gweddol brin yw'r arwyddion sy'n ymwneud â'r mathau o law sy'n disgyn (6.1) nid felly efo eira, pryd y ceir enghreifftiau niferus o argoelion y tywydd yn ôl y math o eira a geir.

Mae'n bnawn grawnwin,
haul gwydr, lliw gwin
yn llyfn a gwych, ond llafn gwyn
o lwydrew 'mhob pelydryn.

Haid o ddrudwy,
plant gaea'r plwy
yn hedeg yn gawodydd
a throi i darth hwyr y dydd.

Fflam ias, ias wen;
byw dan bawen
eithafol mae'r gath hefyd,
yn gron, yn gynffon i gyd. (Myrddin ap Dafydd, Arwyddion (o storm eira))

6.4.1 Eira mân

A'r hen do gaiff wrandawiad
O roi ar glyw hen wir gwlad:
'Grym mawr geir o eira mân;' (Heth Chwefror – Myrddin ap Dafydd)

Eira mân, eira mwy (cyffredin)

Eira mân, eira mawr
Eira bras, eira bach (L)

Eira mân wna eira mawr,
Pluo'n fras ond cynfas (LlA 103)

Eira mân wnaiff eira mwy
Eira bras dim ond cynfas (Dyffryn Ceiriog), neu: *'Plyfio bras...'* mewn rhai ardaloedd

6.4.2 Eira'n aros yn hir / esgyrn eira

Mae'r topiau gan eira'n wyn,
Yn wely i fwy i ddilyn, (Heth Chwefror – Myrddin ap Dafydd)

Hen luwchfeydd eira yn hirymaros ar y mynyddoedd – rhaid cael eira arall i fynd ag ef ymaith (DLl)

Esgyrn eira yn hir yn clirio – aros am fwy o eira maent (cyffredin). Esgyrn eira yw rhimynnau o eira yn aros heb ddadmer yng nghysgod cloddiau ar y mynydd neu yn glytiau eira mewn pantiau ar y caeau.

Eira call yn aros am y llall (Ceredigion, Maldwyn: RS Thomas 1985).

Fersiwn arall o hon yw:
*Mae nacw'n fancw'n eira call
Aros y mae tan ddaw y llall* (Blaenau Ffestiniog)

Eira bach call, yn aros am y llall (Glyndyfrdwy, Edeyrnion)

Eira yn aros i'w fam (neu ei nain) ddŵad i'w nôl (Llanrug)

Bydd yr iâr yn dŵad i nôl ei chywion (Rhoshirwaun). Enw arall ar esgyrn eira yw 'cywion'

Eira yn loetran ar Benrhyn Llŷn, eira mwy i ddilyn (*Llanw Llŷn 109*)

Eira yn hirymarhous ar yr Eifl – hen bobl Llithfaen yn arfer dweud mai *'aros am ei bardner mae o'* (Tal Griffiths, Llithfaen)

Eira yn aros ar Ynysoedd Tudwal – arwydd y gallwn ddisgwyl mwy ato (Mynytho a Llanbedrog)

Eira yn aros ar ôl i ddisgwyl cwmni (Dyffryn Teifi)
neu: *'daw rhagor i'w moyn o'* (Maldwyn)

Os pery esgyrn eira a hithau'n bwrw'n groes (h.y. o'r gorllewin) *chawn ni ddim llawer mwy* (Penmachno). Dywedir ei bod *'wedi blino bwrw'* erbyn hynny.

Eira'n glynu ar y coed am ddyddiau, eira mawr i ddilyn (*Llanw Llŷn 109*)

Eira'n sefyll ar wrych neu ffens – bydd yn siŵr o ddal ati (Penmachno)

Os yw'r ddaear wedi rhewi cyn daw eira, dywedir: 'mae'r eira wedi gwneud ei wely' ac fe erys yn hir (Porthcawl, *AWC*)

'Mae arna'i ofn ei fod o'n cyweirio ei wely' (*YsgE*) Os yw'r ddaear wedi rhewi'n gorn am rai dyddiau cyn i'r eira gyrraedd bydd yn debygol o aros yn hir.

6.4.3 Eira cynnar neu hwyr

Eira cyn Calan Gaeaf yn erthylu'r gaeaf (cyffredin). Eira yn rhy

gynnar yn golygu y bydd gweddill y gaeaf yn wlyb a lleidiog.
Gweler mwy o enghreifftiau yn: 1.2.10 – 1.2.12 a 1.3.3.

Yn Ebrill / Mai – *chynhesith hi ddim tra bo Eryri'n dal yn wyn* (Capel Garmon). Rhaid i'r esgyrn eira ddiflannu (gweler: 1.3.1).

Eira Mis Mai,
Hydref di-fai (JH, yn *YHG*, Mai 15fed, 1984)

Eira Mai yn argoeli haf sych (Cwm Eidda)

6.4.4 O ba gyfeiriad?

Caeëd pawb ei ddrws yn sydyn,
Mae'r eira'n barod ar y Berwyn;
Hulyn gwyn i hulio'r Gwanwyn
Ddaw i lawr â rhew i'w ganlyn. (Llan Ffestiniog, *AWC*). Yn dod o'r de-ddwyrain.

Os yw eira i'w weld am Lŷn, buan y daw i Berffro (Gwennan Davies, Aberffraw)

Os daw eira i ardal Rhuthun a fawr ddim i ardal Cerrigydrudion – pharith o ddim
Os daw eira i ardal Cerrigydrudion a fawr ddim i ardal Rhuthun – fe barith (Clawdd Newydd)

Rhaid i'r eira glirio o Hiraethog (i'r gogledd) *gyntaf, cyn iddi glirio oddi ar y Gylchedd* (i'r de-ddwyrain), *neu byddwn yn siŵr o eira eto.* (Ysbyty Ifan)

O 'dwll y glaw' (o'r de) *y daw eira mawr* (Jimi Trenholme, Nefyn)

Os bydd yn bwrw eira o'r Talcen Llwyd (o'r de-orllewin) *– mae'n arwydd o eira mawr* (Penmachno, yn *Yr Odyn 129*)

6.4.5 Amrywiol

Fflam las yn y tân – arwydd eira (cyffredin)

Cathod â'u cefnau at y tân – eira (*TrafELl 1895*)

Bydd eira mawr iawn yn dod yn sydyn a disymwth, heb fawr o rybudd. (Simon Lewis Jones, Cwm Cynllwyd). Daeth eira mawr 1937 pan oedd lli yn yr afon. Fel arfer ni cheir lli pan fydd y topiau wedi rhewi, ond daeth eira 1937 cyn i'r ddaear gyweirio ei gwely ar ei gyfer.

Bydd distawrwydd llethol cyn eira (Miss M Owen, Llangefni)

Nawsedd ym mherfedd oerni – eira (Cwm-twrch, *AWC*). Ar gyfnod oer bydd yn cynhesu rhywfaint pan ddaw eira.

Fe gynhesith cyn eira (Gwynedd)

Mae'n rhy oer i fwrw eira (Ceredigion)

Gwynt yn chwythu drwy'r shetin – arwydd eira (Maldwyn). Bydd y gwynt mor oer fel na cheir cysgod tu ôl i wrych.

Eira oer yw eira'r bora,
Eira Sul yw'r eira oera;
Eira gora, eira cerdyn,
Eira gwaetha – eira corun. (Llanfwrog, Rhuthun, *AWC*). Yr eira corun yw gwallt gwyn.

Ni saif eira mis Chwefror
Mwy na dŵr mewn gogor
Nac eira mis Mawrth
Mwy na menyn ar dwymen dorth
Nac eira mis Ebrill
Mwy na rhynion mewn rhidyll (o Lanwddyn sydd bellach dan Lyn Fyrnwy). Gweler enghreifftiau eraill yn: 1.2.2, 1.2.3, 1.2.4.

Lori gritio yn taenu halen yn y dydd ar ddiwrnod braf: 'Os ydi hogia'r Cyngor yn cael *overtime* ma' raid bod yr Awdurdodau'n siŵr o'u petha' (O Olsen, Nefyn)

6.4.6 Geirfa a dywediadau eira, cenllysg ac oerfel

Browlan eira – dechrau bwrw eira yn anghyson ac yn fân (Ceredigion, yn *HCS*)
Caenen – gorchudd tenau o eira
Cenllysg – glaw wedi rhewi yn beli crynion (y gogledd)
Censtill – cenllysg (Ieuan ap Siôn, Treffynnon)
Cesair – glaw wedi rhewi (y de)
Cwliwr – neu 'y cwliwr mawr' fel y gelwid eira mawr 1814 pan gollwyd llawer iawn o ddefaid (*Llên y Llannau 1998,* tud 106)
Cynfas – gorchudd gwyn o eira
Dadleth – pan fo rhew / eira / cenllysg yn toddi a diflannu oddi ar y tir (y de)
Dadmer – rhew / eira / cenllysg yn toddi (y gogledd)

Eira – anwedd dŵr wedi crisialu yn yr awyr pan fo tymheredd yr awyr yn cwympo o dan 0°C

Eira bras – y plu eira yn fawr am fod nifer o grisialau unigol yn glynu yn ei gilydd

Eira dŵr – eira wedi hanner toddi wrth ddisgyn, eirlaw

Eira mân – y crisialau eira yn cadw heb lynu yn ei gilydd, digwydd pan fo'n oer iawn.

Eira glas – eira neu genllysg ar y borfa a'r gwellt yn dangos trwodd wrth iddo ddadmer – mae'n oer iawn pan gyffyrddir ynddo

Eira mawr – eira trymach nag arfer, heth. Cyfeirir at 'eira mawr 1947' ayyb

Eirlaw – yr eira wedi hanner toddi pan gyrhaedda'r ddaear, odlaw

Esgyrn eira – rhimynnau eira yn aros yng nghysgod cloddiau wedi iddi feirioli

Ffliwchen – gorchudd tenau o eira (Ceredigion); y plu cynta o eira (Morgannwg)

Gaeafol – pan fo'r tywydd yn oer a garw, yn enwedig ddiwedd yr haf neu yn yr hydref cyn i'r gaeaf go iawn gyrraedd: 'mae hi'n aeafol'.

Gafael – pan fo'r oerni i'w deimlo: 'mae hi'n gafael'

Glaw tapioca – cenllysg gwlyb wedi hanner toddi (Mynydd Nefyn)

Ôd – eira

Odi – yn bwrw eira (Sir Fflint)

Heth – eira trwm iawn, e.e. yr Heth Fawr yn enw ar eira mawr 1947. Heth Bob Roberts yn enw ym Mhenmachno ar eira mawr i goffáu gŵr a gollodd ei fywyd yn eira mawr 1895

Hiff – pluen eira (y de, *GPC*)

Hiffio – bwrw eira

Hirlwm – cyfnod oer a didyfiant ddechrau'r flwyddyn. Gelwid cwpwrdd at gadw bwyd ac anghenion y gaeaf yn gwpwrdd hirlwm (Nefyn)

Iasoer – pan fyddwch yn teimlo oerni'r tywydd. Fel y dywedodd cymeriad yn Chwarel y Wrysgan, Cwm Orthin un tro: 'Iesu, mae hi'n iasoer' (Emrys Evans, Blaenau Ffestiniog)

Iff, iffo – lluwch eira, lluwchio (Morgannwg, *GPC*)

Llacio – 'mae hi'n llacio', tywydd yn gwella, fel arfer ar ôl heth (y gogledd)

Lluwch – pentwr neu drwch dyfn o eira wedi ei chwythu at y cloddiau neu i bantiau. Ceir Pantylluwchfa ar yr Wyddfa.

Lluwchio – pan fo'r gwynt yn chwythu eira a'i bentyrru yn erbyn cloddiau.
Meirioli – y tywydd yn cynhesu fel bo'r rhew / eira yn diflannu
Odlaw – eira wedi hanner toddi pan ddisgyn, eirlaw
Oerfel – tywydd oer pan fyddwch yn debygol o gael annwyd. Dywedir hefyd am rywun wedi cael annwyd: 'mae o wedi cael oerfel'.
Oerllyd – pan fyddwch yn teimlo'r oerni
Plu eira – y tameidiau unigol o eira sy'n disgyn o'r awyr. Gallant fod yn 'blu mân' pan geir crisialau unigol neu ychydig ohonynt yn glynu yn ei gilydd fel y ddigwydd ar dywydd oer iawn neu 'blu bras' pan fo nifer fawr o grisialau eira yn glynu yn ei gilydd pan fyddant bron â dadmer.
Pluo – pan fo eira bras yn disgyn, 'mae'n pluo eira'
Plyfio – yn pluo eira yn nhafodiaith y de
Sgaldio – 'barrug yn sgaldio', y barrug yn diflannu wrth i'r tywydd gynhesu
Sgimpen – cnwd ysgafn o eira (*CBAm*)
Sgiten – gorchudd tenau o eira (Llanilar)
Sithlyd – ias oer ynddi, 'mae'n sithlyd ofnadw heddy' (*GlossDD*)
Slot eira – eirlaw (Sir Ddinbych)
Slwtsh – eira'n dadmer ac yn llanast gwlyb dan draed.
Smit eira – eira sy'n ddigon i atal gwaith
Snoched – trwch o eira (gogledd Ceredigion)
Trwp – eira'n disgyn o'r to (*FClint*). Y gair o'r Saesneg 'drop'.
Tywydd iach – tywydd oer a sych (LlLlE)

Mae'n ôr, mae'n ôr, ar lan y môr,
Mae'n oerach, mae'n oerach, yn Llangyfelach (Geraint George, Cwm Tawe)

Gwrtaith mynyddoedd yw eira'r gwanwyn (*DLl*)
Eira Ionawr – maeth Ionawr (cyffredin)
Eira yw calch y dyn tlawd (Ponterwyd)

Edrychir ar eira yng Nghwm-twrch fel: *'halen y ddaear'* (*AWC*)

Tir dan eira, bara
Tir dan ddŵr, prinder (*LlGSG*). Mae eira'n llacio'r pridd ac yn lladd trychfilod tra bo pridd gwlyb yn anodd ei drin ac yn achosi i egin bydru.

'CLYW, MAE DYN Y CLOCSIAU AR Y TO!'

(Mynydd Nefyn). Dywediad am genllysg yn disgyn ar y to.

Oer yw'r eira ar Eryri
Er bod gwrthban gwlanen arni (Harlech, *AWC*)

'Clyw, mae dyn y clocsiau ar y to!' (Mynydd Nefyn). Dywediad am genllysg yn disgyn ar do sinc.

Dur cas bwledi'r cesair
Yn curo ar do'r sied wair (Dic Jones, Gwanwyn, yn *SA*)

Yn bwrw cenllysg fel cerrig beddi (Blaenau Ffestiniog)

Dywedir ei bod yn ddigon oer:
- *ichi orfod dweud 'chi' wrtho* (Gwynedd)
- *i rewi cathod* (Uwchaled)
- *i rewi cathod mewn popty* (Dinbych)
- *i rewi'r tegell ar ben tân* (Lianilar)
- *i rewi'r botel ddŵr poeth yn y gwely* (Llanilar)
- *i rewi'r carth yn y pared* (Meirion)
- *i rewi baw yn nhin deryn* (Llŷn)
- *i sythu blacs* (Cwm Afan). Hynny yw, i ladd chwain.

Mae'n gafael – pan fyddwch yn teimlo'r oerni (y gogledd)
Mae'n citsho – fel 'mae'n gafael' (Cwm Tawe)
Mae hi fel cyllell – gwynt oer yn mynd drwy eich dillad
Mae 'na ias ynddi – pan fo oerni yn chwalu drosoch

6.4.7 Straeon rhewllyd

Smit eira
Yn Chwarel Llechwedd roedd hi'n smit eira. Y goruchwyliwr yn dweud:
'Smit heddiw, pawb adra.'
Un yn dweud: 'Wel be am adael inni llnau'r eira, fe fedrwn ni weithio'r pnawn wedyn?'
'Na, fe gaiff y Bod Mawr llnau'r eira.'
'Hy! Ro'n i'n meddwl mai am gael rhywun i glirio am ddim oeddet ti'r diawl!' (Emrys Evans, Blaenau Ffestiniog)

Aros lan
Ceir stori Dai Celwydd Gole am berthynas iddo yn Rhandir-mwyn adeg gaeaf caled 1884. Fe aeth i'r mynydd i hel y defaid i lawr cyn i eira mawr ddod. Rhedodd y ci ar ôl un hen ddafad, ac yn wir, pan neidiodd honno i'r awyr, roedd y tywydd mor oer nes iddi hi aros

lan! Ie, roedd hyd yn oed grafiti wedi rhewi yn Rhandir-mwyn yn 1884! (Jacob Davies, yn *LlafG 11*)

Wynebu'r arth wen

Clywais stori gan ŵr o ardal Clynnog a oedd wedi bod yn ennill bywoliaeth fel trapar yng Nghanada am sbel. Disgrifiai fel y bu bron iddo gael ei larpio gan arth wen. Roedd ei wn a'i gyllell yn digwydd bod o'i gyrraedd a'r arth yn rhuthro amdano fel trên. Yr unig beth ar ôl iddo ei wneud oedd poeri arni! Ond, wyddoch chi be? Roedd hi mor oer nes rhewodd y poer, taro'r arth yn ei thalcen, a'i lladd yn y fan a'r lle. (*LlafG 11*)

Carol haf

Roedd Thomas Williams, Trefor wedi mynd i Gaernarfon un Rhagfyr oer iawn pan welodd seindorf bres yn canu carolau ar y Maes. Dyma ei stori: ...a'r arweinydd druan yn chwifio'i freichiau fel melin wynt...(ond) doedd 'na ddim ebwch, dim sŵn o gwbwl yn dŵad o'r cyrn! Wyddoch chi, ro'dd hi mor drybeilig o oer, ro'dd noda'r carola fel roeddan nhw'n gada'l y cyrn, yn rhewi'n gorcyn!

Wyddoch chi, ro'n i'n f'ôl yn dre chwe mis yn ddiweddarach a dyma fi'n clŵad sŵn band pres yn canu 'O deuwch ffyddloniaid'! ...roedd y noda rheiny oedd wedi rhewi cyn 'Dolig, rŵan yn dadmar yn y gwres. (yn *Cyrn y Diafol*, Geraint Jones (2004), tud. 117-119)

[Mewn stori debyg o Gwm Gwendraeth disgrifir nodau'r seindorf yn rhewi yn yr awyr ac yn disgyn i'r llawr fel clychau!]

6.5 Hindda, tywydd braf a thes

Tywydd braf, neu hindda, yw'r hyn a geir rhwng cawodydd, yn enwedig pan ddaw yr haul i'r golwg. Os pery'r tywydd braf am gyfnod estynedig, fel a geir dan ddylanwad pwysedd awyr uchel dros gyfandir Ewrop, gall ddod ag oerfel yn y gaeaf a thes a sychder yn yr haf.

Ond mae graddfeydd o bopeth. Daeth Americanwr ar wyliau i Gymru yn un o hafau poeth y 1980au, a chlywodd nad oeddem wedi cael diferyn o law ers pythefnos ac y byddid yn cyfyngu'n orfodol ar ddefnydd dŵr cyn bo hir. Methai â choelio – gartre yn Arizona 'doedd o ddim wedi gweld glaw ers blwyddyn a hanner.

6.5.1 Dywediadau a geirfa

Pan fo'r tywydd yn deg ac yn braf
Gofalu bryd hynny am fy mantell a wnaf (hen ddihareb)

Ar hindda mae gweithio
Rhag newyn pan ddelo (LlGSG)

Ar hindda mae cynuta,
Rhag annwyd y gaea. (LlGSG). Cynuta yw hel cynnud neu goed tân.

Daw glaw ac â'i gwlych,
Daw haul ac â'i sych.

Ar ôl glaw tes a ddaw.

Daw hindda wedi drycin.

Hir wlybin, hir sychin (HCS). Os bu'n bwrw am hir fe'i dilynir gan dywydd da am hir.

Ar ôl cymylau yr â'r wybren yn olau

Er cymaint y ddrycin,
Yn y diwedd daw sychin.

Tri pheth a gynydda ar wres:
Rhedyn a gwenyn a mes

Pedwar peth a gynydda ar wres:
Rhedyn, a gwenyn, a gwenith, a mes (DLl)

Haul Dafydd Ifan – ysbeidiau heulog (LlLlE)

Haul John Bennet – yn enw ar haul dros dro, e.e. haul cynnar y bore ond â chymylau ar y gorwel (Abertawe)

Yn sychu trwyn y garreg – yn dechrau sychu ar ôl cawod

'Iesu, mae'n cynhesu' – fel y dywedodd cymeriad yn Chwarel Wrysgan, Cwm Orthin (Emrys Evans, Blaenau Ffestiniog)

Mae hi'n codi ar ei haeliau – yn gwella'n gyflym.

Yn chwarae mae'r tes
Yn arwydd o wres (Cross Inn, AWC)

Agor – y tywydd yn clirio neu wella (Ceredigion), 'yn codi' yn y gogledd
Altrad – yn gwella, 'mae 'na altrad ynddi'
Altrashiwn – yn gwella, altrad (Llŷn)
Blin – tywydd blinderus, trymaidd, terfysglyd
Braf – tywydd heulog a hyfryd; 'brav' yn Llydaweg hefyd
Brafio – y tywydd yn gwella
Claear / claearu – yn cynhesu (yn y gaeaf), 'y tywydd yn claearu'
Clirio – yn gwella, y cymylau yn chwalu
Codi – y tywydd yn clirio neu wella, yn codi'n braf (y gogledd), 'yn agor' yn y de
Cynnes – y tymheredd yn gyffyrddus, ddim yn oer
Cynhesu – y tymheredd yn codi, dywediad am fis Ebrill yw: 'fe gynhesith ar ôl bob cawod'
Ffit – yn gymwys (Llŷn), 'os bydd y dowydd yn ffit'
Gelffio – 'wedi gelffio': y ddaear wedi caledu gan sychder (Mynydd Nefyn)
Goleuo – y cymylau'n teneuo a'r tywydd yn gwella
Goleuannu/goliannu – goleuo (Ceredigion), 'yr awyr yn goliannu'
Gostegu – y storm yn tawelu
Gostwng – lleihad yng ngrym storm neu wynt, 'mae hi'n gostwng'
Gwres / gwresog – tywydd cynnes iawn
Hafaidd – tywydd braf fel a ddisgwylir yn yr haf
Heulog – yn haul braf
Heulo – yn codi'n heulog
Hindda – tywydd sych, dywedir pan fo cawod: 'aros tan ddaw hindda'
Hinddanu – yn codi'n braf ar ôl glaw
Hindeg – tywydd teg
Hinon – tywydd braf
Hinoni – codi'n braf
Mwyn / mwynaidd – y tywydd yn ddistaw a thyner
Niwl tes – ar ddiwrnod poeth yn yr haf daw niwl trwchus i orchuddio'r glannau (Gwynedd)
Poeth – tymheredd uchel, yn braf iawn i rai ond yn ormod i eraill
Rhwd – llwch yn uchel yn yr awyr adeg tywydd antiseiclonig yn yr haf yn rhoi arlliw gochaidd (rhwd) i'r awyr.
Rhwd sychdwr – yn enw ar niwl tes o'r Fenai (*FClint*)
Sych – pan nad oes glaw
Sychder – diffyg glaw, dŵr yn prinhau a'r borfa yn dechrau

'llosgi' neu felynu; 'sychdra' gan rai
Sychin – tywydd sych (o sych hin)
Sychino – y tywydd yn troi'n sych
Teg – tywydd heulog, hefyd 'gwynt teg' sy'n dda i sychu gwair neu ddillad ar y lein
Tegeiddio – yn codi'n dywydd teg (Dyffryn Conwy)
Tes – tywydd poeth a'r gwres yn codi o'r ddaear gan wneud i'r gorwel ddawnsio. Cofier: 'Ar ryw brynhawngwaith teg o ha' hirfelyn tesog' (Ellis Wynne)
Tes y glennydd – niwl tes
Torri – y storm yn torri neu orffen
Twym – y tywydd yn boeth, 'ma' hi'n dwym nawr' (y de)
Tyner – tywydd distaw a heb fod yn oer yn y gaeaf

Ac os ydych yn chwysu yng ngwres yr haf, byddwch:

Yn foddfa o chwys (Ceredigion)
Yn chwys babwr (Ceredigion)
Yn slafan o chwys
Yn laddar o chwys
Yn chwysu stecs (Blaenau Ffestiniog, y de)
Yn chwys doman, neu doman dail
Yn chwys diferol / diferyd / diferi
Yn chwys drabŵd (y de)
Wedi lardio – yn chwys domen o ganlyniad i wneud gwaith corfforol caled. (Nefyn)

Hefyd:
y chwys yn dylifo fel glaw trana (FClint)

6.5.2 Coelion a straeon gwresog

Pnawn braf adeg priodas – gŵr da (HPLlPh)

Yr haul yn tywynnu ar fodrwy briodas – priodas hapus (cyffredin)

Mor boeth...
Roedd Siôn Ceryn Bach o Fethesda wedi mynd am dro i Affrica ryw dro. Roedd hi mor boeth yno nes y byddai'r trigolion yn gorfod rhoi hufen iâ i'r ieir i'w hatal rhag dodwy wyau wedi eu berwi. Mewn un lle arall yno gwelodd y moch wedi toddi'n llynnoedd o saim yn eu cytiau.

Mynnu hindda
Wedi chwalu'r gwair aeth Dafydd Edwards, Tŷ Mawr ac Ephraim Williams, Dolhendre, Llanuwchllyn am y tŷ i gael paned o de i aros iddo sychu. Ond dechreuodd ddafnu bwrw. Rhoddodd Ephraim Williams sbonc i ben y wal fach o flaen y tŷ gan edrych i fyny a chau dwrn gan weiddi, 'Hei, *hold on*!' Teimlai Dafydd Edwards ryw ias....ond wedi dod allan ar ôl bwyta roedd y tywydd wedi gloywi ac yn sychu'n dda. EW yn troi at DE gan ddweud, 'Diawch, Dei, dydi hi ddim yn talu bod yn rhy ddiniwed hefo fynte chwaith.' (*DWIH*)

6.6 Mellt a tharanau

6.6.1 Geirfa a dywediadau

Bwrw goleu – fflach mellten (Dyfed, yn *GlossDD*)
Caddug – tywyllwch yn yr awyr a achosir gan haen denau o niwl ac yn arwydd terfysg
Clec – sŵn uchel sydyn y daran
Clòs – yr awyr yn llaith a chynnes cyn storm
Dreigiau – mellt sydd yn rhy bell i sŵn y daran gyrraedd, mellt distaw, dreigiau mellt: 'mae hi'n gleuo dreigia'. (*FClint*)
Dreigio – pan fo llewyrch mellt yn goleuo'r awyr / cymylau ond yn ddidaran.
Duwch – lliw bygythiol yn yr awyr pan fydd cymylau terfysg yn dynesu
Goleuni – enw yn Nyfed am fellt, 'tyrfe a goleuni'
Goleuo mellt – pan fo mellt yn goleuo'r awyr, 'mae'n goleuo mellt dros Sir Fôn, 'sa'n well i titha'i g'leuo hi am adra'. (Clynnog)
Llucheden – mellten, fflach sydyn o oleuni disglair, 'mynd fel llucheden' (Dyfed), llecheden (Penfro), llychetan (Morgannwg)
Lluchedu – pan fo llawer o luched neu fellt, melltio
Mellten – fflach lachar a achosir gan follt o drydan yn llamu o un rhan o gwmwl terfysg i'r llall neu o waelod cwmwl terfysg i'r ddaear
Melltio – pan geir llawer o fellt neu luched, lluchedu
Penddu – lliw tywyll ar yr awyr cyn terfysg, 'mae hi'n benddu'
Taran – y sŵn uchel a glywir yn syth ar ôl mellten.
Taranu – pan fo taranau i'w clywed
Taranfollt – pan fo taran a fflachiad mellten yn digwydd ar yr un

adeg, h.y. y fellten yn taro yn agos iawn atoch chi

Terfysg – storm o fellt a thranau, 'mae hi'n hel am derfysg'

Terfysglyd – yn hel am storm o fellt a thranau, 'sbel o dywydd terfysglyd'

Trawstau / trawste – sŵn taranau,

Treiglo – ffurf lafar yn Arfon o 'dreigio': mae hefyd yn cyfleu'r sŵn wrth i garreg fawr gael ei threiglo

Trymaidd – yr awyr yn llaith a chynnes cyn storm

Tryste – taranau, 'tryste a lluched', trysa (Morgannwg)

Tyrfau / tyrfe – taranau, 'mae naws tyrfe 'da hi' (Cwm Tawe), sŵn taranau pell (Penfro)

Mam y tywydd (neu'r glaw) yw'r tyrfe

Mae'r awyr 'ma ar gefn rhywun (YsgE; LlA 103). Disgrifiad o dywydd trymaidd cyn terfysg

Pan fydd babis yn methu cysgu yn y nos – arwydd o daranau neu genllysg (Nant-y-rhiw)

Y daran sy'n rhuo, ond y fellten sy'n taro (EJ)

Llygaid yn fflachio mellt – dywediad yn cyfleu bod rhywun wedi gwylltio yn arw

Roedd hi'n andros o storm yno – h.y. yn ffrae fawr

Chwech o ferched yn siarad â'i gilydd – storm o fellt a thyrfe (Morgannwg)

6.6.2 Arwyddion terfysg

Sylwer bod rhai o'r dywediadau isod yn cyfeirio at y storm ei hun tra bo eraill yn cyfeirio at yr amser o'r flwyddyn, yn enwedig ddechrau Mai a dechrau Tachwedd, sydd yn cyfateb i'r arwyddion dyddiau darogan y cyfeirir atynt yn 1.1.3.

Amser byr rhwng y fellten a'r daran – y storm yn agos iawn
Amser hirach rhwng y fellten a'r daran – y storm ymhell (cyffredin)

Mellt melyn, neu gochion – tywydd sych (h.y. gallant ddigwydd heb fawr o law)

Mellt gleision – tywydd gwlyb

Mellt dros y môr – arwydd o storm enbyd a glaw mawr (Roger Jenkins, Llanfachreth)

T'ranau dros y tir yn well na th'ranau dros y môr (Llanfachreth)

Mae mellt gleision yn beryclach na mellt melyn (Clynnog)

Mae mellt gleision at ddiwedd y flwyddyn yn arwydd o eira (DO Jones, Padog, yn *LlG 26*)

Y tywydd ar ôl tranau – os braf, braf fydd hi;
Os glaw, glaw fydd hi (Arthur Jones, garddwr Plas Tan y Bwlch, Maentwrog yn dweud hyn fel sylw yn 1991 pan gafwyd Mai sych iawn, yna taranau ddechrau Mehefin ac fe barhaodd yn wlyb am y mis. Felly hefyd yn 1992 pan barhaodd glaw am bythefnos yn dilyn terfysg ddiwedd Mai).

Goleuo dreigiau – newid yn y tywydd (Cyffylliog, *AWC*)

Efallai bod hon yn esbonio'r gwrth-ddweud ymddangosiadol yn y ddau ddywediad canlynol am derfysg ym mis Mai:
Terfysg mis Mai yn setlo'r tywydd (Mynydd Nefyn)
a:
Terfysg ym mis Mai yn difetha'r haf (Garndolbenmaen)

Cenllysg ym mis Mai – haf gwlyb (Gwytherin)

Mellt a thranau yn y gwanwyn – gaeaf tan G'lanmai
Mellt a thranau ar G'lanmai – haf tan Wyliau'r Dolig (Llidiardau)

Taranau yn gynnar yn y gwanwyn – gellid disgwyl haf gwresog (*EJ*)

Terfysg cyn mis Mai yn merthylu'r haf (Pistyll). Sylw wnaed pan fu terfysg ddiwedd Ebrill 1984

Mellt a thranau yn yr Hydref yn erthylu'r gaeaf (Llidiardau). Digwyddodd yn Hydref 1987 a chafwyd gaeaf tyner eithriadol yn 1987 / 88.

Ffordd arall o ddweud hyn yw:
Taranau hydref, gaeaf gwlyb (*CHJ*)

Os tranith rhwng y 1af a'r 15fed o Dachwedd fe erthylith y gaeaf (gweler 1.2.11)

Tranau'r mis du
Angladd o bob tŷ (*DLl*)

T'ranau yn Rhagfyr arwyddent dywydd teg (*LlGSG*)

T'ranau cyn y Dolig – gaeaf heb fawr o eira (Idris Jones, Llanuwchllyn 1991)

Mellt y gaea', tywydd agored (Ceredigion). Agored yn golygu gwell.

Trawste yn y gaeaf llifogydd yn yr haf (Dyffryn Teifi)

Taranau yn y gaeaf, llifogydd yn yr haf,
Mawr fydd y gofid a'r ffwdan a gaf (EJ)

Duwch am Feirionnydd – terfysg (Lora Roberts, Rhos-lan)

Duwch am Gaer – terfysg (Yr Wyddgrug)

Caddug ar lawr Dyffryn Clwyd – arwydd gwres (Llanrhaeadr)

Taranau o'r de – tywydd braf
O'r gorllewin – tywydd gwlyb (DO Jones, yn *LlG 26*)

Aroglau gwyddfid yn gryf gyda'r nos – arwydd terfysg cyn storm (Aberystwyth)

Gwartheg yn stodi, neu redeg gwres – terfysg. Rhedeg â'u cynffonnau yn syth i'r awyr Gweler 2.3.10

Ceir glaw trwm iawn adeg tyrfe ond bydd yn siŵr o orffen cyn pen teirawr (Tŷ Croes)

Diweddglo

Mae'n hen ystrydeb mai'r pwnc amlaf mewn sgwrs rhwng dau Gymro, ar ôl y cyfarchion arferol ac ymholiadau am iechyd y naill a'r llall a'u teuluoedd, yw – y tywydd. Mae yna beryg felly y bydd y gyfrol hon yn grymuso tipyn ar yr ystrydeb honno yn un peth, ond fe ddengys hefyd, gobeithio, fod pwnc y tywydd yn faes eithriadol o gyfoethog. Mae yma drysorfa ddihysbydd o lenyddiaeth, ymadroddion, coelion, straeon, diarhebion, gwirebau a geirfa liwgar – digon i gynnal sgwrs am oriau petae'n mynd yn fain am bynciau eraill.

Erys y cwestiwn: pa mor effeithiol yw'r arwyddion traddodiadol i ddarogan y tywydd? Rwy'n gobeithio y bydd y gyfrol hon o gymorth ichi wrth fynd ati i ailgloriannu gwerth yr arwyddion neu ddywediadau tywydd y deuwch ar eu traws, ac i fedru gwahanu'r gwenith oddi ar yr us. O leia, fydd dim rhaid derbyn yn ddigwestiwn osodiadau fel y rhain o hyn allan:

'Yr unig beth sicr am y tywydd ydi na fedri di byth dd'eud be 'naiff o' (Dyffryn Nantlle)

'Sgin i ddim mwy o ffydd ynddo fo na s'gin i yn y b.... tywydd!' (Llŷn)

O chwi o ychydig ffydd ynte?

Rwy'n ymwybodol iawn bod mwy o arwyddion a dywediadau tywydd i'w casglu eto. Felly, os oes rhai wedi dianc drwy'r rhwyd, wnewch chi adael imi wybod os gwelwch yn dda? Yn y cyfamser rwyf am orffen efo'r hen wireb: *'Am y tywydd – goreu tewi'*...am y tro.

Mynegai

Adar, 94-112
  Aderyn y bwn, 96
  Aderyn y to, 96
  Alarch, 95, 96
  Brân, 97, 225
  Bronfraith, 98
  Ceiliog, 98
  Cigfran, 99
  Cnocell y coed, 99
  Coch dan adain, 99
  Cochgam, 99
  Colomen, 99
  Cornchwiglen, 99
  Creyr glas / crychydd, 100
  Cudyll coch, 102
  Cwtiar, 102
  Drudwy, 102
  Dryw, 103
  Ehedydd, 103
  Ffesant, 104
  Grugiar / iâr fynydd, 104
  Gwennol, 68, 104
  Gwennol ddu, 105
  Gŵydd, 105
  Gwylan, 106
  Gylfinir, 107
  Hugan, 108
  Hwyaid, 108
  Iâr, 108
  Iâr ddŵr, 109
  Jac-y-do, 109
  Mwyalchen, 109
  Nyddwr, 109
  Paun, 109
  Penfelyn / dinad felen, 110
  Pioden, 110
  Pioden fôr, 110
  Robin goch, 110
  Sgrech y coed, 111
  Socan eira, 111
  Sofliar, 111
  Titw, 111
  Tylluan, 111
  Y gog, 111
Adlewyrchion, 158
Afonydd, 100, 171
Almanac Enlli, 31
Anifeiliaid, 113-124
  Bronwen, 113
  Buwch, 113
  Cadno, 122
  Carlwm, 113
  Cath, 113
  Ceffyl, 115
  Ci, 116
  Cwningen, 116
  Da, 118
  Dafad, 116
  Gafr, 118
  Gwahadden, 123
  Gwartheg, 118
  Gwenci, 121
  Gwiwer, 123
  Llamhidydd, 121
  Llwynog, 122
  Llygoden, 122
  Merlyn, 115
  Mochyn, 122
  Morlo, 122
  Mul, 123
  Twrch daear, 123
  Ysgyfarnog, 123
  Ystlum, 124
Arogl yn cario, 245
Aurora, 150
Awr o'r dydd, 21
Awr Fawr Calan, 24
Awyr, 173, 174
Awyr yn ceulo, 203
Awyren, 208, 245

Baner, 246
Baromedr, 181
Barrug, 262
Blew geifr, 205
Blew Medi, 133
Blwyddyn, 74
Buchan, cyfnodau, 75
Bwa'r Drindod, 177
Bwlff, 190
Bwyd, 144
Byddigions Cricieth, 208

Calan, 23, 24, 29, 30, 32
Calan Mai, 29, 47

Calan Gaeaf, 24, 29, 62, 63, 64
Cap ar y mynydd, 198-200
Caws a llaeth, 203
Cenllysg, 265, 269, 272
Cesair, 265, 269, 272
Cloc tywydd, 181, 182
Clos Gwyddel, 218
Clychau, 241, 251
Clytiau gleision, 217
Clytiau haul, 218
Coch y bore, 155
Coch yr hwyr, 155
Codi pais, 217
Coel ddyddiau, 31
Comedau, 151
Cŵn duon, 190
Cyhydnos, 24, 41, 59
Cylch pell... , 206
Cymylau, 185-219
   Altocumulus, 186, 202
   Altostratus, 186, 203, 210, 211
   Blew geifr, 186, 205, 211
   Caws a llaeth, 203
   Cirrus, 186, 205, 211
   Cirrocumulus, 186, 204, 211
   Cirrostratus, 186, 210, 211
   Cumulonimbus, 186, 210, 211, 217
   Cumulus, 186, 188
   Cŵn duon, 190
   Cylch pell... , 186, 206, 210, 211
   Cymylau gwynt, 202
   Cymylau terfysg, 186, 207
   Cynffon y gaseg wen, 205
   Defaid duon, 189, 213
   Defaid Jacob, 202
   Defaid Joseff, 202
   Gwallt y forwyn, 205
   Llarpiau cŵn, 189
   Meirch y ddrycin, 190
   Niwl, 186, 190
   Nimbostratus, 186, 201, 204
   Pennau cŵn, 189
   Pysgod awyr, 203
   Rhawn y gaseg, 205
   Seintiau, 189
   Stratocumulus, 186, 201
   Stratus, 186, 190
   Traeth awyr, 186, 204
Cynffon y gaseg wen, 205
Cyrn y lleuad, 162, 163

Cysgod y mynydd, 172
Cyw drycin, 178
Cywion haul, 219

Defaid duon, 189, 213
Defaid Jacob, 202
Defaid Joseff, 202
Diwrnod, 23
Drafftiau, 145
Dreigio, 278
Drifl yr ych, 133
Drycin y cyhydedd / cyhydnos, 59
Dyddiadur Enlli, 67
Dyddiau darogan, 23
Dyddiau duon bach, 24, 63
Dyddiau'r wythnos, 25
Dyddiau coel, 31
Dyddiau'r cŵn, 56
Dyhirog, 61

Edafedd gwawn, 133
Eira, 265
El Niño, 78
Enfys, 165, 176
Enfys wen, 165, 178
Erthylu'r gaeaf, 62, 72, 73
Esgobion Bangor, 208
Esgyrn eira, 266

Ffeiriau, 24, 62
   Aberteifi, 64
   Borth, 62
   Glangaeaf, 64
   Glanmai, 45
   Llanbedr, 62
   Llanllechid, 62
   Pentymor, 64
Ffenest yn y bwlch, 213
Ffin dywydd, 173
Ffryntiau glaw, 209-219
Ffynhonnau, 145

Gaeaf, 72
Geirfa, 224, 250, 264, 269, 278
Glaw, 248
Glaw Mai, 46, 252
Glaw tinwyn, 249
Goleuni'r gogledd, 150
Grifft, 139
Gwallt y forwyn, 205

Gwanwyn, 67
Gwawn, 133
Gwawr, 155
Gweld Iwerddon, 180
Gwlith, 261
Gŵyl Grôg, 59
Gwyliau'r Dolig, 66
Gwyliau'r Saint, 23, 29
   Bartholomew, 58
   Cewydd y glaw, 23, 54
   Cyfarchiad Mair, 45
   Dewi, 24, 35, 38, 41
   Eilian, 24
   Finsent, 31
   Ifan, 23, 52, 66
   Lorens, 58
   Mair, 24, 35, 36, 38
   Marc, 45
   Martin, 64
   Mathew, 37, 60
   Mihangel, 24, 60, 62, 263
   Pawl / Paul, 31
   Pedr, 23, 54
   Swithin / Swiddin, 23, 54, 55
   Tomos, 66
Gwynt, 141, 220-247
   Arogl yn cario, 245
   Cyfeiriad, 228, 238
   Enwi'r gwyntoedd, 229
   Ffroen yr ych, 232
   Geirfa, 224
   Sŵn yn cario, 238-245

Haf, 70
Haf bach, 62
Haf bach Mihangel, 51, 62
Haul, 152, 214, 215
Haul gwyn gwan, 215
Hem wen, 215
Hindda, 274
Hirlwm, 68
Huddyg, 148
Hydref, 61, 71
Hyd y dydd, 24

Interffirans, 148
Iwlff, 178

Lein wen, 215

Llaethdy, 145, 146
Llanw, 167
Llarpiau cŵn, 189
Lleithder, 146, 183
Lleuad, 159
Lleuad fedi, 60
Lleuad Mai, 49
Lleuad Sadwrn, 26
Lleuad Sul, 26
Lleuad yn boddi, 165
Lli Awst, 57
Lliw y lleuad, 166
Lliw y môr, 170
Lloerennau, 150
Llosgfynyddoedd, 78
Llucheden, 278
Llwch Mawrth, 42
Llwybr awyren, 208
Llwydrew, 263
Llygredd yr awyr, 144
Llynnoedd, 170

Machlud, 155
Madarch, 92
Mast teledu, 242
Meirch y ddrycin, 190
Melinau gwynt, 247
Mellt, 278
Misoedd, 26-67
   Ionawr, 30
   Chwefror, 33
   Mawrth, 37
   Ebrill, 42
   Mai, 45
   Mehefin, 50
   Gorffennaf, 53
   Awst, 56
   Medi, 59
   Hydref, 61
   Tachwedd, 63
   Rhagfyr, 64
Mis bach, 34
Môr, 169, 174, 259
Mwg, 147, 209, 246
Mynyddoedd, 172

Nadolig, 65, 66, 74
Naw nos olau, 60
Newid hinsawdd, 79

Niwl, 190-198
    Niwl y gaeaf, 191
    Niwl y gwanwyn, 192
    Niwl yr haf, 192
    Niwl yr hydref, 192
    Niwl tes, 192
Noswyl y meirw, 64

Ofergoelion glaw, 258
Os cyll y glaw... , 231

Pasg, 38, 45, 70
Pell yn agos, 178
Pennau cŵn, 189
Planedau, 150
Planhigion, 82-94
    Banadl, 83
    Bedwen, 83
    Blodau neidr, 83
    Brenhines y weirglodd, 84
    Brwyn, 84
    Bysedd y cŵn, 84
    Casnod, 84
    Ceirchen, 84
    Celynnen, 84
    Cen, 84
    Cennin Pedr, 85
    Cicaion Jona, 85
    Coed, 85
    Collen, 86
    Criafolen, 86
    Dail, 86
    Dant y llew, 87
    Derwen, 87
    Draenen ddu, 88
    Draenen wen, 88
    Eithin, 89
    Gini'r owns, 89
    Gold y gors, 90
    Grug, 90
    Gwair, 90
    Gwlydd melyn Mair, 90
    Gwyddfid, 90
    Gwymon, 90
    Lelog, 91
    Llygad llo mawr, 91
    Llygad y dydd, 91
    Llygad Ebrill, 91
    Llwyfen, 91
    Llysiau'r cryman, 91

Mafon duon, 92
Masarnen, 92
Meillionen Sbaen, 92
Miaren, 92
Milfyw, 92
Mochyn coed, 92
Mwsog, 93
Nionyn / winwnsyn, 93
Onnen, 93
Pansi / trilliw, 93
Pimpernel, 93
Plu'r gweunydd, 94
Rhedyn, 94
Rhododendron, 94
Ysgawen, 94
Pluen yn ei het, 201
Pobl140-144
Pwysedd yr awyr, 181
Pysgod awyr, 203
Pyst dan yr haul, 210, 214
Pryfed / creaduriaid di-asgwrn-
    cefn, 124-136
    Buwch goch gwta, 124
    Ceiliog rhedyn, 125
    Cleren, 132
    Cleren chwythu, 133
    Cleren lwyd, 133
    Corryn, 133
    Cranc, 125
    Cricedyn / cricsyn, 125
    Chwannen, 125
    Chwilen ddu, 126
    Chwilen eglwys, 126
    Chwilen y bwm, 126
    Gain goch, 71, 127
    Geloden, 127, 128
    Gwenynen, 129
    Gwybedyn, 130
    Gwyfyn, 130
    Hwrli bwmp, 126
    Iâr fach yr haf, 130
    Jini flewog, 135
    Lleuen, 131
    Llyslau, 131
    Magïen, 135
    Malwen / malwoden, 131
    Mocyn powra, 134
    Mordan, 132
    Morgrug, 132
    Mwydyn, 135

Piwiaid, 130
Pry, 132
Pry clustiog, 132
Pry chwythu, 132
Pry llwyd, 132
Pry cop, 126, 133
Pry genwair, 135
Pry tân, 135
Robin gyrrwr, 135
Slefren fôr, 135
Siani flewog, 135
Tân bach diniwed, 135
Trogen, 136
Pwysedd yr awyr, 142, 181
Pysgod, 136-139
    Brithyll, 136
    Eog, 137
    Gwiniedyn, 137
    Llymrïaid, 137
    Llysywen, 137
    Macrell, 137
    Penfras, 137
    Penwaig, 137
    Pysgod gwyn, 137

Rhaeadr, 243
Rhawn y gaseg, 205
Rhew, 264

Sain, 184
Sêm wen, 215
Sêr, 151
Sêr cynffon, 151
Sêr gwib, 152
Sgrympiau, 59, 253
Siôn a Siân, 183
Smit eira, 271, 273
Storm, 225
Storom Awst, 57
Sulgwyn, 49
Sŵn, 238-245

Tanio milwrol, 240
Taranau, 278-281
Tarth, 192, 194, 196
Tawch, 179
Terfysg, 44, 49, 279
Tes, 192, 195, 274
Traeth awyr, 186, 204. 211
Trai, 167

Tridiau deryn du, 44
Troad y rhod, 23, 29, 52
Twll Robin, 213
Twll y glaw, 233
Tymor, 67-74, 143, 159
Tynnu glaw, 258
Tyrfau, tyrfe, 177, 279
Tywydd grifft, 139
Tywyll fôr... , 174

Ymlusgiaid, 139-140
    Broga, 139
    Crwban, 139
    Llyffant melyn, 139
    Neidr, 34, 39, 140